U0491547

中国社会科学院与俄罗斯国际事务委员会合作研究成果

主　编　谢伏瞻　[俄]伊·谢·伊万诺夫
副主编　孙壮志　[俄]安·瓦·科尔图诺夫

新时代全球治理

理念与路径

中国社会科学出版社

图书在版编目（CIP）数据

新时代全球治理：理念与路径／谢伏瞻等主编．—北京：中国社会科学出版社，2022.3

ISBN 978－7－5227－0157－8

Ⅰ.①新…　Ⅱ.①谢…　Ⅲ.①国际政治—研究　Ⅳ.①D5

中国版本图书馆 CIP 数据核字(2022)第 103262 号

出 版 人　赵剑英
责任编辑　喻　苗　侯聪睿
责任校对　郝阳洋
责任印制　王　超

出　　版　中国社会科学出版社
社　　址　北京鼓楼西大街甲 158 号
邮　　编　100720
网　　址　http://www.csspw.cn
发 行 部　010－84083685
门 市 部　010－84029450
经　　销　新华书店及其他书店

印刷装订　北京君升印刷有限公司
版　　次　2022 年 3 月第 1 版
印　　次　2022 年 3 月第 1 次印刷

开　　本　710×1000　1/16
印　　张　25.25
字　　数　241 千字
定　　价　168.00 元

目录

序　言

❀为破解全球治理赤字难题贡献智慧和力量
……………………………………………… 谢伏瞻（3）
❀疫情中的国际关系
…………………………………… 伊戈尔·伊万诺夫（10）

第一篇　世界需要新型全球治理

❀我们应对“全球化 2.0”作何期待？
…………………………………… 安德烈·科尔图诺夫（17）
❀全球治理：历史、逻辑与趋势
……………………………………………… 张宇燕（36）
❀全球化中的“黑天鹅”
…………………………………… 阿列克谢·费年科（55）
❀濒临全面混乱的世界
………………………………… 尼古拉·普洛特尼科夫（78）

第二篇 开放多边主义：国际制度演进的结果

※欧亚地区治理：多边主义理念与实践
…………………………………………… 孙壮志（95）
※当代全球政治中的国际组织
……………………………… 伊琳娜·普罗霍连科（114）
※以真正的多边主义重塑全球治理
………………………………… 冯仲平 贺之杲（123）
※联合国安理会改革——谁支持？谁反对？
………………………………… 德米特里·基库（145）
※全球治理非中性与金砖合作
…………………………………………… 徐秀军（152）

第三篇 力量均衡还是利益均衡：全球化进程中的大国

※新两极世界的幻觉
……………………………… 阿列克谢·葛罗米柯（179）
※新时代全球治理中的中俄美三边关系
…………………………………………… 庞大鹏（187）
※全球变革中的中俄印合作
…………………………………………… 姜 毅（204）

❀运输走廊、“一带一路”倡议、欧亚经济联盟以及欧亚大陆的经济繁荣
…………………………… 叶甫根尼·维诺库洛夫（224）
❀新时代全球治理中的中俄欧关系
………………………………………………… 李勇慧（235）

第四篇　全球治理：给未来的答案

❀生态环境治理：从工业文明到生态文明思维
………………………………………………… 张永生（253）
❀全球经济的重构：环保化及其挑战
…………………………… 娜塔莉亚·皮什库洛娃（281）
❀中俄美全球气候治理、低碳绿色发展中的角色、竞争与合作
………………………………………………… 徐洪峰（294）
❀展望全球经济治理的“欧亚时代”
………………………………………………… 李中海（335）
❀后疫情时代的国际制裁
………………………………… 伊万·季莫费耶夫（355）
❀头戴“新冠”的世界：前路更合作还是更孤立？
…………………………… 娜塔莉亚·罗马什金娜（385）

序　言

为破解全球治理赤字难题贡献智慧和力量

谢伏瞻*

当前，百年变局和世纪疫情交织叠加，大国竞合关系持续深化，新一轮科技革命产生复杂外溢效应，世界面临新的不稳定性与不确定性，全球治理也因此处在何去何从的十字路口。

首先，新冠肺炎疫情加剧全球治理困境。在疫情冲击下，全球经济出现20世纪30年代大萧条以来的最严重衰退。随着疫情扩散和防控的常态化，全球经济政治秩序发生了深刻复杂变化。一方面，疫情在客观和主观两个维度加快了全球经济的脱钩进程。在客观维度，疫情使全球生产中断和物流受阻，全球供应链陷入困局，产业链和价值链被迫重构。在主观维度，疫情使经济民族主义卷土重来，越来越多国家的政策内顾倾向加重，加速了供应链产业链

---

* 中国社会科学院院长，中国社会科学院—俄罗斯国际事务委员会中俄思想库交流机制中方主席。

价值链的本土化、区域化趋势。此外，一些积极倡导开放的国家，采取的应对脱钩冲击的政策措施却推动脱钩成为现实，从而出现了不希望脱钩但最终造成事实上脱钩的“脱钩悖论”。另一方面，疫情在国际和国内两个层面增加了政治不稳定性因素。在国际层面，疫情凸显了不同文化和不同社会治理模式之间的差异，某些国家由此鼓动意识形态和价值观之间的对立或对抗；在国内层面，疫情使各种社会矛盾加速累积，种族、宗教、难民等问题加速涌现，引发了部分国家的政治动荡。后疫情时代的全球治理面临更多复杂难题。

其次，大国博弈激化全球治理竞争。过去数十年来，新兴市场和发展中经济体同发达经济体保持“双速增长”态势，新兴市场和发展中国家的经济地位持续提升，国际力量对比更趋平衡。但是，为了打压其他国家发展势头和片面追求自身利益最大化，少数大国仍然固守冷战思维、零和博弈的旧观念，奉行弱肉强食的丛林法则，在国际上拉帮结伙搞“小圈子”“小集团”，肆意挥舞制裁大棒，到处制造矛盾和分歧，把世界推向失序、分裂甚至对抗。在此背景下，全球主要大国或国家集团之间的竞合关系深度调整，全球治理的竞争性和武器化倾向日益突出。在很多问题领域，一些大国将全球治理作为谋取自身利益和迫使他国承担更多义务的工具，使全球治理日益背离国际协调与合作的初衷。在世界贸易组织现代化改革、国际货币基金组织和世界银行治理结构改革等方面，由于少数大国的阻碍和干扰，相关各方之间的分歧和矛盾不断加大；在气候变化、网络安全、人工智能等领域，一些大国已将其作为国际博弈的前哨阵地。

最后，新一轮科技革命引发全球治理难题。新一轮科技革命是一场技术经济范式的协同转变过程，是推动全球治理结构演进的重要动力，也是一柄具有高度复杂性和不确定性的“双刃剑”。科技进步在促进经济增长、推动产业革新和提升社会福利的同时，也对全球政治经济秩序产生诸多溢出性影响，并引发新的全球治理难题。当前，科技领域已成为大国竞争的战略要地，能源科技创新正在引发地缘政治格局的深度调整，信息技术和网络空间逐渐成为国家利益的交汇点和国际冲突新的策源地。同时，科技进步将改变战争形态，使世界和平面临前所未有的挑战。随着数字技术在军事领域里的广泛运用，与实体战线并行的数字战线被开辟出来。尤其是“致命性自主武器”（LAWS）等人工智能系统的研发与大规模部署，将可能在没有人类干预的情况下发动战争。与科技创新快速发展不相适应的是，科技治理仍存在机制不健全、规则不完善、领域发展不均衡等问题，国际社会对科技进步引发的全球治理新问题和新挑战还缺乏系统有效的应对措施。

人类生活在同一个地球村，世界各国高度相互依存，国际社会日益成为一个你中有我、我中有你的命运共同体。

面对日趋严峻的全球性挑战和有增无减的全球治理赤字，包括中俄在内的世界各国都要做全球治理的行动派和贡献者，为建设人类美好家园贡献智慧和力量。

一是践行真正多边主义。全球性挑战需要强有力的全球性应对，这是国际社会的基本共识。在日益凸显的全球性问题面前，任何国家都不可能独善其身，也不可能仅凭一己之力维护自身安全和利益，世界各国需要以负责任的精神同舟共济、协调行动。多边主义是应对全球治理赤字和推动全球治理变革必须坚持的方向和主导逻辑。面对信息化驱动的新一轮工业革命，多边主义的价值更加凸显。多边合作既是一国能够更大限度分享工业革命红利的制度范式，也是有效应对工业革命挑战的根本出路。要让多边主义成为应对全球性挑战的利器，就必须坚定维护和践行真正多边主义，而不是以多边主义之名行霸权主义和单边主义之实。所谓真正多边主义，就是坚持开放包容，不搞封闭排他；坚持以国际法则为基础，不搞唯我独尊；坚持协商合作，不搞冲突对抗；坚持与时俱进，不搞故步自封。践行真正多边主义，就是要维护好以《联合国宪章》宗旨和原则为基石的国际关系基本准则，维护好以世界贸易组织为核心的多边贸易体制，推动建设更有活力、更加包容、更可持续的开放型世界经济。

二是促进全球共同发展。当今世界面临的问题有很多，唯有发展才是解决诸多问题的“总钥匙”。只有秉持全球共同发展的理念，才能从源头找到化解矛盾的空间。在人类共同居住的星球上，有 200 多个国家和地区、2500 多个民族、70 多亿人口。应当开展平等对话与合作，共同分享经济全球化和世界经济增长成果，实现共同发展、进步和繁荣。为此，世界各国要同舟共济，促进贸易和投资自由化、便利化，推动经济全球化朝着更加开放、包容、普惠、平衡、共赢的方向发展；要尊重世界文明多样性，以文明交流超越文明隔阂、文明互鉴超越文明冲突、文明共存超越文明优越。作为全球最大的发展中国家，中国在实现自身发展的同时，也为全球共同发展做出了巨大贡献。中国对世界经济增长的贡献率多年来稳居首位，成为全球增长的主要发动机。2021 年 9 月 21 日，习近平主席在第 76 届联合国大会一般性辩论期间提出全球发展倡议，系统阐述了实现普惠包容发展的政策和行动框架。这是继“一带一路”倡议后中国为国际社会贡献的又一重要公共产品和合作平台，推动全球发展迈向平衡协调包容的新阶段。

三是完善全球治理体系。长期以来，很多全球性问题得不到有效解决，很多领域的治理赤字得不到实质性缩小，现有全球治理体系不能适应时代发展的潮流，改革全球治理体系的必要性和紧迫性日益上升。全球治理体系的走向，关乎各国发展空间，关乎世界繁荣稳定，关乎人类共同命运，携手完善全球治理体系是每个国家义不容辞的责任和义务。在完善全球治理体系的过程中，世界各国都要坚持共商共建共享，倡导集思广益、各施所长，各尽所能、成果共享，不搞你输我赢、赢者通吃的零和游戏，遇到分歧应通过协商解决，不能由个别国家和国家集团来决定；要坚持公平正义，体现平等、开放、透明、包容精神，不能把一己之利凌驾于人类利益之上，不能将自己的意志强加于人；要坚持规则导向，共同制定、共同遵守国际规则，任何国家都不能例外，更不能合则用、不合则弃；要坚持“共同但有区别的责任”，为解决全球性问题做出各自应有的贡献，承担与自身实力与权利相适应的国际责任。作为现行全球治理体系的参与者、建设者和贡献者，中国始终致力于同各国探索合作思路和创新合作模式，推动全球治理体系朝着更加公正合理方向发展。

四是推进全球治理理论创新。在全球治理进程中，正确的理论思维能够增强人们遵循和把握规律的能力，错误的思维会将世界引入歧路甚至深渊。随着全球化的深入发展和全球性挑战日益增多，全球治理理论对实践的指导作用愈发明显。当前，全球治理挑战和全球治理赤字凸显，西方中心主义的全球治理理论范式陷入困境，提升发展中国家全球治理话语权和推进全球治理理论创新的紧迫性更加突出。中俄两国都拥有悠久的历史和优秀的文化传统，产生了一大批推动人类文明进步的理论家和思想家。两国参与全球治理改革与建设的实践中蕴含着理论创新的动力与潜力。作为中国哲学社会科学研究的最高学术机构，中国社会科学院愿同包括俄方在内的各国学界一道，以研究回答全球治理重大理论和现实问题为主攻方向，深入总结全球治理领域正反两方面的经验教训，不断推动全球治理理念、观点和学术思想创新，为破解全球治理赤字难题提供理论支撑和智力支持。

人类正处在一个特殊的历史时期。面对“世界怎么了、我们怎么办”的时代之问，习近平主席在联合国日内瓦总部的演讲中发出了共同构建人类命运共同体的时代强音，为解决人类面临的共同挑战提供了中国方案。中方将继续弘扬和平、发展、公平、正义、民主、自由的全人类共同价值，践行真正的多边主义，推动全球共同发展，积极参与全球治理体系改革和建设，为破解全球治理赤字难题和开创全球治理新局面贡献智慧和力量。

疫情中的国际关系

伊戈尔·伊万诺夫*

我们可以放心，新冠肺炎疫情迟早会被击败。我们当下感到的过度焦虑和恐惧将会逐渐消退，科学会指引我们找到有效的抗击病毒的良药。届时当人们回望疫情下的数年，便会觉得犹如经历了一场噩梦。

同时可以明确的是，疫情后的世界将与我们过去所了解的世界大相径庭。自冷战结束以来，认为世界需要一次大变革进而走向下一个发展阶段的观点一直相当流行。有些人预言，严重的经济危机会引发这一变革，还有人认为大规模战争正在酝酿之中。然而，正如经常发生的那样，世界大洗牌几乎会毫无征兆地来临。短短几个月间，新冠肺炎疫情折射出了当今时代全方位、大规模的矛盾与倒退。同时，疫情也勾画出经济繁荣、科学突破和技术进步的前进路径，为自我实现和满足开辟了新机遇。而当下不容忽视的问题是，谁将以及如何最有效地利用新现实和正在展

---

* 俄罗斯国际事务委员会主席，俄罗斯联邦外交部部长（1998—2004），中国社会科学院—俄罗斯国际事务委员会中俄思想库交流机制俄方主席。

现的机遇？

新冠肺炎疫情也在当前国际关系中留下了烙印。

在20、21世纪之交，国际体系深陷于危机之中。20世纪末冷战的终结，实际上标志着因第二次世界大战而确立的两极世界秩序，开始向一个尚待开创的新模式过渡。关于新的世界秩序应该是何种形态，人们的争论十分激烈，但尚未形成定论。若干国家以及非国家行为体，都想充分利用全球事务中的这种不确定性，重新分配世界势力范围，重塑世界秩序。在某种意义上，这一前景并不出乎意料。因为公共领域出现的深刻变化，和由第二次世界大战战胜国在20世纪中叶确立的僵化的国际关系模式之间的冲突，在最近几十年间已持续激化。

事实证明，新冠肺炎疫情给国力带来严峻和空前的考验，揭露出当前国际体系的局限性。无论是金融风暴、反恐斗争、区域冲突或其他困局，过往危机不管事态多么严重，实际影响都是暂时的，其牵涉面十分有限。新冠肺炎疫情则超越了各国政治体制、社会习俗、经济水平和军事力量的差异，其影响波及全世界。疫情暴露出现代世界的脆弱以及正在增长的风险和挑战，如果忽略这些，世界就会陷入自我毁灭的下降螺旋。

疫情仍在持续，这意味着关于它对国际关系体系的影响，我们还无法下最终定论。话虽如此，若干初步结论也已经逐渐成形。

一是全球化尽管有明显的副作用，却已经改变了世界的面貌，无可逆转地推动世界各方真正地相互依存。这并非新的观点，然而，全球化的反对者们一直试图并继续努力地贬低它对现代社会的影响。事实上，他们想认定，全球化并不比国际生活中的一个插曲重要多少。尽管至今全球化已经持续了很久，但它无力改变人们熟知的世界版图。疫情则揭开了现代世界真实情况的幕布。在这里，国家边界只不过是一种行政和官僚的建构，因为它无力阻止人们在精神、科技、信息或任何其他方面频繁的沟通。同样地，官方的边界并不能阻止当前安全威胁在各国之间快速扩散。几轮新冠肺炎疫情的暴发给整个世界带来巨大损失，没有国家能独善其身。如果不能认清这一明显的现实，进而开始思考各国在新环境下应该采取的措施，同样的情况会伴随其他挑战一再发生。

二是尽管危言耸听者们无休止地预言（现行）国际体系即将崩溃，但其承受住了最初的剧烈冲击。经历了短暂的茫然无措，联合国、世界卫生组织、世界银行、二十国集团（G20）及其他全球和区域组织回到正轨（尽管有些组织比其他组织做得更好），紧急采取行动来防控疫情。这证明第二次世界大战后建立的国际关系体系仍在发挥作用，尽管它远非完美无缺。

延续上述思路，抗疫斗争已经表明，多种国际框架越来越与当代现实脱节，其已被证明无力进行足够快的动员，难以在变动的世界中有所作为。这就再一次将改革联合国体系（以及其他国际机构）这一愈发紧迫的议题推到前台。随着时间的推移，国际社会可能还将不得不面对危险性不亚于当前疫情的种种挑战，对此我们必须有所准备。

三是国际机制在全球事务中的作用逐渐减弱，离心趋势正在加剧，其表现为各国——主要指几个全球领导者——开始将本国利益摆在首位。围绕多种新冠疫苗展开的全球信息战，就是这种趋势的典型事例。它不仅严重干扰了抗疫斗争走向成功的进程，还拓展了互不信任和竞争的新维度。世界事实上退回了冷战时期的“规则”之下，即社会和政治制度不同的各国极力证明自身的优越性，而很少关注安全和发展等共同利益。

在当下奉行这样的政策可能给各国带来严重后果，因为新型安全威胁不受传统边界约束。阿富汗危机应被视作全人类的教训，这说明任何严重的区域危机，即便发生在世界上最遥远的角落，也将无可避免地造成全球性影响。因此，我们都面临一个严峻的选择：要么联合起来对抗这些新挑战，要么被各种极端分子和投机者“绑架”。

四是还有一些政治领导人迅速地以疫情带来的挑战为借口，以牺牲基本民主原则和有约束力的国际义务为代价，强化国家的职能。在一场严重危机的攻坚阶段，当需要动员所有可用的资源来抵御威胁时，此举可能是正当甚至是必要的。

然而，人们逐渐认识到一些政治家正愈发追求这些扩展的权力，并非常愿意以可能发生新危机为由紧握这些权力。这种思路给建立符合当代现实的国际关系新模式带来难题。在这一新模式中，各参与国被期望通过协作服务于全球安全与发展的利益。

五是正如在深刻的危机期间总会发生的那样，国际社会正在关注大国及其领导力。人类社会所有领域的未来历史走向，自然也包括国际关系，将取决于大国的选择，进而决定团结能否战胜国家利己主义。俄罗斯总统普京关于举行联合国安全理事会常任理事国首脑会议的倡议，可以成为促进理解和探寻前进新道路的一个良好起点。我们不能一直推迟关于未来世界秩序的坦率而透彻的对话，因为再度推迟所产生的代价恐怕会过于严重，无人能够承担。

（马思远　译）

第一篇

世界需要新型全球治理

我们应对“全球化 2.0”作何期待？

安德烈·科尔图诺夫*

如今，人类正经历持久而痛苦的逆全球化过程。这一过程究竟是不是历史上注定发生且无可避免的，还有待观察。若非不可避免，人们就可以推断谁该对事态的这种转变负责。无论如何，2008 年至 2009 年的国际金融危机和 2010 年至 2013 年危机后的复苏都传递出一个明确的信号，即全球化几乎不可能是线性——遑论指数——发展的过程。危机过后，全球互通性的关键指标（国际贸易、外国直接投资）要到 2010 年代中期才能恢复到危机前水平，而到 2010 年代末又再度暴跌。当今世界，政治和经济层面的离心趋势已累积起强大势头。如果期望像 2020 年乔·拜登赢得美国总统选举这样单一的国际事件（无论多么重大）能逆转或阻止全球化趋势，那实属天真。在今后数年国际社会亟待处理的任务似乎是，在经济和政治逆全球化方面削减相关成本，降低相关风险。

---

* 俄罗斯国际事务委员会执行主席。

尽管面临这一艰巨任务，人们也不应忽视长期的国际趋势。毫无疑问，全球化将以某种方式回归。无论反全球化分子怎么说，当前都有以下两个日益强化的因素推动着世界的全球化发展进程。

第一，从气候变化加速，到出现疫情威胁，再到迫近的全球资源紧缺，这些共同的难题和挑战让人类感受到不断增长的压力。为了生存，我们需要以某种形式的联合行动来应对上述挑战。人类自我保护的本能最终会拥抱“全球化 2.0”这一进程。

第二，当下的逆全球化进程并未阻碍技术进步。相反，技术发展空前快速，持续创造出新机遇，让各种远程沟通得以实现。全球的物理空间和资源总量正在缩减，然而，在不同地理空间分布的工作、教育、娱乐、社会和政治活动的可行模式正在成倍增加。拿破仑“地理即命运”的旧观点正在失去其昔日的公理性。在某种意义上，新冠肺炎疫情对线上活动的推动作用，使其成为一个“大均衡器”，削弱了多种传统等级制度和国际壁垒。

我们终将迎接新一轮全球化来临的曙光。这种“全球化 2.0”将与我们在 21 世纪早期所经历的情况明显不同，但它会沿大体相似的方向演化，并保留上一轮全球化的一些本质特征。如果把 2008—2009 年的国际金融危机作为起点，并假定当今世界已经处在或接近逆全球化进程的最低点，我们就能相当有把握地预测，全球互通性的下一个

“U”形拐点将出现在21世纪20年代中期。如果考虑到2020—2021年的危机相对于2008—2009年的危机更加错综复杂的本质，我们需要把“U”形转折的时间点再推后两三年甚至五年——颇为接近21世纪30年代末期。

不过，预测“U”形转折和“全球化2.0”到来的准确时间节点并不那么重要。真正重要的是尝试预测新一轮全球化的基本参数，这些参数使得新一轮的全球化与人类在21世纪初经历的情况大相径庭。

一　没有霸主的全球化

20世纪末至21世纪初的全球化，正值美国国际实力和影响力处在历史巅峰。事实上，从比尔·克林顿到贝拉克·奥巴马，正是美国总统们在新兴的全球化世界中定义了基本游戏规则。美国的霸权已经延伸到了国际发展和国际安全两个领域。所有主要多边机制，无论是联合国、北约、八国集团和后来的G20，还是国际复兴开发银行（IBRD）、国际货币基金组织（IMF）、世界贸易组织（WTO），甚至经济合作与发展组织（OECD），都反映出美国的全球议程设置并掩盖了美国为尽可能长久地维持“美国治下的和平”的不懈努力。在少数情况下，当美国未能在适当的多边组织内推行（有利于）自身的决策时，华盛顿会毫不犹豫地绕过这些组织。而此时，国际社会的阻力非常有限，甚至没有任何阻力。例如，2003 年美国领导的“意愿联盟”对伊拉克的军事介入。

新一轮全球化将与这种模式截然不同。在“全球化 2.0”下，美国不太可能会继续成为“全球化 2.0”的主要驱动力。重启全球化不一定需要一个当仁不让的世界霸主，更有可能的模式是建立在多边基础上的横向全球化，其范例已然出现。例如，在 2020 年年底，十五个亚太国家签署了《区域全面经济伙伴关系协定》（RCEP），标志着世界最大的自由贸易区的正式成立，该自贸区涵盖 22 亿总人口和 28 万亿美元国民生产总值（GNP），约占全球 GNP 的三分之一。耐人寻味的是，加入协定的既有美国的盟友和伙伴，也有其反对者。与外界此前预料的相反，RCEP 的核心推动者并非中国，而是近 20 年都在致力于推动该项目的东盟国家。

至于美国，在新的全球化阶段，其领导层将不得不适应华盛顿并非总有能力处处充当绝对领导者或者规则制定者的现实。同世界上其他国家一样，美国将不得不接受自身成为国际规范的参与者或者旁观者。在一些领域，美国仍将是规范制定者，但在其他方面美国将成为规范的被动接受者。这对于在两极和单极国际体系时期登上政治舞台并走向成熟的美国建制派内的多个派系而言，无疑是一场痛苦的转变。美国领导层将如何应对这一挑战，仍有待观察。

二 不区分中心和边界的全球化

人们在“全球化 1.0”伊始预计，全球化浪潮将从当今世界的经济、政治和技术核心（即“大西方”）逐步向边缘扩散。半边缘化的大国，如中国、俄罗斯、印度和巴西，被视为这一进程的“传导器”。对全球化的早期假定还包括，随着全球化进程从核心向外围转移，全球化的阻力会增加，从而引发冲突和贸易摩擦，并播下孤立主义和民族主义的种子。这些“反对浪潮”会拖慢全球化的总体进程，但不会深刻影响到全球核心区域，它们会在从边缘扩散的过程中逐渐减弱。全球核心区域将继续趋于巩固，而边缘区域在一段时间内呈现出碎片化。

然而，“全球化 2.0”的参与模式将与“全球化 1.0”大不相同。全球化的“浪潮”可能会反向而动——从边缘向核心，而“整个西方”已经在试图采取与全球南方隔绝的做法：限制移民、重拾保护主义、将产业迁回国内，体现出西方民族主义和排外情绪高涨。这种转变折射出全球核心与边缘之间的经济力量平衡发生了持续、根本性的变化。回望 1995 年，在“全球化 1.0”的前夕，七大新兴经济体（中国、印度、俄罗斯、巴西、印度尼西亚、土耳其和墨西哥）的 GNP（按购买力平价衡量）总计约为七国集团（G7）（美国、英国、法国、德国、日本、加拿大和意大利）GNP 的一半。在 2015 年，这两个集团的 GNP（按购买力平价衡量）基本持平。到 2040 年，“新兴七国”的经济实力将是“发达七国”的两倍。

在参与重大全球化进程的程度方面，全球核心区仍然较全球边缘区（我们是否应称其为“前全球边缘区”?）享有巨大优势。然而，这种优势正在迅速缩减。例如，中国在 2020 年已经超过美国，成为全球最大的外国直接投资流入国。谁将领导“全球化 2.0”，这一问题仍无定论。人们甚至不确定“全球化 2.0”是应该有单一的地理中心，还是应该与特定地区或某一国家集团相关联。下一轮全球化更有可能以没有明确地理等级的网络式进程演化。“全球核心”和“全球边缘”的概念可能失去原来的意义，因为在任何国家都能找到二者的元素。

三　可持续发展而非线性经济增长

上一轮全球化是与经济加速增长及个人和公共消费增长息息相关的。应当承认，“全球化 1.0”为全球（特别是亚洲国家）消除贫困、壮大中产阶级队伍做出了很大贡献。繁荣的国际贸易、增多的外国直接投资和新兴的可持续性跨国经济与技术链，所有这些因素促成了许多雄心勃勃的国家现代化项目。由于这些积极的改变，人们开始相信“水涨船高”，这意味着全球化的益处最终将惠及全人类。

在某种程度上，这一假设看起来是合理的。与三十年前的父辈相比，世界人口平均生活质量提升，平均寿命变长。然而，全球化未能在全球人口中公平地分配收益。恰恰相反，“全球化 1.0”将世界分割为新赢家和新输家。显然，前者与后者的界限并不总是与“成功”国家和“不成功”国家的划分一致。更多情况下，我们看到国家内部的分歧加深，这体现在不同人口和职业群体之间，大城市和乡村之间，富裕地区和贫穷地区之间，等等。简而言之，在能适应新生活方式的人群和不能适应的人群之间，出现了新的分化。例如，在过去四十年里，美国所有家庭中较贫穷的那部分家庭收入的中位数未增反降，这为各种社会动荡和政治民粹主义的滋生提供了丰厚的土壤。

“全球化 2.0”时期，各国成功的主要标准也许不会完全是实现经济高速增长，而是确保向可持续发展模式过渡。社会公平、生活质量、环境和气候议程、社区建设、个人和公共安全等议题将受到更多关注。私人和公共消费的线性增长是不可持续的，它将让位于“智能消费”的更细致的指标。此外，“消费社会”这个概念本身也将发生深刻变化。各国间的相互竞争，将越来越体现在一国为其公民的自我满足所提供的总体机遇水平，而非简单的人均国民生产总值。

四　社会驱动而非金融驱动

跨国金融企业是“全球化 1.0”的先锋。金融市场国际化、为获取外国投资进行国家间竞争、增长中的地域和行业资本流动、以专业技能和共同文化为纽带的跨境金融管理群体的涌现，所有这些趋势对生产、政治乃至大众文化和生活方式都产生了深远影响。秉持世界主义观念的技术专家已经成为变革的榜样和象征。

然而，2008—2009 年的国际金融危机暴露出这种全球化模式的严重局限性。跨国资本的快速发展与国家生产和社会环境严重脱节。世界主义的技术专家又成了贪婪、道德相对主义和逃避社会责任的象征。由于遍布的失望情绪，此前不受限的资本扩张，被高度基于民族主义的经济和金融战略所遏制。特朗普政府的经济和金融优先事项是国际银行家遭受失败的生动注解。21 世纪初自信的经济学家们的希望和期待并没有实现，因为经济从未把政治驯服成恭顺的仆人。情况恰恰相反，政治开始凌驾于经济之上发号施令并采取与经济可行性叙事迥异的决策。矛盾的是，“全球化 1.0”为反全球化者建立跨国联盟提供了一系列新机遇。如今，反全球化主义者们可以说比其对手更好地利用了全球化机遇。

有理由相信，"全球化 2.0"的动力将主要来自社会而非金融层面。引人注目的是，即使在今天国际贸易和外国直接投资水平显著降低的情况下，跨境信息流量仍继续稳定高速增长。尽管新冠肺炎疫情在短期内使人们分隔，但其长远影响会促进新通信手段的加速发展。新冠肺炎疫情的另一个显著影响是助推建立人类历史上首个全球公民社会的进程。相比各民族国家的传统金融精英，跨境非政府组织、专业社群、公共运动、倡议联盟可能在"全球化 2.0"中发挥更积极的作用。若果真如此，可以认为"全球化 2.0"将拥有比上一轮全球化更广泛、更稳健的社会基础。因此，未来对反全球化趋势的抵御力量也可能增强。

五　社会公正而非个体自由

上一轮全球化进程反映出自 20 世纪 80 年代或更早以来，在全球社会中占主导地位的公众对个人自由的诉求。全球化的推动力源自英国的玛格丽特·撒切尔（Margaret Thatcher）和美国的罗纳德·里根（Ronald Reagan）等领导人的经济和政治计划，它在左翼平等主义意识形态因苏联和中欧国家的共产主义实验失败而陷入严重危机的情况下获得加速动力。从雅克·阿塔利（Jacques Attali）到乔治·索罗斯（George Soros）再到托马斯·弗里德曼（Thomas

L. Friedman)，“全球化 1.0” 的远见者们梦想着未来的社会由完全原子化的“世界公民”构成。他们享有无限的选择自由，而很少（如果有的话）受限于过时的群体身份和相应的责任与承诺。

全球政治的钟摆在 21 世纪初达到极点，并在 2010 年代开始朝着相反的方向运动。从现在到 2050 年间，我们很可能会看到更加明确和更加坚定的公众对社会和政治公正的诉求。这其中暗含着左翼意识形态的复兴，也标志着左翼政治运动和政党取得进展。已经有很多迹象表明，国际和国内社会倾向于牺牲一部分经济和政治自由，以换取他们认为的社会正义和公平的保障。我们可以预见，未来私营部门和更富裕社会阶层的税收负担将增加，新平等主义风行，带有政治动机的审查和自我审查增多，政治正确做法剧增，在信息管理领域限制性的新措施纷纷出台，其以安全考虑为由限制隐私权。尽管自由民主政体为了存续和与其他社会组织形式竞争（正如两次世界大战之间的情形）而不得不更加强调社会公正，但上述趋势不意味着自由民主政体被威权政治模式彻底击败。

基于社会公正优先的全球化与基于个人自由优先的全球化有很大不同。现代社会尚未形成兼具国际和国内适用性的，统一且合理的公正标准。这意味着在“全球化 2.0”时代，对各种社会、政治、种族、宗教和其他群体以及许多国家来说，世界仍然是不公平和不公正的。然而，我们可以预测，在国家和国际层面上，将更加一致地推进平权行动，将出现大规模再分配物质财富的非市场机制，将更加坚持不懈地努力缩小"富人"和"穷人"间的差距。在这种情况下，要想使全球治理和国家治理获得成功，就必须在世界以及特定国家内部在对公正的多种不同理解之间找到平衡。

六　多元行为体而非单一国家行为体

"全球化 1.0"的消退在很大程度上是由国际关系中的非国家行为体的消亡所造成或加速的。国家主权和民族国家至上的观念，以及对外国干涉本国国内政治事务的担忧，在许多社会，特别是在以国家为导向的传统国内精英群体之中变得相当流行。几乎在世界各处，都可能看到国家官僚、军队、国防部门、特种部队和执法机构等精英的社会和政治地位上升。某种程度上，传统的（即与经济中工业部门相关的）中产阶级也经历了向上的社会流动。同时，21 世纪初的很多被追捧的身份，正在失去他们曾有的吸引力和影响力；新的创造力团体、私营金融部门、国家精英中的世界主义派别、自由派媒体和买办知识分子都不得不努力避免被彻底边缘化。世界正从后现代范式退回到新现代范式，而在若干维度上甚至大大倒退至更早的时期。以往的全球化非国家驱动力——例如大学、独立智库、专家、网络、跨国非政府组织和基金会以及面向全球的私营部门——被推到了国际体系的边缘。

然而，随之而来的逆全球化时期证明，民族国家的这种复兴具有自身的局限性。各国对国家主权的重视，既没能阻止新冠肺炎疫情，也没能阻止国际油价暴跌和货币汇率动荡加剧。更严格的国家财政政策没能消灭全球离岸经济，正如更严控的边境管制和签证制度也没能阻止数以百万计的非法移民进入欧洲。尽管民族国家付出巨大努力，但到目前为止，他们在重新掌控跨境资金、货物和服务、信息和人员的流动方面只取得了有限的成功。很难相信“最后的胜利”会很快到来。

“全球化 2.0”可能为国际关系中国家和非国家行为体间的互动提供一种不同的模式。尽管主权国家仍是国际社会的主要行为体，但越来越多的国际问题要靠广泛的公私伙伴关系（PPP）这一形式才能得到解决。例如，为了封锁充满危险和不稳定性的军备竞赛之路，防务部门的私营公司和研究型大学的积极参与必不可少。若没有全球范围内众多民间社会机构和地方社区的参与，“绿色议程”无法顺利推进。如果私营部门不肩负起国家或国际技术援助机构的职责，在世界最贫穷国家已推行成功的发展项目也注定会失败。值得注意的是，在未来的这些公私伙伴关系中，非国家玩家未必愿意仅扮演民族国家手中的工具，而是想发展伙伴关系，即有自己的利益和优先事项，甚至有时不同于国家的利益和优先事项。建立高效的公私伙伴关系的能力对未来的国家领袖们而言至关重要。

七 多元主义而非普世主义

“全球化 1.0”时代适逢政治和经济自由主义意识形态在全球肆意蔓延。许多政治家和学者将“自由的全球化”和“全球自由主义”这两个概念等同，或至少承认二者相互之间有着千丝万缕的联系。自由的经济和政治模式在当时预期将在全球最终获胜，而这会成为全球化的关键助推器和最重大成就之一。在当时那种语境下，任何非自由或反自由的发展模式看起来都有些过时，是现代化缺乏一致性且不完整的症结，使其支持者无法适应新的全球世界。当涉及某一社会时，人们可能对什么是最高效的现代化途径有争议，但毫无疑问，大部分人都认为“西方”本身就是现代化的象征和化身。

但如今，全球化与政治和经济自由主义之间的直接因果联系，已远没有 30 年前那么令人信服。政治和经济自由主义正处在艰难时期，其基本理念甚至在西方也受到质疑，而其他一些社会政治和经济模式不仅显示出韧性和可持续性，而且往往还展示出高效率。中美两国应对新冠肺炎疫情的对比可以视为这种新现象的教科书式的范例。西方已经失去了对如何定义现代性方面的垄断地位，自己成了被居高临下指指点点的目标，被认为过时又落伍。

这种全球发展的新动态表明，“全球化 2.0” 应当找到一种方式，将全球化与国家经济、社会和政治发展道路多元化相结合。新兴国际体系中的游戏规则制定必须让处在不同社会和政治阶段或背景的参与者感到同样公平。大家普遍认为仅靠坚持政治自由主义就能让各国自由、不受限地参与全球化，这是不现实的。“全球化 2.0” 必须能够吸纳政治制度具有极大差异的参与者，无论是自由民主国家还是非自由专制国家、神权共和国还是绝对君主制国家。多边全球项目的推进将不是围绕共同价值，而是围绕共同利益。人们可以假定，“全球化 2.0”（或以后的“全球化 3.0”）将会促进全球价值观的融合。该假设存在争议，但这种趋同无疑只能在相当远的未来作为全球化的结果出现，而不能视作“全球化 2.0”的前提。

八 异步而非同步

尽管对“全球化 1.0”的研究最初主要关注其金融和经济维度，但全球化明显是一个复杂深刻的进程。人们假定，金融全球化和经济全球化就像“火车头”，必然带动全球化的其他维度，例如社会、文化、政治等。此外，他们还期待全球化在各领域以某种方式同步推进，并通过互动加速全球化各维度发展，从而对整个国际体系产生累积性影响。最初分析这一现象的人大多是主修宏观经济和金融事务的学者，这就可以在一定程度上解释为何会出现对全球化未来的还原主义看法。因此，对经济技术决定论不应过于惊讶。全球发展在一段时间内似乎印证了同步化观念的正确性。

然而随着时间的推移，人们发现在人类生活中某些领域的“全球化阻力”明显强于其他领域。此外，一体化与整合、统一之间没有直接明显的因果关系。亚里士多德（Aristotle）曾将城邦描述为“多样化的统一”，这也恰好适用于全球化的世界。事实证明，全球经济化和全球政治化无法实现同步。经济和政治之间日益扩大的鸿沟给整个“全球化 1.0”进程带来严峻挑战：经济要求的是战略性、系统、全球、洲域、主动以及多边的解决方案，而政治需要以战术性、机会主义、局部、保守及单边的解决方案为优先。如上文所述，经济理性未能战胜政治考量，这致使全球化不可避免地遭受挫折。

很明显，“全球化 2.0”将是异步的，这意味着全球化进程将在不同的领域以不同的速度推进。例如，民族文化对全球大众文化的抵抗将不会被视为经济全球化发展的巨大障碍。各社会维护其历史传统和独特身份的努力将是对全球多样性的有机补充而非人类统一进程的阻碍。全球多样性反过来也将强化全球社会体系的整体稳定性。在深度异步化的“全球化 2.0”中，在国际和国内层面协调普世主义与特殊主义将面临巨大挑战，因为这需要极其精细化和高度专业化的政治技艺。如今，我们只能猜测未来的政治家会如何融合所需技能。

九 灵活的联合体而非僵化的结盟

“全球化 1.0”充分利用了冷战结束后基本保持完整的西方安全和发展机制。当初普遍的预期是，这些机制在空间和职能上的持续扩展，最终会推动人类社会在统一的保护框架下解决大多数紧迫的全球性难题。但实际上，包括北约和欧盟在内的大多数机构，却很快地表现出了局限性，在某些情况下甚至有近乎功能性的缺陷。同时，大多数试图启动新机制以替代西方领导的旧组织的尝试都显现出长期的制度疲劳，以致这些倡议无法超越活动俱乐部的范畴。在 21 世纪第二个十年间，全球政治极化进一步加剧，导致包括联合国框架在内的许多多边机构陷于失能。

很难想象，新兴的世界秩序没有承袭上一阶段的核心制度。尽管如此，大多数国际活动并未在 20 世纪遗留的僵化官僚组织内运行，而将围绕具体的政治、社会、环境和其他主题展开。之前的国际权势集团将不再如过去般无所不能，“超级大国”或“大国”的观念将显得过时并失去解释力。同时没有迹象表示，被赋予广泛权力和普世合法性的“全球政府”会很快出现并发挥作用。

为解决这些具体问题，一些全球化进程的参与者将建立灵活的临时联合体，这不仅仅是由民族国家组成的，还可能包括私营部门、民间机构或其他国际事务的参与者。此类联合体将相对容易地聚合、解散和再聚合。复杂、耗费资源的官僚机构，或是过于耗时的决策流程将没有用武之地。尽管如此，这种基于问题的国际合作方式也并非完美无缺，但（随着发展）可能会变得更有意义并比旧机制更能满足国际社会的需要。

十　南北分化而非东西分化

传统观念认为，“全球化 1.0”因美国和中国的对抗而受挫。人们认为，2020 年到 2021 年的经济危机和流行病危机，使全球经济和政治加速转向美—中两极格局。这种逻辑暗示如今需要考虑美中两极格局将呈现出的僵化（或灵活）程度。僵化的两极化事实上会将世界分割为两个对立的体系，就像 20 世纪后半叶的大部分时间一样。灵活的两极化则会允许大部分国际行为体在各自的外交政策中保持灵活性和自主性。这种看似有吸引力的逻辑需要紧密结合今后若干年的实际情况。然而，展望“全球化 2.0”时代，世界政治和经济的两极分化似乎越来越不沿着过去一个世纪的东西向轴线排列，而是过渡到沿着南北向轴线排列。

现有的东西分化显然在很长时间内不会消失。至少数十年内，中国的现代化模式会与西方模式显著不同。然而，将视角放得越长远，就越有理由将中国（以及俄罗斯）纳入广义的全球北方。华盛顿和北京之间达成战略妥协的实现多少有迹可循，需要双方的政治意愿、决心、耐力、时机和灵活性。但对于可能出现的南北妥协，人们甚至欠缺某些一般性的理解。我们没有理由期望全球北方能够按照美国在第二次世界大战后向欧洲提供的马歇尔计划的思路，为全球南方提出一个全面的大规模发展援助计划。恰恰相反，我们不能排除种族主义和仇外心理的再次抬头将进一步加深全球北方与南方的隔阂。据此，处于“全球化 2.0”阵痛中的世界可能会见证北方经济体在加深一体化的同时，削减与大多数发展中国家的经济、政治甚至人道主义联系并实施更严格的边境管控措施和跨境移民的新限制。

“全球化 2.0”的关键挑战不是将全球南方拉到与全球北方持平的水平，这无法实现。因为将西方中产阶级的生活标准扩展到地球全体居民，会给地球的资源造成过大压力，注定让地球生态系统陷于不可逆的恶化过程。此外，如今全球北方的自由主义模式并不像它在全盛时期那般有效。全球北方正逐渐失去对现代性的垄断，因此全球南方逐渐不再将其视为效仿对象。而随着时间的推移，南北之间的地理边界将越来越模糊。北方通过南亚、中东、非洲和拉美的现代都市区，以及新的经济行业和消费模式越来越多地渗透到南方。南方则以移民潮、生活方式、宗教及文化的形式向北方渗透。南北之间的“文化分离”近乎是不可能的。如果人类不能就文明融合达成共识，那么“全球化 2.0”时代将有负期望，无法实现 21 世纪最根本的使命。

（马思远　译）

全球治理：历史、逻辑与趋势

张宇燕*

全球治理是近年来在国际问题研究领域内频繁出现的词汇。全球治理出现的宏大背景，首先是全球问题伴随经济全球化的深入而日趋凸显。作为全球问题的解决方案与过程的全球治理，其日益受到世人关注的另一个重要背景，是形形色色的全球问题只有通过各国的共同努力才能得到解决或缓解。问题本身的全球性质和问题解决的全球性质，其中杂糅了全球博弈的主要玩家力求通过处理全球问题来实现自身利益最大化，将国际问题研究带入了一个新的历史时期。

与许多科学学科的成长历程类似，在成熟的或被广泛认可的新研究范式出现之前，全球治理研究的最佳途径，便是在叙述其历史起源与演进的过程中，借助现有的分析框架与概念体系对相关重大领域或议题进行分析，比如全球货币金融治理、国际贸易投资治理、全球环境与气候变

* 中国社会科学院学部委员，世界经济与政治研究所所长。

化治理以及国际宏观经济政策协调等。同时我们也要看到，随着全球治理这个“篮子”包含的内容越来越庞杂，对全球治理研究的理论化或形式化的要求便呼之欲出，对全球治理研究所涵盖范围的界定之要求亦浮出水面。将全球治理研究在理论上加以提升的一个思路，是将全球治理视为各类博弈者通过形成集体行动提供国际公共产品或俱乐部产品的一类问题，并在此基础上搭建一套逻辑架构，以期处理种类众多的国际议题或全球问题。此外，博弈者，尤其是国家行为体参与全球治理博弈的大量案例，亦是提炼分析概念、产生有意义命题、检验已有理论或命题的“金矿”，值得下大力气挖掘。

一 全球治理的历史回顾

总体上看，人类目前所处的时代是全球化，特别是经济全球化的时代。这里所说的全球化，主要指的是世界各国各地区之间的相互关联性或相互依赖性不断提升的历史进程，主要表现为各国或经济体之间分工持续细化，约束要素跨境流动的各种制度和技术藩篱不断被破除，人们对日益紧迫的全球问题需要集体应对的共识日渐形成。通常认为，全球化起源于15世纪末期的“地理大发现”，其随着欧洲列强的殖民主义而迅速拓展，并在19世纪下半叶达到第一波高潮。约一个半世纪前，马克思和恩格斯就在《共产党宣言》中指出："在全球的各个角落，充斥着资产阶级对产品市场不断扩张的需求。它必然到处安家筑巢，到处建立联系。"经典作家们在当时不仅看到了今天人们称之为经济全球化的种种现象，还揭示了现象背后的本质，即那一时代的经济全球化不啻为资本主义生产方式带着血腥味的或明火执仗式的对外扩张与掠夺。鉴于丛林法则下的竞争时常会导致两败俱伤，从而无法实现自身利益的最大化目标，故约束恶性竞争的贸易与资本流动规则——如帝国主义国家间的一些双边或诸边协定——便应运而生。从一定意义上讲，这些国际协定或条约可被视为全球治理的雏形。

第一次世界大战的爆发打断了由帝国主义列强推动的全球化进程，进而也使那些松散的、参与国寥寥、涉及领域有限的全球治理雏形受到严重损害。两次世界大战期间，世界主要工业国大都奉行了以邻为壑的贸易政策。第二次世界大战的爆发和其造成的人类浩劫，终于让人们认识到和平的重要性，也让人们感受到迅速重建家园恢复正常生活的紧迫性。这便是除轴心国外或战败国之外的世界主要国家代表于 1944 年 7 月在美国新罕布什尔州布雷顿森林举行人类历史上首次国际货币金融会议的大背景。在这次会议上，不仅确立了以美元为中心的国际货币体系即"布雷顿森林体系"，而且还为随后确立的以联合国为核心的世界和平机制做了铺垫。

紧随第二次世界大战结束而来的冷战将世界分割成“西方”和“东方”，分别以美国和苏联为首，在历史征程中刚刚上路的全球治理随即被两个平行且对抗的治理体系所替代。尽管冷战期间存在的是一种平行且对立的“分割式全球治理”形态，但在这一历史阶段内全球治理的层次、规模和领域均得到了前所未有的提升。联合国作为全球治理主要平台的地位得以确认，“布雷顿森林体系”的功能得以加强，它们的成员数目及代表性不断扩大，所处理的议题亦日益增多。1988 年由 10 个主要工业化国家中央银行组成的巴塞尔委员会公布了《巴塞尔协议》（即《巴塞尔协议Ⅰ》），迈出了跨国银行监管或国际银行金融领域全球治理的重要一步。有鉴于此，冷战时期的国际格局态势可以大致地被称为全球治理体系的建立阶段：全球治理的整体架构已经搭建起来，尽管其功能的发挥经常性地受到东西两大对抗阵营博弈的掣肘。

冷战的结束标志着世界迈入了一个崭新的时代。“东方”与“西方”泾渭分明的划分与对立随着 1989 年柏林墙倒塌而成为往事，以美国为首的西方世界转瞬之间成为世界政治经济的主导力量。从某种意义上讲，人类第一次有机会顺势构建一个经济更加一体化、和平更加有保障的世界。对下一次世界大战的担忧大为消退后，人们开始热衷于谈论如何收获与利用冷战结束带来的“和平红利”，尤其是谈论如何通过破除贸易与投资壁垒来扩大市场规模并享受随之而来的“得自贸易的收益”。1995 年关贸总协定（GATT）经改造升级为世界贸易组织（WTO），以及中国于 2001 年加入 WTO，可被视为全球化进程加速和全球治理加强的典型例证。除了显而易见的经济利益，以美国为首的西方发达国家还有一个不那么张扬但却更大的野心，那就是用对自己更为有利的国际规则，容纳并整合冷战结束后加入由其主导的国际体系的国家，比如中国和俄罗斯及东欧中亚国家。在这一过程中，全球治理的“工具性”开始显现。

与其说 2008 年爆发的国际金融危机开启了全球治理的一个新时代，不如说它延续抑或强化了全球治理的进程与功能。尽管 2004 年形成的《巴塞尔协议Ⅰ》与 2010 年出台的《巴塞尔协议Ⅲ》在银行监管理念及政策倾向上差异明显，因为后者更关注监管的灵活性并强调市场竞争的重要性，但就应对全球金融风险的制度建设而言两者毫无二致。因此次金融危机由二十国财政部部长和中央银行行长参加的会议升格为二十国首脑会议（G20），可以说是全球治理得以提升和强化的一个重要标志。除了金融危机这一助推因素外，冷战后发生的大国间力量对比持续变化，诸如气候变化与恐怖主义等全球问题日趋严峻，柏林墙倒塌以来全球化进程加速引起的负面后果（如国家间或一国内部不同人群收入差距扩大等），近 30 年来科技进步，特别是网络技术跃升与普及引致的各种全球挑战（如网络安全威胁与民众权利意识普遍觉醒等），都从各自领域不同程度地把世人的注意力汇集到全球治理之上。美国特朗普政府因减缩其全球义务而引发的批评与担忧，也从另一个角度折射出世人对全球治理的深切关注。

从较为严格的意义上讲，中国参与全球治理肇始于1971 年重返联合国。直至 1971 年恢复在联合国合法席位，中国才开始正式步入全球舞台。20 世纪 70 年代初到 80 年代末，随着在联合国恢复合法席位以及集团对立局面的整体缓和，中国开始有限地参与国际机制的运作。20 世纪 90 年代后，随着改革开放的不断深化和经济全球化的加速，中国参与国际事务的广度和深度均大幅强化。在 1997 年至 1999 年亚洲金融危机爆发期间，中国的所作所为不仅对亚洲诸国应对困境走出危机起到了积极作用，还展现了中国作为一个地区大国参与区域和全球治理的自信心和责任心。进入 21 世纪以来，随着经济发展水平和整体实力稳步提高，中国参与全球治理机制的态度变得更加积极主动。2001 年成功加入 WTO，作为中国经济融入世界经济的一个里程碑事件而被载入史册。

2008 年由美国次贷危机引爆的国际金融危机把 G20 机制推到了全球治理的风口浪尖上。鉴于 G20 俨然成为全球治理最主要的一个平台，已成为世界第三大经济体的中国自然地扮演起其不可或缺且积极活跃的成员之一。2013 年，中国国家主席习近平提出“一带一路”倡议，从而为推动和优化全球治理提供了新的动能与途径。2014 年中国倡议创立亚洲基础设施投资银行（简称“亚投行”）。作为第一个由中国倡议并成功创立的国际多边金融机构，亚投行从一定意义上讲可以被看作是加入 WTO 之后的又一个参与经济全球化和全球经济治理的里程碑。概言之，“一带一路”倡议的提出与亚投行的创立，再加上 2016 年 4 月中国签署有关气候变化问题的《巴黎协定》，中国与外部世界的关系被提升至一个全新的高度。

在 2016 年 G20 杭州峰会上，中国成功地向世界传递了中国应对全球问题的理念和为发展中国家与新兴经济体争取更多话语权和规则制定权的诉求。在 2017 年 1 月达沃斯世界经济论坛上，习近平主席深入阐述了全球经济治理存在的诸多问题。例如，全球治理体系未能反映新格局，代表性和包容性很不够；贸易和投资规则未能跟上新形势，机制封闭化、规则碎片化十分突出；全球金融治理机制未能适应新需求，难以有效化解国际金融市场频繁动荡、资产泡沫积聚等问题；等等。随后，在联合国日内瓦总部的演讲中，习近平主席从伙伴关系、安全格局、经济发展、文明交流和生态建设等方面首次系统阐述的人类命运共同体建设方案，勾勒出全球治理的长远愿景。

二　全球治理的问题与逻辑

60 多年前，哈佛大学教授托马斯・谢林在《冲突的战略》一书中指出：博弈者参与博弈的动机以及博弈策略选择，皆与其间的共同利益和冲突利益高度相关。为了说明共同利益和冲突利益并存，谢林在书中讨论了这样一个实验：让素不相识的两个人分享 100 美元，条件是他们各自写下的期望数额之和，必须小于或等于 100 美元，否则两人分文都得不到。两位局中人只有合作，或必须兼顾对方福利，方可得到特定数额的美元，这表明两人之间有共同利益。在具体分配上一人多得的便是他人少得的，显示这是一个零和博弈，即两者之间存在冲突利益。这一简单实验揭示的共同利益与冲突利益并存这一事实，其实也正是人类所处的一种普遍境况：即使你是一个自身利益最大化者，兼顾博弈对手的利益往往是一种明智的选择。两两组队分钱实验的结果也恰恰证实了这一点，因为绝大多数人写下的期望数额为 50 美元。

共同利益与冲突利益并存不仅对个人如此，对以利益最大化为目标函数的国家博弈者而言同样如此。和平共处、气候变化、生态环境保护、网络安全、恐怖主义和洗钱等形式的跨国犯罪、公正且开放的贸易投资体系、国际货币金融体系稳定等全球问题，无一不事关全人类当今和未来福祉。这些全球问题的控制与解决又远远超出某个或某些国家的能力范围，从而使得广泛的国际合作成为必要。每一个国家都成为人类利益攸关方，就意味着各国之间存在着共同利益。与此同时，和平的实现、气候变化问题的应对、开放贸易投资体系的获得、国际货币金融体系稳定的维持等，均不是免费午餐，而要付出成本。一旦涉及成本分摊，各利益攸关方之间的冲突便开始显现，博弈甚至激烈的讨价还价便在所难免。

使问题变得更为复杂的是，上述全球问题的解决途径具有典型的公共产品提供之性质。考虑到维持和平环境与遏制气候变化这类全球公共产品所具有的非排他性，也就是说任何国家或个人都可以免费享用，结果各博弈者无形中就都受到了一种激励，即尽量让其他博弈者去承担提供公共产品的成本，同时努力让自己成为搭便车者。由此而来的后果之一，就是全球公共产品供应不足，具体可以表现为战争爆发或战争威胁升级，二氧化碳不受限制地被大量排放，恐怖主义肆虐，最终使全人类的福利受到普遍损害。为了说明这种现象，人们创造了一系列概念或理论，比如说“集体行动难题”，或曰“囚徒困境”，或曰“市场失灵”，或曰“公地悲剧”，或曰“合成谬误”。

日益严峻且必须加以解决的问题是全球性的，问题的解决也必须通过各国的合作来实现。在特定辖区内，解决

“共同”问题的通常办法之一是建立统一且具有权威的中央政府，通过强制性税收获取资源并以此为基础为辖区内民众提供公共产品。然而这一逻辑在主权国家林立的全球范围则难以贯通，就目前条件而言成立世界政府并不可行。为了解决全球问题，人们只好另辟蹊径。作为缺位的世界政府的替代品，全球治理开始登上世界舞台。在此，全球治理指的是国家或非国家行为体为解决形形色色全球问题而确立的自我实施制度之总和，这些制度建立在各利益攸关方通过谈判而达成的共识之上，而共识就本质而言无非是各行为体在权衡共同利益与冲突利益之后形成的一个均衡解。

全球问题种类繁多，某一特定的全球问题对不同国家行为体的利益攸关程度存在差异，典型的事例便是《联合国海洋法公约》对日本那样的临海国家和对蒙古国那样的内陆国家之意义迥然不同。消除或缓解特定全球问题的难易程度决定了全球治理的成本高低。各行为体在规模或谈判能力上的巨大差距，同样会深刻影响它们参与全球治理的深度与广度。各行为体内部的权力结构和决策机制各有特点，社会凝聚力和稳定性亦有高下之分，进而塑造了它们的国际行为模式。许多诸如富可敌国的巨型跨国公司或能够一呼百应的宗教团体，其利益诉求或价值取向各异，在国际舞台上亦扮演着重要角色。上述各点可以大致解释如下现象：全球治理形式千姿百态，功效参差不齐，空白或不足亦即“治理赤字”多见，达成共识后形成集体行动困难重重。

说到集体行动，就不能不提及谢林的学生和后来的同事曼瑟·奥尔森。在《冲突的战略》面世后的第五年，奥尔森出版了经由谢林指导的博士学位论文《集体行动的逻辑》，并在书中深化且发展了谢林的一些观点，其中颇具见地的命题可概述如下：共同利益只是形成集体行动的必要条件而非充分条件；而形成集体行动的充分条件有二，其一是博弈者数量较少，其二是存在所谓“选择性激励”。这里，“选择性激励”包含相互关联的两层意思：一是博弈者参与集体行动可获得比不参与更高的预期收益；二是博弈者不参与集体行动可能会面临极高的机会成本，甚至受到惩罚。参与博弈的人数少则强化了“选择性激励”，因为这时每个博弈者从集体行动产出中得到的相对份额就会增大；同时每人对集体行动产品所做贡献更容易被识别，从而有助于减少搭便车行为。人数少时达成共识和最终形成集体行动的交易成本也更低。

全球治理的目标在于提供全球公共产品。除了全球公共产品因全球治理的市场失灵而导致的供给不足之外，我们还看到了某些全球治理产品的充足或过度提供现象，比如带有偏袒性的国际贸易与投资规则。其发生机理完全可以在奥尔森的《集体行动的逻辑》中得到说明。在激励不足且不存在世界政府的情况下，基于成本与收益的计算，少数有意识、有能力和利益攸关度高的博弈者便会形成小规模集体行动，积极地参与提供那些能够使自己净收益最大化或能够最小化自身损失的特定公共产品。一旦受到某种“选择性激励”驱动而形成的狭隘利益集团取得支配地位，那么由此产生的、以国际规则为表现形式的全球治理便会是非中性的或偏袒性的，其主导者们甚至会不惜牺牲大多数利益攸关方的利益来增进自身利益。这里，表现为国际制度或秩序的全球公共产品，在此实际上扮演着实现特定利益集团目标之手段的角色。问题在于，那些利益受损的国家博弈者为何会接受于己不利的国际制度安排？直接的答案是：联合起来挑战于己不利的国际制度安排同样会遇到集体行动难题。

考虑到形成全球集体行动极其困难，特别考虑到世界本质上是一个垄断竞争市场，故绝大多数涉及全球治理的集体行动，都属于“小规模”集体行动，其中 G20 就是一个颇具代表性的例子，由地区主导大国倡导的区域治理层出不穷则是另一类现象的例子。由此引出的问题是激励和公正之间的紧张关系，也就是在全球治理讨论中人们通常所说的有效性和代表性相互权衡的另一种表述。能否处理好这对紧张关系是对人类的一项挑战。能否成功应对这一挑战，取决于所有博弈者，尤其是主要国家博弈者的智慧、胸怀、担当和胆识。这里，中国的传统思维方式颇有用武之地。按照中国人的思维方式，最高境界不是非此即彼，你死我活，而是“取两端守中庸”，是在确立规则的谈判过程中每人都顾及其他利益攸关方的感受。

在思考全球治理的过程中少不了评判标准这一环节。当每一个博弈者对全球公共产品提供所做贡献和其从全球公共产品中所得好处在边际上相等时，便可以说此时的全球治理处于一种均衡状态或理想状态，因为在这一点上，每一个博弈者最大化了它们从提供公共产品中可能获得的收益，从而真正实现了各得其所、皆大欢喜。用经济学中的机制设计理论的概念说，治理均衡大体上等价于激励相容。在这样的国际制度形态下，搭便车行为或道德风险和逆向选择等阻碍有利于增进共同利益的集体行动之问题，便失去了存在基础。尽管在现实中达到治理均衡十分困难，但是在理论上描述全球治理的理想状态，还是为我们评判不同形态全球治理的优劣、探寻改进途径提供了有益工具。至少原则上讲，使偏离理想状态的全球治理无限趋近理想状态，理应成为所有博弈者的努力目标。

在当今世界，全球主要国家博弈者之间实力对比正在发生深刻变化，一些新兴经济体越来越成为国际问题解决的不可或缺者，它们与现行国际制度的利益攸关度也在显著提升，希望通过完善全球治理体系来维护和拓展自身利益的意识也不断增强。在此背景下，调整现行国际秩序、使全球制度安排逐步趋向中性化的诉求不断涌现也就自然而然了。然而，那些在现行全球治理体系下拥有巨大既得利益的国家则希冀维持现状。如果现行国际制度或全球治理机制的主导者能够与时俱进、顺势而为，在成本分摊和收益分享、权利和责任匹配等诸方面，同曾经的全球治理过程的边缘参与者、如今的不可或缺者理性地协商与合作，本着大家的事商量着办这一原则，那么"选择性激励"便会转化成为相容激励，现行的与未来的全球治理体系之合法性和有效性势必随之大幅度提高。

具体承担全球公共产品提供者角色的主要是各种由主权国家共同创立的国际组织，譬如联合国以及与之相连的WTO和国际货币基金组织（IMF）等。一旦成为国际组织，其功能发挥好坏、运行效率如何便会成为人们关注的问题。2008年国际金融危机爆发以来，一些国际机构因为预警和善后工作做得不到位而受到普遍批评，反映出它们在全球公共产品提供过程中存在着改进空间。不断完善国际组织的议事规则与决策程序，提高其决策执行效率，健全其绩效考核评估机制，防止它们过度官僚化，铲除因规则设立不当而产生寻租行为的土壤，无论是对作为委托人的各个国家行为体而言，还是对作为代理人的各个国际组织而言，均是趋近治理均衡的重要途径。

在《冲突的战略》这本书中，谢林还谈到了被正统经济学忽略的一个重要现象：财富和秩序的创造与摧毁是一个高度不对称的过程，千百万人长年累月积攒起来的财富可以因为一个孩童在玩火时的疏忽而毁于一旦。据他当时的估算，一个仅拥有高中毕业文凭的工人一年辛辛苦苦创造的价值不过几千美元，但只要他愿意，他就可以毁掉成千上万倍的财富。如果可以通过威胁破坏便可获得其可能毁掉财富的一小部分，那么这个人便会成为敲诈勒索者。谢林的这个提醒十分必要。毕竟这个世界上确实存在着个别能够以某种方式毁灭世界或给人类带来巨大伤害的博弈者。让诸如恐怖主义分子的博弈者在公正且有效的全球治理环境中循规蹈矩安分守己，对于造福人类而言，无疑是功德无量的事业。如果我们能够把研究全球治理过程中得到的思想增量反过来充实经济理论，同样是意义颇丰的事业。

今天，各国的相互依存已经达到了前所未有的高度，人类面临的众多问题和问题的解决都是全球性的。尽管各国都有自身的国家利益，但正如第二次世界大战结束后积极推动欧洲合作的让·莫内在其自传《欧洲第一公民》中所说的那样：我们并非是谈判的对立方，而是处于同一方，因为我们是在共同解决我们面临的问题。形成全球集体行动有时需要做交易，需要通过讨价还价来求得各利益攸关方相互妥协。但我们不能满足于此，而是应该有更高的追求：每一个全球问题的解决都不是通过另一问题的妥协而实现，而是使任何国家的问题都能够被当作所有国家的问题来对待。要做到这一点，少数关键国家博弈者就需要有更为宽广的胸怀和更为负责的担当。

三 全球治理体制的弊端与演进趋势

过去数十年中，在国际社会的共同努力下，全球治理体系不断发展完善。与此同时，随着日趋严重或全新的全球性问题不断涌现，全球治理面临的压力与挑战日益加大，并显示人类全球治理的需求加大与全球治理或全球公共产品供给不足的矛盾日益突出。其背后的基本原因则在于现存全球治理体系跟不上时代变化潮流，在处理全球问题时显得力不从心。

一是全球治理仍远未实现对各领域全球性问题的“全覆盖”。说到全球治理的“空白点”，先是指在诸如数字经济乃至更宽泛的网络空间监管问题上各国一直没有达成共识，再是指个别关键大国在诸如气候变化国际协定中缺位。全球治理的公共产品性质构成了其供给不足的内在逻辑。全球治理属于全球公共产品，因而具有典型的非排他性特点。维护世界和平、维持全球贸易金融体系稳定、促进人类可持续发展等，都需要付出高额成本，而这些产品的享用却是不分国家的。即使一国不为这些产品的提供做贡献，它也可以享受这些产品带来的好处。由此便出现“集体行动难题”，其结果势必掣肘全球公共产品的供应，最终导致“治理赤字”。

二是许多现行全球治理体系或机制功能老化、权威性不足，并已成为维护和扩大少数既得利益国家或国家集团利益的工具，甚至出现“治理僵化”。现行的全球治理体系主要是第二次世界大战后由发达国家主导依次建立起来的。这些机制建立后，在应对全球性问题上发挥了积极作用，在一定程度上维持了世界的和平、稳定与发展。同时也应该看到，一些热点地区的冲突甚至是战争此起彼伏，各种形式的贸易、投资和金融保护主义依然盛行，气候、环境、网络信息和极地、外空等新兴领域的挑战日趋加大，2008年国际金融危机爆发，特别是面临2020年新冠肺炎疫情期间国际公共卫生合作乏善可陈，深刻暴露了部分现行全球治理机制的陈旧低效，难以适应全球性问题新形势的需要。

三是美国这样的关键大国不仅拒绝承担大国责任，而且还将打压别国置于其对外政策的关键选项。特朗普主政美国以来，中美关系发生了深刻改变，经济全球化进程几乎被大国博弈所打断。在一个国际分工和专业化达到有史以来最高水平、大国间相互依存高度不对称、具有非中性特质的全球治理之潜在收益巨大时，就势必会有国家或国家集团将全球治理当成做大做强自身、贬损打压竞争对手的武器。企图用一套经过“改进”了的或新版的国际经济规则，把中国锁定在全球价值链的中低端，同时确保美国持久地享有高科技带来的丰厚利润与附带的所谓“安全”，业已成为美国对华战略的主体部分，并将在拜登政府对华政策中继续成为主旋律。

四是全球治理的改革在一些领域虽已启动但却步履蹒跚。在困难和危机面前，世界各国都意识到改革和完善全球治理的必要性和重要性。习近平主席曾多次明确指出，随着全球性挑战增多，加强全球治理、推进全球治理体制变革已是大势所趋。但是，由于以美欧为代表的既得利益国家或国家集团的阻挠，一些全球治理机制的治理结构长期没有变化，即便是已达成的改革共识也常常出于它们对自身利益的考虑难以得到及时、有效的执行。IMF 份额和投票权改革进程一波三折就是很好的例子。

五是各国家行为体目标或诉求之间差异显著，达成一致难度甚大。纵观当今世界格局，各国对全球治理改革的需求前所未有的强烈。从抽象的意义上说，几乎所有的国家都有推进全球治理，建成一个安全、自由、公正、繁荣之世界的意愿或要求。但是，从具体的目标来看，不同国家的意愿又存在差异甚至冲突。在这些目标的排序乃至理解上，不同国家甚至同一国家在不同时期都有所不同。这意味着未来五年到十年，不同治理模式与治理优先顺序的竞争将进入白热化阶段。这种竞争的主要实现方式就是要争取全球治理改革的话语权，集中表现为对创设国际规则以及对国际规则的掌控、运用和阐释。

在百年未有之大变局的背景下，全球治理格局的未来走势大致有以下四种情景。一是新冠肺炎疫情将现存多边或诸边，抑或全球或区域体系冲垮击碎，世界各国以邻为壑，甚至进入丛林战争，霸权国家肆无忌惮，强权即真理成为处理国际关系的基本准则。二是多边或全球体系全面坍塌或名存实亡，以主要国家之间博弈为特征的世界多极化呈现区域集团化态势。区域主义本身同时也将进行重组，有些地区合作机制会得到加强，有些会被创立，有些则被改组，不排除有些将消亡。三是出现两个或多个平行体系，它们以产业链相互至少是部分脱钩为标志，结果是肢解或淡化多边体系，其划分标准多重，主要包括对体系规则的理解和执行、经济体社会政治经济制度，也涉及文明背景和意识形态等因素。平行体系又可进一步区分为平衡的平行体系和不平衡的平行体系，亦即各体系综合实力对比总体上旗鼓相当或强弱明显。四是再全球化进程得以启动。新冠肺炎疫情作为全世界共同的敌人，特别是其带来的短期巨大冲击力让人类开始警醒，深切感受到所有人早就结成一个命运共同体，我们应该做并且能够做的就是携手并肩巩固、完善和创新现有全球多边体系。比较而言，第一种情景出现的概率较低。在后三种情景中，对中国较为有利的是区域合作的巩固与扩展和多边体系的改革与完善。最终哪一种情景成为主流，取决于主要经济体，特别是中美两个大国之间的博弈。

全球化中的“黑天鹅”

阿列克谢·费年科*

面对全球新冠肺炎疫情带来的封锁，专家学者们的意见分为两派：一派乐于见到民族国家收回治理权，另一派则主张创立一个世界政府的雏形。这一分歧使人们忽略了另外两个值得注意的现象，一是所有发达国家的社会都表现出了高度的动员潜力，二是在短短一个月之内，我们的文明就完成了一次实验，美国和欧盟当中那些自诩为“最自由化的”民主国家自第二次世界大战以来首次实行了粮食配给和严格的人身行动限制。

人们可以说，2020 年春天发生这样的事情是抗击疫情所迫，但放眼未来，一种动员体系（system of mobilization）已经准备就绪，随时可以用来取代全球化。与此同时，一个动员式的世界虽然似乎已成过去，却越来越预示着人类真正的未来。

* 莫斯科国立大学世界政治系副教授，政治学博士。

一 有过多少次全球化？

如今的专家学者和大部分民众都习惯了一种线性进步的历史观，认为世界的组织形式总是从落后走向先进（因此很多作者和读者常会惊叹“21 世纪怎么还会发生这种事！”）。对我们这个时代的人而言，全球化走向终结是不可想象的。然而，我们全然忘记了这样一个事实：人类历史上已经发生过三波或者四波全球化，而其中每一次在那个时代的人看来都是最后一次——他们不相信全球化会终结，但事实证明并非如此。

当今的学者经常将公元前 3 到前 4 世纪的希腊化时期称为“初始全球化”时代。在经历了公元前 4 世纪的亚历山大东征之后，地中海和中东逐渐发展成了单一的政治经济空间，人们共享同类型的经济体制、政治体制、政治文化，使用同一种语言。商人和工匠可以不受任何限制地将货物从迦太基运往各个印度—希腊王国。地中海上以罗德岛、亚历山大港、迦太基和西西里为节点形成了诸多航线，成为支撑起这一空间的骨架。地中海沿岸连绵不绝的灯塔使船舶得以远航，为希腊化时期的全球化奠定了技术基础。

在希腊化时期，古典希腊语和希腊文化广传四海，希腊文化和东方文化相互渗透，这是希腊化时期有别于其他时代的重要特征。坐落于亚历山大和别迦摩的宏伟图书馆向所有自由民开放，构成“初始全球化”的智力支撑。罗马共和国和迦太基——两个最强大的非希腊国家——也参与了这个希腊化空间，一个受过教育的罗马人或者迦太基人如果不会说希腊语，或者不懂希腊哲学，那就好像是一个人活在21世纪却不具备基本的英文阅读能力。希腊化时期的自由民可以在一生中流转于多个国家，但无论他到哪里，看到的城市和生活方式总是大同小异，他和别人一样说希腊语，读莎草纸，接触同样的政治体系——一种古希腊城邦制和古东方君主制的混合政体。

而到公元前1世纪，罗马式全球化取代了希腊化时期的全球化，西欧、地中海和黑海地区相互连通，成为一个单一的经济文化空间，希腊语和希腊—罗马文化在各处占据主流。一个当时的自由民可以从不列颠群岛前往潘提卡彭（如今的刻赤），或者从小亚细亚的米拉前往“克劳蒂亚·阿格里皮娜的殖民地”（如今的科隆），一路上不会受到任何阻碍。这场罗马版的全球化在公元212年达到顶峰，卡拉卡拉皇帝在这一年宣布向帝国境内所有自由民授予罗马公民身份，以此为背景，宣扬上帝面前人人平等的基督教在150年后取得罗马国教地位，也就不显得奇怪了。如果我们告诉一个4世纪末的受过教育的罗马人，他的世界很快会崩溃，罗马将会被数个蛮夷王国肢解并取代，他会对这个恐怖故事一笑了之。但这不是故事，而是事实。第二次（378—382 年）和第三次（395—410 年）哥特战争在短短数年间摧毁了“罗马式全球化”，开启了民族大迁徙的时代。

所有的中世纪帝国联合体都曾在其疆域内实现过“局部全球化”，例如哈里发帝国（公元 7—9 世纪）、中国唐朝（公元 7—9 世纪）和蒙古帝国及其建立的“蒙古治下的和平”（公元 13—15 世纪），天主教治下的西欧与这些帝国均有过积极往来。这些帝国在各自区域空间内形成了统一的贸易经济网络，存在共同的语言和文化，而中世纪中期的西欧则实质上是一个由封建关系编织而成、与其他文明对峙的单一政治空间。以上的现象与其说是真正意义上的全球化，不如说是发生在帝国之内的“地区化”。然而即便如此，当时的人们仍然很难想象自己身处的体系会走向终结，而是认为这样的现实常态将会延续数个世纪。

在上承拿破仑战争、下接第一次世界大战的 19 世纪，世界在经济上实现了统一，由此产生了真正的“第一次全球化”。以金本位为基础的国际金融体系为“第一次全球化”提供了物质和技术框架。1816 年，英格兰银行率先创立了金本位制，自此之后，英镑逐渐成为全球通用的支付手段，其他国家的货币汇率与英镑以及黄金的价格相关联。1867 年的《巴黎协定》构筑了全球货币体系，每一种货币都需要有对应的黄金价值，从而建立金平价。一个国家的货币如果不含黄金价值，该国在开展国际金融交易时就必须将其金融体系与某种外国货币“绑定”。

和今天一样，19世纪全球化的经济体系也是以资本、商品和服务的自由流动为基础。人们当时用英文单词“free trade”（自由贸易）来称呼这一体系。那些不愿向“自由市场”敞开大门的国家很快卷入了鸦片战争，最终在炮火轰炸下被迫移除关税壁垒。在当时，如果一个人向德国或者瑞士的银行申请了贷款，他可以很轻松地在圣彼得堡或者巴黎取出这笔钱。人们能够在罗马和布加勒斯特，甚至在长崎买到产自英格兰的西装和德国的蔡司光学仪器。法国社会学家古斯塔夫·勒庞写于1896年的一段文字可以反映出19世纪全球互联的程度：“在焦急等待了三个月之后，我为了买到那种金属，写信给了柏林的一家公司。虽然这笔订单只值几个法郎，我还是在某个周末收到了他们寄来的金属成品，已经按我要求的形状加工好了……结果是，我们看到德国商店在巴黎遍地开花，爱国的法国民众就算不情愿，也只能仰赖它们的服务，因为哪怕你只是进去买过一件小东西，下次你就会离不开它了。”

贸易纽带并不局限于邻国间的本地贸易，而是跨国性的。我们不妨再看看勒庞的描述，他在《记事》（*Journal*）中提到这样一个故事：“一年前，有一个南美的商人想要出口一些美洲羊皮到法国和德国，在我们领事官和商务部长事无巨细的照料下，他和法国的一个贸易特派员搭上了线。随后，他给法国经销商发去了20000张羊皮由其代售，又跟自己有交情的德国汉堡的一家经销商做了相同的买卖。一年之后，两家都给他发来了货款。”从19世纪初至1914年，全球贸易量增长了近一百倍，而随着跨国贸易的繁荣，在20世纪初就有人提出了“垄断资本主义”的概念，认为跨国商业具有接近于国家的垄断地位——如今那种以跨国公司取代国家的想法，早在100多年前就已经出现了。

互联网和信息的自由流动支撑着今天的全球化，这在政治学界已属老生常谈。然而，19世纪的全球化也是基于信息的自由流动，只不过是以电报为工具，其发展历程与后来互联网的普及并无不同。在19世纪30年代早期，德意志各邦国、俄国和英国已经开始使用电报，苏格兰物理学家亚历山大·贝恩于1843年发明了能传输图像的电报，跨大西洋的电报电缆则于1858年落成。电报随后传入了非洲，在埃及和马耳他设立的中继站使得伦敦和孟买之间可以直接互传电报。正是因为电报的发明，信息才能够快速发送，定期航行的汽轮和火车——19世纪两种关键的交通方式——才成为可能。在信息自由方面，19世纪和今天的标准相比也是有过之而无不及，比如在克里米亚战争期间，圣彼得堡街头还在出售英法两国的报纸，这在20世纪的战争中是不可想象的。

美国政治学家詹姆斯·罗西瑙曾经提出，有两样东西标志着如今这个新全球化时代的国际关系：游客和恐怖分子。要检验他的说法，我们不妨参考一下费奥多尔·陀思妥耶夫斯基描写19世纪60年代欧洲的小说，其中既有着游人如织的巴登巴登和尼斯，也有斯塔夫罗金和韦尔霍文斯基这样形象鲜明的“恐怖主义党徒”。最近，俄罗斯的一位军事专家叶甫根尼·克鲁季科夫感慨道：“如今的千禧一代住在租来的房子里，靠信用卡度日，他们和别人合开一辆车，合用一块工作场地，把所有挣来的钱都拿去旅游。这些人没牵挂，没财产，也不创造财产，他们唯一在乎的事情就是自我表达。”然而，这不正是19世纪那些埃拉斯特·范多林和弗洛里扎尔王子式人物——他们人生的一半时间都在周游列国和寻求新鲜刺激——的写照吗？当时没有人在乎护照过期或者枪支流入的问题，因为在19世纪任何人都可以携带武器。人们出行基本不受限制，一个俄国官员可以在巴黎或者长崎的街头漫步，一个奥地利官员可以出现在巴黎或者圣彼得堡的舞厅，一个普鲁士的考古学家不用签证就可以前往埃及金字塔，或者去和奥马尔·帕夏元帅喝上一杯咖啡。

儒勒·凡尔纳的《格兰特船长的儿女》为19世纪的全球化留下了宝贵见证，书中写到格里那凡爵士一行人于1864年沿着南纬37度线自由穿行，这些人既不是在度假，也不是停薪留职去放松身心，他们不用申请签证，也不用担心签证过期。旅途中无论在巴塔哥尼亚还是澳大利亚，他们都能顺利地发出电报，而且永远能够读到新鲜出炉的报纸。进入其他国家时，没有人禁止他们携带武器，也没有人要求他们填写海关申报单。爵士一行人总能和当地人谈笑风生，因为人人都说英语或者法语。与此类似，在凡尔纳的另一本书《喀尔巴阡城堡》中，一个匈牙利的伯爵可以随意把武器带到意大利，人们却丝毫不感到惊奇。如今这个全球化世界的自由程度，甚至还不及19世纪的一半。

有人批评说19世纪的全球化是精英的全球化，如今才是大众的全球化，然而，这种批评和事实恰好相反：美国、澳大利亚、新西兰和南非正是在19世纪由欧洲移民建设起来的。贫穷潦倒的意大利人、波兰人、爱尔兰人、犹太人和匈牙利人可以横渡大西洋或印度洋去国外定居，不需要任何签证和绿卡。大批德国人涌入俄罗斯，其中几乎包括了所有社会阶层，有官员和贵族，也有迁徙到伏尔加河畔的农民。当时不存在“非法移民”的概念，每个国家都盼望有更多外国人来定居，因为人口数量标志着一国的繁盛程度。我们听了太多当代宣传的陈词滥调，以至于没有发现：如今的全球化从未将19世纪的那些自由完整地归还给我们。

俄罗斯政治学家安德烈·库尔图诺夫提供了一组有趣的数据，可以说明如今的全球化只是一种表面现象：“在目前全球经济总量中，出口经济约占20%，而在全球游客中仅有17%—19%为国际游客。平均而言，跨国公司仅有9%的商品在母国以外生产，人们打的电话中仅有7%是国际电话，只有3%的人生活在出生地以外的国家。”如果算上这些指标，19世纪的全球化程度更是远超今日——但它仍然在1914年终结了。随之而来的是长达30年的国际隔绝和国家保护主义经济时期。

以上所有的例子都表明全球化和人类、民族和文化一样，并非永恒不朽，曾经存在过的数个全球体系最终都在历史中湮灭了。那么，我们凭什么认为如今这个在某些方面还不及以往各次全球化的最新全球化，就一定会不可逆转地长存下去呢？

二 “黑天鹅”从何处来？

如今的政治科学界盛行“黑天鹅”理论。“黑天鹅”原本出自经济风险理论，美国社会学家纳西姆·尼古拉斯·塔勒布于2007年发表了《黑天鹅：如何应对不可预知的未来》一书，使用了TBS（The Black Swan，即“黑天鹅”）这一略称。“黑天鹅”的说法来自一个历史典故：从前人们都认为天鹅只有白色的，直到1697年，荷兰探险家威廉·德·弗拉明才在澳大利亚西部首次发现黑色天鹅的种群，“黑天鹅”一词因此被用来指代意料之外的事件，一个以激烈且出乎意料的方式改变历史进程的“分叉点”。

如何评价“黑天鹅”理论？我们可以审视一下它建立

在哪些道德信条之上。

第一，“黑天鹅”理论的支持者们坚信历史巨变是一种异常，而非常态，他们不敢相信这个世界直到七八十年前还充斥着革命、战争和动荡，政治版图不断变动。像那些我们如今视为“民粹主义”或者“不可接受”的言论主张，在两次世界大战之间的那段时间里，只是舆论的常态而已。因此，我们如何能确定自己是生活在一个长久稳定的时代，而不是身处两段乱世之间呢？

第二，“黑天鹅”理论显然是非历史的，它的假设是整个世界历史都属于过去，而一个崭新的世界则在 1960 年或者 1970 年诞生了，这个新世界中不存在——也不可能存在——任何的革命、战争、动荡和政治野心家，它将是“永久和平”的。对它而言，任何的危机都像“黑天鹅”一样反常。然而，我们真的在 1970 年就迎来了没有危机、没有战争、没有革命的新世界吗？这种说法有什么根据吗？

“黑天鹅”理论忽略了“逆向推导”（back projection）的方法，换言之，它没有考虑到过去也曾有人生活在一个自认为实现了“永久稳定”的社会。在“启蒙时代”的人看来，三十年战争（1618—1648 年）是“不可能重现的野蛮状态”；19 世纪的人则认为拿破仑战争将是“最后的战争”，任何革命都是不可容忍的造反行为。19 世纪的人还深信，人类未来必将沿着科学、幸福、进步的道路持续前进，当陀思妥耶夫斯基提出相反的判断时，人们几乎认为他是脑袋不正常了。而当两次世界大战真正降临的时候，人们不是又反过来，把自由和相对和平的19世纪看作人类早期天真幼稚的表现了吗？

第三，“黑天鹅”的概念暗含了一种假设，即按照第二次世界大战后状况建立起来的全球秩序将是这个世界的永恒秩序。这一框架中的任何变动——即便是苏联解体和“9·11”事件这样的经典案例——都被认为是极不可能发生的突发事件。“黑天鹅”理论的发明者塔勒布指出人们会犯以下几类错误，以至于过度相信自己分析未来的能力：（1）偏信自己所属的环境和信息场中的信息；（2）用博弈论来解释现实情况；（3）相信自己具有通过分析过去事件来预测未来的后见之明。在此基础上，我愿意加上更重要的第四条：相信第二次世界大战之后历史再无波澜。

正是在这一点上，科学问题和道德伦理问题被自相矛盾地混为一谈。专栏作家、学者和政客频繁使用“不可接受的”（unacceptable）一词，战争、气候变化、经济危机、灾害，在他们口中往往都成了“不可接受的”，但这些现象不是已经存在了5000年吗？在那个相对稳定的20世纪70年代，民众和精英都相信历史已经被超越了，古老的问题随着古老的世界一同消失了。而他们一旦确信自己处在稳定安全的时代，就开始感到失去安全是“不可接受的”，这听起来是多么天真的想法。19世纪60年代的“列强”精英和民众大概也会认为，要改变拿破仑战争后奠立的维也纳秩序是“不可接受的”吧？对一些人来说，罗马帝国、法兰克帝国或者大英帝国的崩溃也是不可接受的，但历史并不以他们的意志为转移。

这方面的另一个例子，则是人们常说的应对“全球挑战”。我们似乎忘记了“全球挑战”这一概念只在战后的雅尔塔—波茨坦秩序之下才具有意义，该秩序预设所有民族、种族一律平等，并且限制了主权国家发动战争的权力。相反，在一个预设国家间不必平等、视扩张吞并为自然现象的世界秩序下，就不存在什么“全球挑战”。假如世界果真转向这样一个“非雅尔塔”的秩序，那也就意味着“全球挑战”这一概念本身将不复存在。这对很多人来说是不可想象的，因为他们相信如今这个在第二次世界大战结局上确立起来的世界秩序将会是今后一切时代的秩序，直至时间尽头。

一种更合理的观点是：“黑天鹅”不是意外事件，而是一系列社会变化或者国家间互动过程的最终表现形态。苏联解体是晚期苏联社会种种内部过程的最终呈现；“9·11”事件是美国中东政策带来的结局；2008年至2009年的金融危机是牙买加金融体系下跨国资本自由流动的结果。而当下的疫情及其催生的史无前例的封锁体制，也很可能不是什么无端现身的黑天鹅，而是在全球化表象下长期酝酿的各种过程的一个总结。

三 全球化的四次警钟

在几十年前，政治学家曾经热烈讨论过一个问题：构成目前全球化基础的究竟是信息传播速度加快，还是跨国联系的增多？实际上，这两点都是自由贸易制度的结果，自由贸易制度才是全球化的真正基础。最初奠立这一制度的是20世纪40年代中期的关税与贸易总协定（GATT），后来在1995年发展为世界贸易组织（WTO）；与此同时，1944年的布雷顿森林会议确立了监督国际资本流动和各国金融政策的制度。而全球化的基础在1976年的牙买加金融会议上得到进一步巩固，该会议确立了浮动汇率和自由贸易体系（FOREX）。信息科技（IT）和人工智能（AI）起到的作用，只是为这一体系提供必要的技术支持。

第二次世界大战战胜国在建立这套体系时，试图去弥补原先全球化中的两处不足。首先是设立了一个由国际货币基金组织和世界银行控制的定向贷款体系，借此防止某些国家的军工复合体坐大，威胁战胜国军工复合体的地位。其次是设立了发放稳定贷款的专门体系，从而预防1929年至1933年大萧条那样的情况重现。同时，国际货币基金组织不断膨胀的借贷体系也使大多数发展中国家成为“永久负债者”，无法实现经济突破。

最终为这些规则确立合法性的，是1989年著名的“华盛顿共识”，其核心设想是强化市场关系的地位，维持自由贸易体制，以及减弱公共部门的重要性。“华盛顿共识”意味着各国需要调整经济结构，公有资产和国家投资项目因此减少，国家越来越难建立自己的工业复合体，也就难以形成匹敌G7的军事实力。同时，外贸体系自由化和招商引资削弱了国家控制国民经济的能力，发展中国家的社会土壤发生变化，开始得以孕育一个适应跨国联系、习惯于某种消费标准的新社会群体。

曼纽尔·卡斯特尔早在2000年就预测这一体系将会崩塌，他第一个向世人指出，全球经济体系内含着一种无法克服的矛盾：一方面，全球化的服务型经济不断推高着市场上货币的总需求量，否则消费者将无法购买服务，但另一方面，货币发行权垄断在各国政府手中，这就在客观上导致全球经济体系越来越靠近崩塌的边缘，最后解体为国家和地区体系。在美元高歌猛进、欧元崭露头角的20世纪90年代，很少有人注意到“卡斯特尔悖论”，但它已在默默地演变为现实。

“9·11”事件敲响了全球化的第一记警钟，它转变了美国民众对于国际化的态度。早先在20世纪90年代，美国还将全球化视为一种基于自由主义原则的历史进步现象，比尔·克林顿总统甚至在2000年1月24日的国情咨文中明确提出，全球化与美国的国家利益一致。然而到了2001年秋天，美国专家开始表示全球化可能在某些情况下对美国造成危险。小布什总统在2001年9月20日的国情咨文中宣布，国家向超国家实体让渡主权的时代已经结束了，现在正是取回主权之时。事实证明这并非一纸宣言，而是产生了实际后果。美国国会于2001年10月26日通过了《爱国者法案》，措施包括：扩大边境和海关管理部门的权限，收紧美国签证政策；强化特勤部门在涉及预防恐怖主义宣传的事项上对媒体的控制；允许特殊服务机构掌控其员工的IP数据库；赋予美国总统解雇和任命司法部部长的权力（此条生效至2007年）。

2002年，美国在《爱国者法案》的基础上成立了国土安全部，负责预防针对美国的恐怖袭击，全力减少袭击造成的损害。2004年则设立了内阁级别的国家情报主任一职，负责统领协调所有特殊部门的活动，与此同时还建立了国家反恐中心。国家情报主任被赋予了广泛的正式权力，包括但不限于监控情报单位的资金使用情况和协调相关的行动计划。美国共和党政府采取的这些措施，为全球化设置了一个新议题：为了防御针对国家的恐怖袭击，是否可以对公民权利加以部分限制？

事实证明，在美国的表率下，其他国家也纷纷加强了对行动自由的限制。尽管经济学家还在谈论着全球化和“自由世界”，国家却在一步一步地赢回掌控权。我们在飞往美国或者加拿大时，必须在出发时的机场提前申报到达后的住址，出示邀请函复印件，提供邀请者的联系方式，然后脱下大衣和鞋子通过金属探测器。为了取得美国签证，我们必须提供指纹和虹膜信息，以便在过境的时候核对。当然按照那些“千禧年”自由主义者的说法，这些只是临时措施，目的是应对当下的“美国国情”；或者他们会说等到小布什和新保守主义者们下台，情况就会恢复。在当时，这套说法或许还能解释为何在全球化的浪潮中，边境和海关控制反而加强了。然而，去全球化的进程已经开始加速。

全球化的第二记警钟表现为各国无力达成一份更加完善的世界贸易组织章程，这一事件暴露出当前全球化的局限性。2001 年在卡塔尔首都多哈，各国围绕改进章程开展了多次会谈，然而并未取得实际进展。参与各方主要在以下三个问题上陷入僵持：粮食安全；知识产权（使得许多国家必须依赖投资才能建立本国的大型制造业）；单一能源关税体系（将使一些国家由于其气候状况而陷于不利）。这些问题最终未能谈妥，说明牙买加体系内的大多数国家不愿意彻底放弃保护主义。

2008 年至 2010 年的国际金融危机敲响了全球化的第三记警钟。这次事件的关键不在于全球债务市场出现了轻度熔断，而在于国家干预经济的能力借助危机而复活了。2008 年秋天，时任美国财政部部长亨利 · 保尔森发表了一份计划，提出让政府给大企业提供补贴，并由联邦储备系统回购问题银行的债务。为了执行这一政策，国会通过了

《紧急经济稳定法案》，以该法案为基础，金融稳定办公室（Office of Financial Stability）随之成立。其他国家纷纷效仿美国的做法：15个欧盟国家商定建立一个针对银行贷款的国家保障体系；俄罗斯政府为银行业注入流动性，操纵卢布“温和”贬值；中国则有计划地将经济导向内需，并将部分美元储备兑换为黄金。2010年制定的《巴塞尔协议Ⅲ》要求借贷机构必须设立一定量的缓冲资金，并为金融中介机构设置杠杆率上限，从而防止再次出现缺乏保障的金融衍生产品。各国政府逐渐开始承担监管经济活动的职能，以往那种相信跨国公司和“新兴行为体”将会带来“无国界全球化”的意识形态，受到了现实的冲击。

金融危机的另一结果是动摇了被奉为“全球化规范”的1989年“华盛顿共识”。本来在2010年11月11日至12日举行的首尔G20峰会上，一系列关于国际金融体系改革原则的声明将会以“首尔共识”的形式取代“华盛顿共识”，然而这一夙愿显然没能完全实现。不过，峰会达成的声明仍然可以看作一份针对“华盛顿共识”的不信任案，《首尔宣言》给“华盛顿共识”的各项政策措施打上了问号。例如，所谓要确保“强劲、可持续且平衡的增长”，显然等于在说目前的经济增长不符合这些标准。如果说发展中国家能够平等参与的秩序才是公平的秩序，那么华盛顿体系从一开始就是不公平的。总而言之，“华盛顿共识”丧失了合法性，但新的共识并未产生。

敲响全球化的第四记警钟，是2014年俄罗斯和西方国家之间爆发的相互经济制裁和禁运。这些措施的长期性当然会对全球化构成威胁，但问题还不止于此，制裁更严重的后果在于俄罗斯决定建立一套自己的支付体系。以两大国际货币——美元和英镑——为支撑的单一金融体系面临衰落的风险，而且更重要的是，世界贸易组织体系对此全程旁观。这实际上意味着大国绕过自由贸易体制，重新走上了保护主义的道路。后来唐纳德·特朗普总统对欧盟和中国发起的贸易摩擦，只是延续和发展了这一路线。

制裁战还导致了另一个耐人寻味的结果：人们发现，跨国公司并未反对它们母国政府发起的制裁——这与全球化理论的预测完全相反。美国、德国、意大利、俄罗斯和中国的跨国公司都服从了政府的决定，甘愿损失海外市场（和相应的巨额利润）。到头来，跨国公司完全臣服于国家政策，并没有在国家之外创造出什么新的权力形式，那种认为国家的时代将被企业的时代（“新中世纪”）所淘汰的主张，看来是严重夸张失实的。企业仍然在国家政府设定的边界内按照国家制定的规则行动。

近二十年来，大规模的全球化浪潮势头放缓，而在其表象下，民族国家的力量不断增强。这一发展趋势到目前为止还没有触及私人领域，因而给人造成一种全球化仍旧坚挺的假象。然而私人领域被渗透只是迟早的事。唯一的问题是随着民族国家的不断强化，它与全球化浪潮之间的力量对比将在哪个确切时刻发生倒转，或许我们在2020年就已经经历过了这个反转点。

四 一种非全球化的未来

上述这些趋势背后是否有着更深的根源？德国社会学家卡尔·曼海姆为我们指出了这一点：国家主义，即国家功能的强化，自19世纪末以来经历了一段前所未有的上升期。这一现象之下存在三种趋势。第一，城市化带来了大众社会的兴起，从而产生了治理庞大人口的需求；第二，人类文明在技术上空前繁荣，因而需要对整个生产运输周期开展更严密的集中计划；第三，贵族社会向官僚社会转型，强有力的政府掌握了社会支出的分配权。如今许多自由派学者津津乐道的“国际自由”，相比于19世纪那些真正的自由权利而言，只是一种苍白的模仿。

比起19世纪，如今全球经济受到的限制也只多不少，我们只要翻阅一下查尔斯·狄更斯、埃米尔·左拉的小说，或者卡尔·马克思的《资本论》，就会不无惊讶地发现在维也纳秩序下，资本流动几乎不受任何阻碍。一个英国企业家可以毫无障碍地在香港或者长崎开设分店，一个法国银行家可以购买德国公司的股份，或者参与维也纳或马德里的股市交易，不会受到任何限制。一个俄罗斯商人无须签证就能前往巴黎或者伦敦参观世博会，当场签下一份满意的合同，绝不会有任何政府因为这个资产阶级分子在媒体上发表过什么政治不正确的言论，或者因为他的财产来路不明就禁止他交易——当时的国家不具备这种权力。马克思详细研究过 1863 年的全球“棉花危机”，但他从未设想过民族国家对棉花进口加征关税，更没有想过国家会禁止将棉花出口到“不受欢迎的”国家。如此自由化的经济，对于当前的全球化而言是不可思议的。不要说超越 19 世纪，如今的自由主义全球化甚至连追平 19 世纪的自由程度都未能实现，而且在今后短期内也无望做到这一点。

如果承认这一点，我们对全球化的可逆性会有一个新的判断。让我们想象一下，如果我们无法在国内买到任何外国商品，将会意味着什么？结论是，我们会惊讶地发现全球化的一切痕迹都凭空消失了。取消商品的自由流动，也就意味着不再需要任何国际储备货币和货币自由兑换机制，因为如果所有国家都奉行保护主义，那还有什么必要开展大量的国际贸易呢？取消资本的自由流动，则将导致跨国产业化为乌有，许多相关行业也会随之消失。在这种情况下为了防止社会崩溃，各国只能重振实业和制造业，这就需要某种形式的“动员”。

狭义上，“动员”是指一系列旨在将国家的军队和体制转入战时紧急模式的举措，而广义的“动员”则是指为了达成特定目标而广泛地使用军事（强制）治理手段。长久以来，人们都把“动员”看成是一个有些过时的词汇，而对风头正盛的全球化、开放性和各种权利概念趋之若鹜。然而近期的全球抗疫情况则表明，“动员”工程已经再度兴起了。

这种“动员”已经造成两个后果。短期而言，它要求所有发达国家的民众彻底改变原来的生活方式，不光是旅行和出门的权利受到限制，民众还必须居家办公、熟悉在线购物，或者最多在家附近的小商店逛一逛。而从长期来看，服务业中有一大批行业可能绝迹，比如大众旅游的消失可能导致旅游业和酒店业的死亡，而国际交往的减少则会导致翻译、律师、店员和导游等职业越来越不被需要。

这样的转型可能会造成社会冲击，然而，苏联经济改革、苏联和南联盟的解体以及 20 世纪 90 年代的巴尔干战争已经表明，如今的社会完全能经受这样的冲击。上一波冲击是由于相关国家加入全球化而产生的（它们以何种条件和身份加入，则是另外的问题），而如今，冲击则有可能因为人们放弃全球化而引发。毫无疑问，这会造成社会动荡和一些社会群体生活质量的降低，还可能造成政权更迭，甚至是一些国家的解体。但我们凭什么认为 21 世纪就不可能发生这些事呢？

当然，不能把事情看得太简单，一个国家（哪怕是强国）退出全球化并不代表整个全球化进程的终结。更可能出现的情况是这个国家自食其果，成为国际社会的弃儿。

另一种情况则是这个国家过于强大，以至于它的退出能够摧毁全球化。所谓摧毁，这里指的是摧毁国际互动最本质的脉络，即自由贸易原则。只有在这种情况下，一种新的、非自由主义的经济体系才有可能形成。

五 结语

全球化的退潮不能归咎于几只不知从何处飞来的“黑天鹅”，它植根于一种客观过程：全球经济空间不断遭到破坏，与此同时，用于国家控制的技术手段突飞猛进。到了21世纪初期，人类依靠信息技术的进步，能够迅速地操纵民众情绪、影响投票结果，这一技术既强化了国家管治力，也是国家管治力本身的体现。对一些人而言，我们正在经历的动员实验可以被他们轻易地转化为某种武器，用来将如今的全球化世界转变为一个以国家导向经济为原则的世界。这一过程事实上已经开始了。

国家治理理论提出了衡量治理效率的三条标准：（1）治理目标应当契合该国的政治文化；（2）当政治精英探索出两者间的关系之后，治理应保持稳定；（3）国家机构应具备此种治理所需的资源。距我们最近的一次“反全球化”发生在20世纪中叶，和当时相比，如今的人工智能技术极大地提升了国家层面的治理潜能。我们所处的21世纪20年代上半叶，正是这种潜能转化为现实的前夜。现在所缺的只是一个"导火索"，即一个能让酝酿已久的转变顺理成章登上历史舞台的事件。

（甄卓荣　译）

濒临全面混乱的世界

尼古拉·普洛特尼科夫*

国际安全正在受到严峻考验。世界各地数以千万计的人挣扎在生存边缘，担忧自己和家人的性命。新的冲击似乎即将到来。腐败横行全球，无人能够遏制，美国和欧盟也不例外。全球广大人口陷于贫困，这为激进主义滋生提供了土壤。构成当今世界制度的国际组织和主权国家越发绵弱，而包括恐怖组织（“伊斯兰国”、“基地”组织、“博科圣地”、索马里“青年党”①），乔治·索罗斯的开放社会基金会、罗斯柴尔德基金会、洛克菲勒基金会、比尔·盖茨的商业帝国等机构，以及社交网络（“推特”“脸书”“油管”等）在内的非国家行为体则越发强有力地影响着国际事务。

---

* 俄罗斯科学院东方学研究所科学与分析信息中心主任，莫斯科国立大学世界政治系教授，俄罗斯国际事务委员会专家。

① 这些是俄罗斯政府所禁止的恐怖组织。

一 美国的政策

尽管国内危机不断加深，美国仍然自居于优越地位，不屑于仔细考察其他国家的政策，特别是俄罗斯和中国的政策。在华盛顿的领导人看来，美国应该向世界展现卓越的领导力，推进自由主义国际秩序。

为了维持自身地位，美国在人工智能领域引入了颠覆性技术，并且不遵守国际军控和《核不扩散协议》。美俄关系正处在冷战以来的最低点，华盛顿不愿与莫斯科对话，不肯在相互妥协的基础上建立关系，也不愿考虑俄罗斯的利益，从而几乎断绝了改善两国关系的可能。

总体而言，美国政客将俄罗斯视为头号大敌。为了遏制俄罗斯的外交政策和经济繁荣，华盛顿不断加大制裁压力，在俄罗斯的边境煽动冲突（例如支持乌克兰境内的战争），并策动俄罗斯的政治动荡（资助反对派的局部抗争）。

二 日益活跃的非国家行为体

非国家行为体正越来越多地涉入国际事务。在这里，我们主要指的是像“伊斯兰国”、“基地”组织、“博科圣地”、索马里“青年党”这样的恐怖组织。它们之所以出现，直接原因在于主权国家的普遍崩溃。

在中东，受恐怖活动危害最深的国家是叙利亚、伊拉克和也门；在北非，则要数利比亚。这些国家的政权不再独享合法制定国内外政策的权力。然而，非国家行为体无法行使哪怕是部分的国家职能。他们的活动最多仅限于收税，以及惩处一些心怀异见的“圣战”分子，而这会导致混乱的加深和国家的进一步碎片化。

现代恐怖组织不再是战斗力不强但资金充足的小团体，而是有严密架构的大组织，其具有庞大的人员网络、数百万美元收入和专业分工。他们不断追求新的形式、手段和技术，从而产生更大规模的影响。他们也相互学习，吸取最佳的行动经验，尽力避免重蹈前人覆辙。

“伊斯兰国”和“基地”组织在经历中东的失败之后，正在适应新的形势。虽然在伊拉克和叙利亚建立伊斯兰国的想法破灭了，但这些组织的领导人很快盯上了其他国家，这些国家涵盖了从非洲（利比亚、摩洛哥、突尼斯、索马里、刚果民主共和国、莫桑比克）到亚洲（阿富汗、巴基斯坦、斯里兰卡、菲律宾、马来西亚）的广大地域。“圣战”者的主要目标是袭击经济中心，从而引发动荡。烧毁林田、毒害家畜已成了他们的惯用手段。

还有一些非国家行为体也在动摇国家地位、侵蚀国家边界。这包括部族和民族团体，以及涉及毒品、军火、人口和人体器官贩运和消费品走私的有组织犯罪团体。它们根据情况有时选择单独行动，有时则追随更强大的组织。

三 贸易摩擦、经济制裁和影子经济

在经济领域，贸易摩擦和经济制裁已成常态。美国在制裁方面是当之无愧的“冠军”，连它的北约盟友也时常登上美国的制裁名单。美国用制裁来迫使其他国家采取有利于美国的政治和经济行动。美国对“北溪－2”项目的制裁就是一个鲜明的例子，此举影响了许多欧盟企业的利益。

如今美国对中国展开了“贸易摩擦”。然而，贸易摩擦是一把双刃剑。中美经贸摩擦不断升级，可能导致北京限制向美国出口稀土金属，而这对于电子消费品制造、军事系统和医药研究至关重要。消费者将会承受极大的损失。

能源产业正面临资源短缺的问题。碳氢化合物生产国与消费国之间的运输渠道越来越脆弱。世界上已探明的石油储量大多集中于中东、委内瑞拉、加拿大和俄罗斯等地，由于经济发展速度和人口爆炸性增长，石油储量正在迅速减少，要找到新的供应源则越来越难。根据已探明石油储量和目前的消耗水平预测，现有的石油只够我们再用 45 年到 50 年（煤炭和天然气预计能维持得更久一些，大约是 60 年到 70 年）。

油轮承担了全球六成以上的石油运输，保障油轮运输安全自然是重中之重。中东输出的石油大约有九成会在运输时途经全球海运的若干“咽喉”：霍尔木兹海峡、曼德海峡、马六甲海峡、直布罗陀海峡、苏伊士运河和博斯普鲁斯—达达尼尔海峡。以上任何一条水道面临（运输）压力，都可能对全球石油和液化气贸易以及大宗商品市场造成冲击。[①] 我们应该记得“长赐”号货轮堵塞苏伊士运河一事，该事故导致每天有价值约 96 亿美元的货物运输受阻，苏伊士运河为此每天损失 1400 万美元至 1500 万美元。[②]

油气管线也容易成为恐怖分子的目标，如此长的管线很难保证处处安全。

同时，影子经济也在不断滋长。尽管影子经济的规模一向难以测算，但世界各国无一例外都有它的存在。影子经济大部分仍然集中于撒哈拉以南的非洲、拉丁美洲和加勒比地区。影子经济诱使人们踏入犯罪网络，制造利于有组织犯罪的条件，损害国家的行政功能，从政府那里分流掉大量的财政收入，进而加剧社会经济问题。影子经济在金融、投资和商品贸易领域中渗透，侵蚀着人们对政府的信任。

---

① “The cost of the Suez Canal blockage”, BBC news, March 29, 2021, https://www.bbc.com/news/business-56559073.

② “The cost of the Suez Canal blockage”, BBC news, March 29, 2021, https://www.bbc.com/news/business-56559073.

四 跨国有组织犯罪

跨国有组织犯罪与影子经济密不可分。犯罪团体为他们的种种恶行——贩毒，偷渡，洗钱，走私人口，贩卖人体器官、军火、假货、自然资源、野生动物和珍贵文物——建立了庞大的网络。

跨国有组织犯罪是一笔巨大的生意，占全球 GDP 总量的 7%，2015—2016 年它的估值高达 3.6 万亿到 4.8 万亿美元[①]。跨国有组织犯罪能很快地适应市场，发明新的犯罪形式。它在冲突地区尤其盛行，叙利亚和伊拉克就是显著的例子。

同时，知识产权犯罪、网络盗窃个人或机构银行账户（财产）、制造假币、生产假酒和伪劣食品等犯罪也有所增加。

五 自然资源耗竭

人们对自然资源的过度开发导致了严重资源短缺。在

① "Transnational Organized Crime and the Impact on the Private Sector", Global Initiative, December 7, 2017, https://globalinitiative.net/analysis/transnational-organized-crime-and-the-impact-on-the-private-sector-the-hidden-battalions/.

所有资源开采行业发展成熟的国家，量大利丰的资源储备都在面临枯竭，并同时引起气候变化和动植物群落的衰退。其结果是，如今地球上 3000 万种已知动植物物种中有 31000 种以上濒危，已知动物物种中有 8% 已经消失，22% 有灭绝的危险。①

原本覆盖陆地的森林已经消失了近一半②，主要原因之一便是人口增长所引发的毁林造田。

森林砍伐加剧，导致温室气体排放量每年增长 12%—17%。根据世界卫生组织的报告，全球每十人中就有九人呼吸着高度污染的空气，每年有多达 700 万人死于空气污染。③

在接下来的 100 年内，地球上植物赖以生存的磷资源或将耗尽。如果没有办法解决这一问题，磷危机就可能像石油资源和水资源那样引发冲突和战争。磷的消失可能导致人类灭绝。

围绕自然资源的争夺引发了战争和势力范围的消长，

---

① “Nature's Dangerous Decline ‘Unprecedented’; Species Extinction Rates ‘Accelerating’”, UN Report, https: //www. un. org/sustainabledevelopment/blog/2019/05/nature-decline-unprecedented-report/.

② “Toolkit and Guidance for Preventing and Managing Land and Natural Resources Conflict. Extractive Industries and Conflict”, UN Report, https: //www. un. org/en/land-natural-resources-conflict/pdfs/GN_ Extractive. pdf.

③ “Nature's Dangerous Decline ‘Unprecedented’; Species Extinction Rates ‘Accelerating’”, UN Report, https: //www. un. org/sustainabledevelopment/blog/2019/05/nature-decline-unprecedented-report/.

过去60年间发生的内战中有40%与之相关。[①] 同时，自然资源本身也被用作战争的资金来源。

六 食品短缺

自2014年以来，饥饿人口数量持续上升。截止到2019年新冠肺炎疫情发生前，世界上有6.9亿人营养不良。到2030年，人们估计这一数字将超过8.4亿人，在那些陷于内战或者更容易遭受气候灾害影响的地区，形势将最为严峻。

新冠肺炎疫情增加了世界食品价格飙涨的风险。在最贫困的国家，食品占到总消费额的40%—60%。非洲和南亚地区有近六成的人口无法负担健康的饮食。世界正处在全球粮食危机的边缘。[②]

七 水资源稀缺

地球的饮用水资源同样告急。世界前500大城市中有

---

① "Nature's Dangerous Decline 'Unprecedented'; Species Extinction Rates 'Accelerating'", UN Report, https://www.un.org/sustainabledevelopment/blog/2019/05/nature-decline-unprecedented-report/.

② "Hunger is Rising, COVID-19 Will Make it Worse", UN, https://gho.unocha.org/global-trends/hunger-rising-covid-19-will-make-it-worse.

四分之一供水不足，开普敦的饮用水储量几乎已经见底，班加罗尔、北京、圣保罗、开罗、雅加达、伊斯坦布尔和墨西哥城的情况也达到了危机级别。伦敦或在2040年前遭遇严重的水资源短缺。[①]

地球上有20亿人将地下水作为唯一的饮水来源，然而全球规模最大的那些地下水系统中有三成以上状况危急，世界最大的地下水池正在迅速枯竭。与此同时，全球用水需求每年上涨大约1%。[②]

用水需求的上涨，是人口总体增长、经济发展、饮食习惯改变和气候变化的共同结果。到2030年，全球水资源需求量将比现在高出40%，气候学家预测到2050年世界人口到达94亿—102亿人时，将有略多于半数以上的人类生活在缺水地区。

中东地区聚集着世界上18个最缺水国家中的11个，水资源短缺是该地区战乱频繁的原因之一。叙利亚、伊拉克和伊朗的长期干旱正迫使农民向城市移居，导致贫困人口增加，激进思想蔓延。

对一些中东国家而言，它们的水资源主要来自不可再

---

① "Water Scarcity Looms in London's Future", Circle of Blue, March 28, 2018, https: //www. circleofblue. org/2018/world/water-scarcity-looms-in-londons-future/.

② Overview, WWF, https: //www. worldwildlife. org/threats/water-scarcity #: ~: text = Agriculture% 20consumes% 20more% 20water% 20than, areas% 20and% 20floods% 20in% 20others. &text = By% 202025% 2C% 20two-thirds% 20of, population% 20may% 20face% 20water% 20shortages.

生含水层，这项资源正在日益枯竭。尽管沙特、卡塔尔、科威特等富国可以通过投资海水淡化系统和营造节水型基础设施来应对水资源短缺，但这对战火纷飞的也门、叙利亚、伊拉克，接收了大量叙利亚和利比亚难民的约旦，以及加沙地带而言则是一种奢望。

中东大多数国家的人口在增多，水资源却日渐匮乏。技术落后导致的资源使用效率低下更是加剧了这一状况，一些国家水资源的使用损耗率高达60%。[①]

八 环境问题

在环境方面，气候变化、森林砍伐、沙漠化、生活垃圾、环境污染（包括全球海洋污染）、人畜及作物病害蔓延等问题无一不在加剧。全球变暖造成烈度前所未有的干旱、飓风和热浪，其常态化程度令人心惊。

城市化破坏了自然景观，代之以水泥砖块筑成的楼房，水的自然循环因此受阻，继而引发洪水。人口密度增加也意味着更多的气体排放、空气污染和生活垃圾。

森林砍伐和森林火灾贡献了10%以上的温室气体排放，

① “Water Scarcity Looms in London’s Future”, Circle of Blue, March 28, 2018, https://www.circleofblue.org/2018/world/water-scarcity-looms-in-londons-future/.

随着森林面积减少，该数字将继续上升。[①] 森林覆盖率减少意味着野生动物丧失栖息地，自 1970 年以来，野生动物数量已经缩减了 50% 以上，约 100 万个物种濒临灭绝。[②]

全球变暖正导致海平面上升，可能给人类带来灾难性后果。如今大约每 10 个人中就有 1 人生活在高出海平面不到 10 米的地方，到 2050 年，许多沿海城市和小岛国将会遭遇周期性洪灾。[③]

北极地区永久冻土融化，意味着越来越多的甲烷和二氧化碳释放到大气中，加速全球暖化。喜马拉雅山脉和兴都库什山脉的冰川为将近 20 亿人提供着淡水，这些冰川加速融化，将导致饮用水短缺的风险。

九 人口与移民问题

世界面临着日益严峻的人口失衡和大规模移民流动。地球上总人口在增加，然而增加的人口分布不平衡。发达国家

---

① "15 Sources of Greenhouse Gases", Allianz, September 12, 2014, https://www.allianz.com/en/press/extra/knowledge/environment/140912-fifteen-sources-of-greenhouse-gases.html.

② "68% Average Decline in Species Population Sizes Since 1970, Says New WWF Report", WWF, September 9, 2020, https://www.worldwildlife.org/press-releases/68-average-decline-in-species-population-sizes-since-1970-says-new-wwf-report.

③ "Ranking of the World's Cities Most Exposed to Coastal Flooding Today and in the Future", December 4, 2007, https://www.oecd.org/environment/cc/39729575.pdf.

的人口增速在降低，退休者占人口比例越来越高。然而在那些众多人口以每天不到 2 美元的开销维生的较贫困国家，情况却正相反，增速上升的年轻人口主导了人口的增长。这一状况加之有限的就业机会，使得年轻人容易走向激化，恐怖组织则充分利用了这一点来进行招募和动员。[①]

人口变化趋势表明，到 2100 年世界人口将会达到 100 亿—110 亿人，其中 30 亿人生活在撒哈拉以南的非洲，10 亿人生活在中东。[②] 如此程度的人口增长让我们不禁要问：我们有能力让如此庞大的人口维持一个像样的生活水平吗？人口迅速增长将对环境造成什么影响？围绕农地、自然资源和水资源展开的争斗会因此激化吗？

大规模移民的成因，则主要是低生活水平、社会冲突、暴力、气候灾害和环境变化。仅在 2020 年，就有约 3700 万人从低收入国家以及饱受内战和冲突蹂躏的国家迁往别处。[③]

---

① "World Bank Forecasts Global Poverty to Fall Below 10% for First Time; Major Hurdles Remain in Goal to End Poverty by 2030", The World Bank, October 4, 2015, https://www.worldbank.org/en/news/press-release/2015/10/04/world-bank-forecasts-global-poverty-to-fall-below-10-for-first-time-major-hurdles-remain-in-goal-to-end-poverty-by-2030#:~:text=PRESS%20RELEASE-,World%20Bank%20Forecasts%20Global%20Poverty%20to%20Fall%20Below%2010%25%20for,to%20End%20Poverty%20by%202030.

② "The World Population in 2100, by Country", Visual Capitalist, September 2, 2020, https://www.visualcapitalist.com/world-population-2100-country/.

③ "International Migration 2020 Highlights", UN, January 15, 2021, https://reliefweb.int/report/world/international-migration-2020-highlights-enruzh#:~:text=In%202020%2C%20nearly%20177%20million, upper-middle-income%20country.

十　网络威胁

信息科技继续呈指数级别发展，并且参与生活的方方面面：经济、工业、教育、医疗、文化、服务业等。以上任何一方面遭到破坏，都可能引发灾难性后果，因此许多国家正在开发网络武器。如今，为政治和军事目的使用网络武器，已是一种日常行为。使用网络武器时既不必宣战也不侵犯实际国界，而这一“理所当然”的攻击方式可以给敌方造成重大的物质和声誉损失。一个典型的例子，便是据称发生在以色列和伊朗之间的网络战。[①] 2020 年 4 月下旬，以色列的供水网络和卫生系统遭到了网络攻击，有黑客试图关停水泵并入侵自来水的氯浓度监测系统。以色列的网络防御系统识别并阻止了这次攻击，因而没有造成大的损害。

以色列特工部门认为此次攻击过于复杂精妙，不可能是黑客新手所为，一定是伊朗政府在暗中策划。目前仍不清楚这次攻击是为了报复以色列多次袭击叙利亚境内的伊朗目标，还是一种新的战术，旨在对以色列开启一条网络

---

① “Officials：Israel linked to a disruptive cyberattack on Iranian port facility”，The Washington Post，May 18，2020，https：//www. washingtonpost. com/national-security/officials-israel-linked-to-a-disruptive-cyberattack-on-iranian-port-facility/2020/05/18/9d1da866 – 9942 – 11ea – 89fd – 28fb313d1886_ story. html.

新战线。但无论如何，由于民用设施受到了威胁，以色列对此反应强烈，毕竟对饮用水的氯含量做手脚会威胁平民性命。可以说这不仅是一起网络攻击，同时也是一起生物攻击。伊朗入侵以色列的供水系统，令以色列改变了对伊朗的看法，视其为一种不同以往的威胁。

以色列很快予以回击。2020 年 5 月 19 日，《华盛顿邮报》报道称伊朗阿巴斯港的沙希德·拉贾伊港口遭到了黑客攻击。该港口位于霍尔木兹海峡，承载着伊朗近 60% 的贸易量，而且驻有战略性海军基地。网络攻击给这一港口造成了严重损害，港口的计算机系统崩溃了两天，导致以该港口为节点的海陆运输堵塞，货运客运严重受阻。伊朗方面尽一切办法阻挡网络攻击，试图减少损失，尽快恢复港口运营，然而这些反击措施收效甚微。可见攻击者使用了极为复杂且有效的网络武器。

网络攻击的交锋，使国际局势陷入越来越危险和不可控的境地。

十一　结语

如今我们的世界面临着数量前所未有的威胁。目前的境况加之新冠肺炎疫情肆虐，令许多因为财富分配不平等而陷于贫穷愤懑的人无法有意义地参与社会生活。人们感到愤怒，不再信任政府，社会蔓延着无政府情绪和对法律的无视。

为了防止世界陷入无法控制的螺旋下坠，我们需要携手终止内战与暴力，废除制裁，解决粮食和水资源问题，减少贫困，保护环境。我们需要让人们重拾对国际法和国家的信心，从而遏制激进思想在贫穷国家的蔓延，稳定全球移民态势，进而削弱恐怖组织的动员能力。

（甄卓荣 译）

第二篇

开放多边主义：国际制度演进的结果

欧亚地区治理：多边主义理念与实践

孙壮志*

冷战结束后的欧亚地区国际关系格局发生了一系列复杂变化，苏联解体后出现了由俄罗斯主导的独立国家联合体（以下简称“独联体”）这样一个区域组织，其拥有庞大的常设机构，甚至建立了联合武装力量。随着时间的推移，传统的区域合作模式难以适应新独立国家的发展诉求和地区治理的多层次需要，上海合作组织作为新型区域合作机制的代表应运而生，其他多边合作框架也不断出现。中国和俄罗斯两个大国承担了更多的责任，新的欧亚地区治理体系具备了基本的雏形并开始发挥积极的作用。

一 欧亚地区独特的区域化进程

1991 年在后苏联空间出现了 15 个新独立国家，俄罗斯

* 中国社会科学院俄罗斯东欧中亚研究所所长。

继承了苏联的国际法地位，与乌克兰、白俄罗斯等国商定成立独联体，目的是解决各共和国“和平分家”的问题。真正开启区域合作进程则相对滞后，20 世纪 90 年代中后期俄罗斯积极主导成立次区域多边机制，如关税联盟和欧亚经济共同体、集体安全条约组织等，但都遇到了一些现实的困难，没能解决好地区治理的主要问题。

（一）独联体的发展变化与地区治理困境

1991 年 12 月 8 日，俄罗斯、乌克兰和白俄罗斯的领导人在别洛韦日会晤并签署协定，宣布“苏联作为国际法主体和地缘政治现实将停止其存在”；建立独联体，协调机构设在白俄罗斯首都明斯克。同年 12 月 12 日，哈萨克斯坦等五个中亚共和国领导人在阿什哈巴德发表声明，表示愿意作为“平等的创始国”参加独联体，实际上表达了对三个斯拉夫国家单方面决定的不满。12 月 21 日，阿塞拜疆、亚美尼亚、白俄罗斯、吉尔吉斯斯坦、摩尔多瓦、哈萨克斯坦、俄罗斯、乌兹别克斯坦、乌克兰、塔吉克斯坦、土库曼斯坦 11 个共和国的领导人在阿拉木图会晤，通过了《阿拉木图宣言》等文件，宣告独联体成立及苏联停止存在。格鲁吉亚派代表以观察员身份与会，直至 1993 年 12 月，处于内忧外患当中的格鲁吉亚才成为正式成员。独联体是替代苏联的一个过渡性国际组织，发展方向并不清晰。

独联体的成立，与其说是开启了新的区域合作进程，不如说是为新独立国家瓜分苏联遗产提供一个“看守机构”，一直是“独”多“联”少，成员国间争吵不断。同样走出原苏联地理空间的波罗的海三国不仅没有加入，反而投入欧盟和北约的怀抱。2005 年 8 月，准备成为永久中立国的土库曼斯坦宣布退出独联体。2008 年 8 月，因南奥塞梯问题与俄罗斯发生“五日战争”的格鲁吉亚决定退出独联体，到 2009 年 8 月 18 日完成所有程序。2014 年 3 月，因为克里米亚被并入俄罗斯，乌克兰也宣布要退出独联体。目前独联体的成员国实际上只剩下 9 个，只占原苏联共和国的五分之三。

1993 年卢布区解体，独联体赖以维系紧密经济联系的纽带被切断，俄罗斯不愿意再按苏联的方式给其他新独立国家财政支持，同时也不愿意放弃对该地区的绝对控制权，特别是要在军事安全领域处于优先地位。独联体的存在，在一定程度上平衡了苏联共和国之间的特殊关系，而且通过一些文件，确定各国政治经济交往的基本原则，保障了新独立国家最基本的权益，发挥了其特殊的作用。由于地区治理需要各个层面上形成各方能够遵守的行为规范，而各国在政治、经济甚至社会、文化方面都逐步拉开距离，甚至出现了围绕领土归属的武装冲突，导致地区治理问题在这个阶段没有真正提上日程。

（二）俄罗斯主导的地区经济和安全体系

1992 年独联体国家在乌兹别克斯坦的塔什干签署集体

安全条约。由于各国都开始了独立建设国防体系的进程，统一的武装力量没有存在多久。俄罗斯基本沿袭了苏联的军事实力，仍然负责地区的空防甚至一些国家“外部”边界[①]的守卫。20 世纪 90 年代初期，阿塞拜疆和亚美尼亚之间因纳戈尔诺—卡拉巴赫归属问题爆发大规模冲突，格鲁吉亚内部的阿布哈兹、南奥塞梯因“分立”问题与中央正面对抗，塔吉克斯坦爆发内战，俄罗斯都进行了干预，但没有借助任何多边机制。因此，虽然冲突实现了停火，但却激起了不少独联体国家内部的反俄情绪。

随着北约和欧盟的“东扩”，在面临越来越大地缘政治压力的背景下，俄罗斯强化了自己主导的区域合作进程，首先是通过一体化应对经济危机。1996 年 3 月，俄罗斯、白俄罗斯、哈萨克斯坦和吉尔吉斯斯坦签署协议，决定成立关税联盟，旨在协调四国的经济政策，加快区域合作进程。1999 年 2 月塔吉克斯坦加入该联盟；2000 年 10 月上述五国签署条约，将关税联盟改组为欧亚经济共同体。乌兹别克斯坦于 2005 年 10 月申请加入欧亚经济共同体，2006 年正式加入，但 2008 年 10 月又提出停止成员国资格。

1992 年 5 月签署的集体安全条约于 1994 年生效，有效期为 5 年。亚、白、哈、吉、俄、塔等国于 1999 年 4 月续签条约，阿、格、乌三国未续签。2002 年 5 月 14 日在集体安全条约莫斯科会议上通过了成立集体安全条约组织的决

① 指与独联体之外国家的边界。

议。同年10月7日，缔约国在基什尼奥夫签署有关集安组织法律地位的协定以及组织章程。2006年8月16日乌兹别克斯坦重返该组织。集体安全条约组织是军事政治集团，成立了快速反应部队，经常举行联合军事演习，在地区安全事务中的作用日益增强。2012年6月，考虑到与西方的合作关系，乌兹别克斯坦又决定退出该组织。

欧亚经济共同体和集体安全条约组织的成立，导致了独联体内部的分化，与俄罗斯关系亲近的国家加入了俄罗斯主导的区域机制。俄罗斯的本意是用这样的方式重新开启“整合”后苏联空间的模式，强化自己的地区影响力，为恢复大国地位提供有力的战略支撑。但是，一些国家在西方鼓动之下发生“颜色革命”后走上坚定的“去俄”甚至“反俄”道路，另外一些国家也无意完全倒向俄罗斯。结果俄罗斯主导的地区治理体系形成了多个同心圆结构，独联体在最外围，没有失去其存在的价值，但也无法在地区扮演促进多边合作的特殊角色；欧亚经济共同体在经济上发挥引领作用；集体安全条约组织则是地区安全治理的支柱。俄罗斯甚至考虑用统一的欧亚联盟替代两个一体化组织，但遭到哈萨克斯坦、白俄罗斯等盟友的反对，只好在2015年1月先启动欧亚经济联盟，取代了欧亚经济共同体。

（三）区域治理在不同层次上的发展

出于联合自强的需要，独联体地区的次区域合作同样取得一系列进展，如 1994 年哈萨克斯坦、乌兹别克斯坦、吉尔吉斯斯坦三国就建立统一经济空间签署协议，在塔吉克斯坦 1998 年加入后变成中亚经济共同体，后来又扩大合作领域，2002 年改称中亚合作组织。在欧盟和美国的鼓励下，格鲁吉亚、乌克兰、摩尔多瓦、阿塞拜疆等国试图脱离俄罗斯的影响，与欧洲建立更加密切的联系。1997 年 10 月，格、乌、阿、摩四国领导人在法国斯特拉斯堡参加欧洲委员会首脑会议时决定成立地区组织，以四国英文国名的首字母冠名，简称“古阿姆”（GUAM）。1998 年，乌兹别克斯坦加入“古阿姆”。2001 年 6 月五国总统签署《雅尔塔宪章》。2002 年 6 月，乌兹别克斯坦又宣布暂停参与该组织的活动。2002 年 7 月，格鲁吉亚、乌克兰、阿塞拜疆、摩尔多瓦四国总统在雅尔塔举行会议，签署建立自由贸易区协议等多边合作文件。2005 年乌兹别克斯坦最终退出“古阿姆”。

在欧亚地区的多边体系中出现了两种不同的趋向：一是俄罗斯主导的多边组织和一体化进程，遭遇很多现实的困难；另一个是“去俄罗斯化”或者“亲近”西方的次区域合作，希望强化民族国家的独立地位，也很难取得成功。俄罗斯在普京执政后，奉行强势的外交政策，重视用自己主导的区域组织来掌控地区的政治、经济和安全进程。成立集体安全条约组织的同时，又说服中亚合作组织加入欧亚经济共同体，经济上还推动独联体自贸区的启动。事实上，俄罗斯希望单独打造地区治理体系的尝试遭到多方面的掣肘。

20世纪90年代中国与俄罗斯在地区层面的合作相对有限，更多带有外交磋商的性质，比如1996年在两国正式建立战略协作伙伴关系的同时，与中亚的哈萨克斯坦、吉尔吉斯斯坦、塔吉克斯坦启动“上海五国”机制，开始是为了消除冷战时期遗留的问题，解决边界地区军事互信和相互裁军，是原来中、苏谈判的继续，以“五国双边”的独特方式来实现。随着“上海五国”越来越多地关注地区问题，并准备就维护中亚地区的稳定采取联合行动，上海合作组织正式成立了。

二　上海合作组织的成立与发展

20、21世纪之交的欧亚地区，经济发展和安全保障都面临很多不确定性，阿富汗等热点问题给地区稳定带来严峻的挑战，欧亚地区治理体系的建构遭遇新的挑战，同时也带来了新的机遇。在特殊的国际背景下上海合作组织（以下简称“上合组织”）诞生了，并且很快成为欧亚大陆上幅员最广、人口最多、潜力最大的区域组织。由于成员国政治、经济、社会发展差距巨大，随着扩员又带来新的问题，有的成员国内部政治危机不断，给有效的地区治理制造了障碍。但上合组织秉持新的合作理念，适应地区的实际情况，务实合作取得了很大成就，也被寄予了很大期望。

（一）探索区域合作新模式

作为冷战后诞生的新型区域组织，上合组织走过了不平凡的发展道路，是最早明确提出打击国际恐怖主义的地区组织之一，帮助年轻的中亚国家有效应对非传统安全挑战，推动成员国实现共同发展，深度参与完善地区治理乃至全球治理体系，体现出独特的作用。在形势复杂多变的欧亚大陆腹地，上合组织独树一帜，反对强权政治和干涉主义，在国际事务中代表新兴市场国家和发展中国家的利益。中国的多边外交理念借助上合组织的合作平台得以充分展示，倡导以命运共同体意识引领区域大融合。

总结20多年的发展，上合组织的成功之处主要体现在：一是确定了维护地区和平与安全、实现共同繁荣的合作宗旨，提出了“互信、互利、平等、协商”等体现鲜明时代特征的“上海精神”，积极倡导新安全观、新合作观；二是通过了一系列重要的政治声明和法律文件，涵盖了政治、安全、经济和人文等各个合作领域，阐明成员国对国际局势的看法；三是努力维护成员国的团结，维护多边体制和国际法的权威，有针对性地采取措施，消除一系列危机隐患；四是提升多边合作的水平，每年举行国家元首、政府总理会议，就重大问题进行决策，完成了扩员，吸收观察员和对话伙伴，使多边合作的领域和空间不断扩大；五是启动和发展多层次、多部门的一整套合作范式，有数十个部长级和针对不同领域合作的机制及框架，并开始尝试建立有效的工作和保障机制；六是成立了秘书处和地区反恐怖机构等常设机构，获得国际法地位，与一些多边组织和国际社会建立广泛的联系，已成为联合国大会的观察员。

上合组织成员国之间的合作注重实效。经济领域，在签署多边经贸合作纲要以后，又相继制订了实施计划和保障机制等有关文件，成立了 7 个工作组，在能源、贸易、交通、农业、电信等方面展开具体合作；安全领域，签署了打击“三股势力”的《上海公约》后，又出台了反毒、反恐、反极端主义的公约以及安全合作构想，举行了多次反恐联合演习，在联合执法、信息交流、人员培训等方面开展实质合作；人文领域，启动文化、教育、科技、卫生、旅游、环保等会晤机制，建立网络型的上合组织大学，举办青年、媒体论坛等大型交流活动。又成立了实业家委员会和银行联合体，不断扩大地方合作。国际金融危机爆发后，上合组织的多边合作更加具体和深入，2020 年 11 月的政府首脑会议发表的声明特别强调维护成员国的经济主权，推动本币结算。

(二)在完善地区治理体系方面提出新理念

上合组织不是传统意义上的国家联盟，而是一种新型的区域组织，具有新的合作方式、发展理念和行为规范，不可能重复其他国际组织的道路和功能，而是要建立一种全新的区域机制。同样，作为一个政府间合作组织，上合组织不会建立超国家的机构，不违反国家主权原则。上合组织开创了地区内国家开展文明对话、共享发展成果的新模式，有助于推动国际关系的民主化和多极化进程，树立成员国作为地区稳定维护者的新形象。

完善地区治理体系要在结构、制度和目标上下功夫，达成共识，寻求地区国家的广泛协作。面对全球和地区治理遭遇的新问题、新挑战，中国领导人借助上合组织的平台，在2018年青岛峰会上提出了共商共建共享的全球治理观，构建上合组织命运共同体的倡议，为完善全球治理体系提出“中国方案”和“上合方案”。中国国家主席习近平在2020年11月的上合组织峰会上，进而又提出构建卫生健康、安全、发展和人文四个共同体的新思路。这实际上涵盖了当前地区治理最为紧迫的主要合作方向。

上合组织倡导的新型地区和全球治理观认为，国际合作应该重视解决公平的问题，维护真正的多边主义，反对冷战思维和贸易保护主义，缩小发达国家和发展中国家愈拉愈大的贫富差距，给发展中国家和新兴经济体以平等的发展机会。这也是上合组织与其他西方发达国家主导的国际组织的本质差别。上合组织成员国不属于西方发达国家的阵营，能够代表世界上多数国家的利益，关于国际事务的政策主张体现了正义的声音。正如习近平主席在2019年比什凯克峰会上强调的，面对日益增多的全球性挑战，上合组织要展现应有的国际担当，坚持共商共建共享的全球治理观，密切协调和配合，维护以联合国为核心的国际体系，促进多边主义和自由贸易，推动国际秩序朝着更加公正合理的方向发展。[①]

（三）上合组织为完善地区治理体系提供示范

上合组织秉持平等、开放、不针对第三方等原则，探索结伴不结盟的地区合作新思路，在各个领域、各个层次上丰富和深化多边合作。中、俄全面战略协作是上合组织能够顺利发展的保证。两国加强在重大倡议上的协调，通过“一带一路”和欧亚经济联盟对接合作，化解了可能出现的矛盾，开展经贸、投资、金融、人文等重点领域的政策沟通，中国和欧亚经济联盟签署经贸合作协定。上合组织已成为成员国、观察员国战略规划对接的重要平台。成立20多年来，上合组织框架内的多边合作，充分体现地区国家和人民的共同利益关切，国际影响力和号召力不断

---

① 习近平：《凝心聚力　务实笃行　共创上海合作组织美好明天——在上合组织成员国元首理事会第十九次会议上的讲话》，《人民日报》2019年6月15日。

提升。

从地区治理方面来看，上合组织的贡献不仅在于消除和管控分歧，而且奠定了坚实的政治法律基础，签署了《上海合作组织宪章》《上海合作组织成员国长期睦邻友好合作条约》等具有国际法性质的重要文件；领导人峰会以政治宣言的方式表明对重要地区甚至国际问题的看法，就重要领域的多边合作做出决定和规划。2021 年因美国仓促撤军导致阿富汗局势发生急剧变化，上合组织在杜尚别峰会后召开上合组织与集体安全条约组织阿富汗问题峰会，前者签署 30 项成果文件，包括《上海合作组织二十周年杜尚别宣言》《上合组织成员国打击恐怖主义、分裂主义和极端主义 2022 年至 2024 年合作纲要》《2022 年至 2023 年保障国际信息安全合作计划》等，后者就阿富汗局势充分协商，准备采取措施，推动阿富汗尽快实现平稳过渡。

上合组织想要构建的地区治理体系，是开放的、非对抗的，不针对第三方，注重完善伙伴关系布局，加强同联合国下属机构的经常性交流，在国际和地区事务中发挥更加积极的作用，共同致力于促进世界持久和平和共同繁荣。上合组织与独联体、集体安全条约组织、东盟、欧亚经济联盟等区域组织和世界银行、国际货币基金组织、亚投行等国际金融机构建立了合作关系。从内部来说，上合组织积极促进成员国之间的民间交流，为培育世代友好创造良好社会基础。

三 新形势下的欧亚地区治理

新冠肺炎疫情和百年未有之大变局的双重叠加，给国际局势和全球化、区域化进程带来很大冲击，很多国际组织受到影响，一些大国也提出了新的区域合作倡议。欧亚地区治理面临的挑战既来自地区内部各国发展的不平衡、政策和利益的差异，也来自外部力量的渗透和影响。由于难以在一个统一的框架下综合解决安全和经济治理等问题，只能是先形成多层次、分领域的合作方式。

（一）欧亚地区治理面临新难题

首先是全球化和区域化遭遇逆流，美国无视公认的国际法准则的霸凌行径和欧洲民粹主义的泛起，形形色色的冷战思维和保护主义给多边合作制造了障碍。拜登上台后继续对中、俄进行“双重遏制”，拼凑反华、反俄联盟，导致欧亚地区的地缘政治对抗升级。

其次是联合国和国际组织的权威受到损害，一些大国为谋求自身的私利，不惜践踏联合国宗旨确定的合作原则，联合国和多边机制也失去了对解决国际热点问题的主导权，2020 年爆发的纳卡冲突反映出国际组织处置地区冲突的能力在下降。

最后是在一些重大危机面前欧亚地区各国难以形成必要的合力，各行其是，无论是金融危机和新冠肺炎疫情，还是国际化越来越突出的恐怖主义、气候变化、毒品犯罪、环境问题等，都无法形成密切合作。

国家在地区治理体系中是重要的主体，国家关系以及国家内部的治理状况会对地区合作产生影响。欧亚地区大国利益集中，拥有丰富的资源储藏和巨大的发展潜力，同时内外环境非常复杂，多种外部势力的影响相互交织、碰撞，历史遗留的矛盾分歧集中，地区国家间经常产生各种纠纷，很多问题超出了地区的范围。由于各国在转型过程中无法建构起合理的社会保障体系，严重的社会分化和不公平的问题非常突出，新冠肺炎疫情又进一步放大了各种社会矛盾，地区各国内部的治理“赤字”给跨国合作带来新的课题。

（二）中俄重大外交倡议的对接合作

在欧亚地区，中国、俄罗斯、美国、欧盟等出于不同的战略上的考虑，都提出了有针对性的地区合作倡议。中国的“一带一路”倡议、命运共同体影响深远；俄罗斯提出了以欧亚经济联盟为核心的“大欧亚伙伴关系”战略构想；美国则推出“蓝点计划”和“印太战略”；欧盟已经出台多个中亚战略。欧亚国家外交上奉行大国平衡的政策，一方面重视与中、俄合作，另一方面也寻求西方的支持。

如哈萨克斯坦曾提出“走向欧洲之路”行动计划，乌兹别克斯坦重视与美国进行军事交流。美国、欧盟、日本、印度纷纷与中亚国家建立“5 +1”机制，美国2020年2月出台新的中亚战略，对中、俄在中亚的战略利益构成挑战。

针对大国竞合带来的新问题，中国与俄罗斯领导人2015年签署“丝绸之路经济带”与“欧亚经济联盟”对接合作的政治声明。对接合作主要包括：扩大投资贸易合作，优化贸易结构；促进相互投资便利化和产能合作，实施大型投资合作项目，共同打造产业园区和跨境经济合作区；在物流、交通基础设施、多式联运等领域加强互联互通，实施基础设施共同开发项目，以扩大并优化区域生产网络；在条件成熟的领域建立贸易便利化机制；为在区域经济发展方面能够发挥重要作用的中小企业发展创造良好环境；促进扩大贸易、直接投资和贷款领域的本币结算；通过丝路基金、亚洲基础设施投资银行、上海合作组织银联体等金融机构，加强金融合作；推动区域和全球多边合作，以实现和谐发展。

战略对接，既有地区层次上多边合作平台和项目的相互衔接，也包括国家发展长期规划的相互配合，是一个全新的国际关系合作理念。实践中可以看出，战略规划的“对接”合作在“一带一路”框架下一般特指在经济贸易领域的合作，包括双边合作、多边合作乃至全球合作等不同层次，目的是实现经济的共同发展。以后又逐渐扩及人文、政治等领域。比如中国领导人提出，共建“一带一路”倡议同联合国等国际组织的发展和合作规划可以开展对接合作，中国支持把联合国《2030 年可持续发展议程》融入共建“一带一路”倡议。

（三）多边合作有助于完善地区治理体系

欧亚地区现有的多边机制与框架主要包括：中国与俄罗斯主导的上合组织，扩员后合作空间延伸到南亚和西亚；俄罗斯主导的欧亚经济联盟和集体安全条约组织，周边不断发生动荡；亲近欧洲的“古阿姆”集团，具有鲜明的反俄色彩，成为地缘政治工具；中亚地区的对话机制，不同大国与中亚五国建立的多个“5 + 1”外长级会晤机制，只具有外交和政治磋商性质；非正式的会晤机制，包括乌兹别克斯坦倡导的中亚地区合作首脑会晤等。

欧亚地区地缘政治和地缘经济格局呈现新态势，中国与俄罗斯能够密切合作，但各自也有自己的战略考量。俄罗斯试图依靠“大欧亚伙伴关系”形成对本国最有利的多边合作体系，但难以找到可靠的立足点；美国从阿富汗撤军以后，并不打算放弃在地区的存在，重新进行战略布局，并试图更多依靠欧盟和北约对中、俄形成牵制；印度、日本、土耳其、伊朗甚至波兰在欧亚地区积极进行局部渗透，希望借此强化地区影响；俄罗斯与西方在欧亚地区的对抗仍在持续，乌克兰和黑海地区成为争夺的焦点。

地区治理是全球治理的组成部分，欧亚地区本身与周边地区联系非常紧密，面临的挑战和威胁很多，作为集体的力量有助于更好地维持自身的利益。上合组织有可能成为新的地区治理体系的最重要支撑，因为它能够不断创新合作理念，根据地区实际调整自己的合作目标，同时还和许多重要的国际组织、多边机制建立密切的联系，推动涉及各个领域的合作，成员国在地区问题上能够充分沟通，在国际舞台上能够相互支持，合作的层次越来越丰富，具备深度参与完善地区治理体系的条件。但也面临一些难题，如行动能力不足，各领域合作难以同步，大国战略利益存在差异等。

四　结语

地区治理与一般多边合作的区别在于，其不仅仅是政治与安全层面的合作，而是要着眼于地区的长期稳定与共同发展，需要有政府部门、民间组织和社会团体的共同参与，特别是要加强社会领域和地方层面的互动，形成一种“立体的”合作模式。欧亚各国有着密切的社会联系，虽然文化多元，但跨境民族众多，地区合作拥有地缘和制度优势。完善地区治理体系，要求各种多边机制能够相互配合，和睦共处，开展合作。

地区治理与地区主义、多边主义一脉相承，要求从地区的角度来考虑和处理政治、经济、社会等事务中产生的问题，体现并反映地区的整体利益与进程。一般指地理位置相邻或相近的国家（通常为三个以上国家）由于相互依存程度不断加强，出于维护各自的利益、管理复杂的相互关系和应对地区内外挑战的需要，通过正式或非正式的机制，寻求地区问题上的共识和共同安排的一种合作意愿与政策，并在此架构与秩序下处理相互关系的一种多边主义形式。[①] 从这个意义上说，地区治理的基础和前提是多边主义，是多边主义原则在地区层面的深度实践。

地理位置上的接近是地区主义产生并发展的空间条件，地理上相邻的国家由于拥有相同的历史及文化，更容易产生亲近感和群体意识，政治、经济和安全上的相互依存，则是地区主义产生的现实条件。[②] 地区主义往往以地区一体化的形式表现出来，每一个层次的合作都有特定的内容和表现形式。欧亚腹地的地区治理具有独有的特征，目标同样是政治、经济、文化在各个层次上的相互接近甚至相互融合，但在国家之间实现一体化又面临非常复杂的问题。

要完善欧亚地区治理，首先应该增强地区国家的互信，尊重彼此的制度和文化差异；其次要形成相互依存、共同

---

① M. Smith, “Regions and Regionalism”, in B. White. R. Little and M. Smith eds. , *Issues in World Politics*, Macmillan Press LTD 1997, C. 77.

② 杨毅、李向阳：《区域治理：地区主义视角下的治理模式》，《云南行政学院学报》2004 年第 2 期。

发展的稳定关系，利用具有战略性质的双边和多边合作，提升地区国家间合作的水平；最后是确定公认的规则和制度框架，形成各种推动多边合作的有效机制。中国领导人提出要打造上合组织命运共同体，深耕成员国民间友好的土壤，形成各个重点方向的多边合作机制和伙伴关系网络，丰富合作的内涵，为构建相互尊重、平等互利、开放包容的新型国际关系发挥引领和示范作用。地区治理能否取得成功的重要标志之一，在于多边合作能否真正造福各国人民，能否真正实现地区国家的共同繁荣。

当代全球政治中的国际组织

伊琳娜·普罗霍连科*

在经济全球化和政治全球化背景下，国际体系的一个鲜明特征是，非国家行为体的数量和种类在增长。其中，国际（多边）组织占据特殊地位，这些机构除了推进信息分享和沟通交流，还承担着监管职能。国际（多边）机制不仅包括政府间国际组织（例如联合国）和非政府实体（例如红十字国际委员会），还涉及若干自成一格的组织架构。这类国际机制包括非正式全球治理论坛（G7、G20）和其他准组织（议会间机构、金砖五国等国家间合作机制形式）、政府间和非政府国际会议、区域一体化集团（欧盟、东盟、次区域级一体化倡议），以及诸如区域全面经济伙伴关系协定（RCEP）和全面与进步跨太平洋伙伴关系协定（CPTPP）这样的超大区域协议等新型一体化组织形式。

以国家为中心的国际关系方法论，例如现实主义和新现实主义，认为国家是国际关系的主要行为体，国际组织

---

* 俄罗斯科学院普里马科夫世界经济与国际关系研究所国际组织与全球政治治理研究部主任，政治学博士。

与国家相比居于次要地位。据此，持此类观点者对国际组织的职能、自主性、合法性和有效性等问题，没有给予合理关注。然而，组织理论和建构主义中无可争议的学术成果，特别是社会学制度主义[①]以及空间方法[②]，为研究者拓展了看待各种国际组织的新视角，即将他们视为社会有机体、组织域，以及沟通与互动的跨国政治空间。该领域的学者们聚焦于组织管理，国际组织间的内部互动，以及国际组织与国际环境、机制框架、形象、文化、身份和转换因素之间的互动。

过去十五年间，国际组织的管理理念也逐渐流行。这一理念将国际组织定义为国家间合作的机构，有助于解决人类共同课题并进一步完善全球治理体系。此外，另一个流行的理念是将国际组织视为公共空间，在这里重大国际问题能得以讨论，并可能被解决。[③]

---

① Prokhorenko I. L. , "Organizatsionnaya teoriya v analize global'nogo upravleniya" (Organizational Theory in Global Governance Analysis), Vestnik Moskovskogo universiteta. Series 25, Mezhdunarodnye otnosheniya i mirovaya politika, No. 3, 2014, pp. 150 – 173.

② Strezhneva M. S. ed. , *Transnatsional'nye politicheskie prostranstva: yavlenie i praktika* (*Transnational Political Spaces: Phenomenon and Practice*), Moscow: Ves' mir, 2011 (In Russian); Prokhorenko I. L. , *Prostranstvennyi podkhod v issledovanii mezhdunarodnykh otnoshenii* (*Spatial Approach in Studying International Relations*), Moscow, IMEMO RAN, 2015.

③ Klabbers J. , "Two Concepts of International Organization", *International Organizations Law Review*, Vol. 2, No. 2, 2005, pp. 277 – 293; Kuteinikov A. E. , "Novoe v issledovanii mezhdunarodnykh organizatsii" (New Trends in Studying International Organizations), *Mezhdunarodnye protessy*, No. 6, 2008, pp. 60 – 69.

新兴的全球治理体系[①]，使得对国际组织的建构主义和空间分析正变得更为恰当。全球治理体系可理解为：解决全球问题（在俄罗斯的战略文件中“全球问题”被描述为“重大挑战”）；管控危及自然、人类健康与营养、可持续发展、平衡的全球金融体系等方面的全球风险；以及通过各国和包括国际机构在内的各组织架构的协作努力，达成共同目标。

传统意义上，国际组织只有在成员国同意其行动的情况下，才具备合法性。新型治理思路则预示着，国际非政府组织在行政和职能方面，本质上相对独立。而伴随内部发展以及其经济和政治治理模式中的超国家组成部分的强化（例如，欧盟），由国家建立的国际组织获得了更大的自主权，并因此在全球政治中越发活跃。这佐证了许多研究人员的看法，即作为社会组织和国际关系行为体的国家面临着危机。

俄罗斯经济学家、欧洲一体化专家奥尔加·布托里娜（Olga Butorina）提出了“区域一体化”最恰当、最简明的定义：“一群国家自觉、积极地参与‘全球化’分层进程的一种模式。”区域一体化的主要目标是建立一种“成功的分层”，即在全球化特定阶段的那些特别重要的领域加强联

① 有关全球治理现象和实践的更多信息，参见 Baranovsky V. G.，Ivanova N. I. eds.，*Global'noe upravlenie：vozmozhnosti i riski*（*Global Governance：Opportunities and Risks*），Moscow：IMEMO RAN，2015。

盟的地位。各国的目标，都是确保对自身最有利的战略前景。本质上，一体化旨在解决区域发展问题，让参与者能够最大化地在全球化中受益，降低全球化的负面影响。

除化解国际危局之外，国际组织、国际会议和排他性俱乐部还为自身设定目标，旨在对全球性挑战做出规划，对世界性难题和全球发展议题制定集体解决方案。这些难题会直接影响世界大多数国家和人口。随着日益增长的经济和政治间相互依存性以及这一特点对整个世界各区域和各国进程的影响，这一全球化进程本身也会加剧问题的棘手程度。上述难题包括：大流行病、地方流行病和（其他）危险疾病、自然和人为灾害、环境恶化和气候变化、失控的移民和人口增长、粮食安全问题、大规模杀伤性武器扩散及其被滥用的风险、国际恐怖主义和宗教与意识形态极端主义、跨国犯罪和腐败、水资源匮乏、能源和其他自然资源短缺等。这些问题的解决需要广泛的国际合作。很显然，全球问题和区域问题之间没有明确的分界线。

国际组织在发展演进中成为复杂的集体行为体，其既能意识到自身作为整体性框架的地位，又能向世界展示其制定和实施长期行为战略的能力。国家在与这些非国家行为体的互动中，起到的作用是模糊的：一方面，国家有必要的意愿和资源来控制自身行动；另一方面，对于一些国家，参与此类组织框架能提升其国际权威、影响力乃至生存力。而对于另外一些追求地区及全球领导权的国家，参与此类组织意味着能运用多种杠杆形式，既有软杠杆，也有硬杠杆。

上述第一种情况（提升国际影响力）的实例是欧洲一体化计划中的超国家部分。20 世纪 80 年代，法国国内局势复杂，加之法国当时在全球经济和世界政治中的地位，该国倡议成立欧洲经济与货币联盟。而西班牙则致力于发展欧洲共同体（在这方面，西班牙通常不仅被称为欧洲乐观派，更是欧洲狂热者），此举在很大程度上是由于，西班牙处于权力非常分散的“自治状态”，中央与地方之间关系复杂，而且该国有很强的特殊主义和分离主义传统。

第二种情况（运用多种杠杆形式）的生动实例是，美国在冷战终结后世界秩序变动背景下的政策制定。作为超级大国，美国在全球国内生产总值（GDP）中所占份额的动态变化反映出国家渐进的、相对的衰落趋势。但这并不能抵消美国在全球金融、贸易、科学和技术领域发挥的领导作用。美国在可预见的未来将继续发挥领导者的作用，这一事实让美国既成为国际舞台上的重大不稳定因素（考虑到美国外交政策的单极化倾向），也成为在国际事务中与其他参与者开展协调互动的潜在对象。[①] 一方面，这体现在

① Baranovsky V. A., “New International Order: Overcoming or Transforming the Existing One”, *Social Sciences* (A Quarterly Journal of the Russian Academy of Sciences), Vol. 50, No. 2, 2019, pp. 38 – 53.

当美国共和党总统特朗普退出《巴黎协定》和世界卫生组织后，美国民主党拜登政府重返上述组织。另一方面，作为全球贸易监管者的世界贸易组织长期以来急需改革但进展缓慢，当我们考虑改革进展缓慢的原因时，就能看出同样的前述趋势。

依据马克斯·韦伯关于新型法理权威——不同于传统权威和超凡魅力权威，法理权威强调理性和合法性，更加适用于当今的国家和官僚制——和作为组织现象的官僚制的观点[①]，官僚组织在国际组织中发挥着关键作用。它们很大程度上决定着组织活动及其组织行为的形式和内容，并创造和传播了符号、意义、规范和规则，甚至建构出新的国家利益。

与此同时，官僚组织不是多边组织中新观点和新社会知识的唯一创造者。依据其类型和活动领域，多边组织与国家政府、特定行业的政府部门和机构，跨国公司和其他企业、政党和政治运动、各种利益集团、民间社会组织、专家群体等积极开展互动，由此推动形成跨国精英和全球社群。

值得关注的现象是，一些广为人知的概念已经牢固地嵌入如今的政治语汇之中，例如“发展”（“可持续”和“负责任的”）、“难民”和“环境移民”等。这些概念正是

---

① Weber M., *Essays in Sociology*, New York: Oxford University Press, 1946; Weber M., *The Theory of Social and Economic Organization*. Glencoe, IL: Free Press, 1947.

在国际组织中出现并逐渐流行起来的。反之，国际组织倡导的普世价值，有助于让国家政府理解保护人权、应对气候变化、确保国家利益和确立国家政策优先级等任务。国际组织是全球议程的重要设置者，它们因此能影响世界上不同国家和地区的政府、社会政治与学术话语。

一些多边机构定期发布的国际排名值得特别关注。其中最有影响的是由联合国开发计划署每年发布的人类发展指数，以及世界经济论坛发布的全球竞争力报告。尽管此类排名因其政治化、缺乏客观性和以西方为中心而遭到批评，但它们仍是国际组织的重要杠杆工具，能影响公众的意见、经常参考这些指标的专家群体的看法和处在不同治理层级的政治家的决策。

多边组织架构中的一个新趋势是组织活动中出现了新的维度或成分，而对专家群体、妇女、年轻人、中小型企业和公民社会等目标受众的关注可以对此进行解释。缺乏民主合法性是一个必须严肃对待的问题，这不仅适用于具有精英主义色彩的欧盟，也包括其他行使监管职能的多边组织。让独立成员或成员国的国家议会代表团参与多边组织的活动①，有助于实现民主合法性。

---

① Nye J.，"Globalization's Democratic Deficit：How to Make International Institutions More Accountable"，Foreign Affairs，Vol. 80，No. 4，2001，pp. 2 – 6；Prokhorenko I. L. main ed.，and Varnavsky V. G.，Strezhneva M. V.，Kharitonova E. M. eds.，*Mezhparlamentskie instituty v mirovoi politike*（*Inter-Parliamentary Institutions in Global Politics*），Moscow：Ves' mir，2020.

世界贸易组织（WTO）、国际货币基金组织（IMF）、世界银行（WB）以及G7和G20等全球监管机构已经建立了议会网络[①]、国家议会议长峰会[②]和其他形式的议会间合作机制。特别是在2002年，各国议会联盟和欧洲议会率先倡议召开议会世贸大会。议会世贸大会现在每年召开，但其职能在世界贸易组织正式框架之外，且尚未获得作为议会大会应有的地位和权力。

此类互动包括多种非正式讨论，并能在国家框架之外采纳约束性的国际决策。这些机制提供了更正式的沟通场所，以便筹备关于全球共同重大议题的非约束性全球决策。[③]

当代世界秩序中的变革趋势，一方面包括长期的多中心化趋势，另一方面新中美两极化形势显现。这些趋势导致国际体系的重构，影响全球治理动态和国际组织的活动，其中一些机构（联合国和世界贸易组织）已经设定了内部改革任务，而其他组织正在扩展机制形式和活动范围[④]。

此外，国际组织已经有效处理的全球性问题为多边合

---

① 世界银行和国际货币基金组织的议会网络成立于2000年，该网络对各国议会成员独立参与开放。

② G7自2002年开始举行议长峰会，G20自2010年开始举行议长峰会。

③ Strezhneva M. V.，“Parlamentskie seti v transnatsional'nom ehkonomicheskom upravlenii”（Parliamentary Networks in Transnational Economic Management），Vestnik Permskogo Universiteta，Seriya：Politologiya，No.2，2018，pp.5－20.

④ 例如，G20已不再单纯是政府或国家首脑、财政部部长及中央银行行长讨论财经政策问题的排他性俱乐部。

作创造了新的动力，但也产生了新的国家间矛盾。这些矛盾会加剧竞争，并强化了世界发展和全球治理议题中的分歧。我们不能否认逆全球化趋势的存在，它兴起于国际金融危机，并在新冠肺炎疫情期间得以蔓延；我们也不能忽视对国家关切和外交政策的偏见。与此同时，国际社会也收到了若干积极信号。例如，2021 年 11 月的格拉斯哥气候峰会上，美国和中国，即世界两大首要温室气体排放国，签署了采取行动以对抗气候变化的宣言。

（马思远　译）

以真正的多边主义重塑全球治理

冯仲平[*]　贺之杲[**]

全球化与全球治理呈现出非线性、多样化和多维度的发展轨迹，全球治理面临“谁来治理全球问题”转向“如何治理跨国事务”的问题。在全球治理话语下，多边主义是其基本特征之一，背后是强化何种多边主义以及如何强化多边主义的问题。现有多边主义框架是美国在第二次世界大战后主导建立的，但随着全球性问题日益突出、新兴经济体群体性崛起以及大量非国家行为体出现，既有多边主义规则和制度无法满足全球治理的新要求。考虑到解决全球化问题和维持全球治理效力的机会窗口正在缩小，我们需要积极挖掘多边主义路径来进一步提振全球治理。

---

* 中国社会科学院欧洲研究所所长。

** 中国社会科学院欧洲研究所副研究员。

一　全球治理的困境

后疫情时期的全球治理需要以真正的多边主义为基石，面向全球共同利益，化解全球化带来的权力碎片化、民粹主义冲击等问题，提高治理合法性和有效性，防止全球治理秩序的衰败。

（一）单边主义和保护主义对全球治理的冲击

全球治理遭到单边主义、保护主义、排外主义和国家主义等“零和思维”的冲击，越来越多的国家政府无法承诺或支持建立更牢固的多边关系。与此同时，它们认为全球化和全球治理侵犯了国家主权，限制了民主决策。单个国家或国际组织显然不能独自应对，单边主义或霸权主义路径无法保证全球治理。同时，面对全球挑战，如果一个国家在全球范围内最大限度地谋取国家利益，那么通过多边方法实现双赢战略将变得更加困难。最为明显的例子是美国的战略调整极大地冲击了现有全球治理体系，尤其是特朗普政府的战略调整成为多边主义全球治理陷入困境的主要因素。除了单边主义和保护主义等思潮对全球治理体系的冲击，全球治理还面临着区域化（或板块化）治理的挑战。但国家间的联系比以往任何时候都更加紧密，更需要多边治理。

（二）全球治理体系本身面临的困境

治理鸿沟部分源于跨国问题的规模超出了国家和国际机构的治理能力范围。近年来，传统的多边合作已达到极限。比如，《联合国气候变化框架公约》框架下的国际气候协定的达成可能需要花费很多年，并且还面临着实施困境；世界贸易组织框架下的多哈回合谈判进度缓慢，并陷入停滞。全球治理体系内生出两种主要竞争形式：一是国际权威的政治化；二是反制度化。[①] 正是由于西方主导的基于规则的秩序（或称自由国际秩序或自由开放秩序）日益无法维持体系内部的正常运行，西方国家主导的影响力和势力范围之争可能带来紧张局势和冲突，并导致边界关闭、全球化终结、多边主义双赢路径的中断，继而造成全球治理的动荡和衰落。但是，全球治理体系内部的紧张关系又促进了对治理体系改革和调整的需求，以消除多边治理的缺陷。因此，全球治理体制会出现深化和衰落的并行演进、对抗与合作共存的局面。

（三）新冠肺炎疫情等新全球议题对全球治理的挑战

新冠肺炎疫情加速了疫情暴发前已出现的全球治理动荡和离散趋势，例如多边制度和规则被侵蚀、去全球化趋

---

① Michael Zürn, "Contested Global Governance", *Global Policy*, Vol. 9, No. 1, 2018, pp. 138 - 145.

势加快等。新冠肺炎疫情暴露了全球贸易和供应链、产业链的脆弱性，同时也表明领土边界并不能提供保护与豁免。新冠肺炎疫情造成全球范围内较为惨重的经济损失，世界经济陷入衰退。国际货币基金组织2021年10月发布的《世界经济展望报告》显示，2021年全球经济持续复苏但势头放缓，预计全年增长率为5.9%，较7月的预测值下降0.1个百分点。根据德国发展研究所的研究，由于新冠肺炎疫情影响，全世界陷入极端贫困的人口数量将额外增加大约7000万人，每天生活费不到两美元。[①] 这意味着已经处于赤贫状态的6亿人将再增加10%以上，更不要说还有大量人口处于非赤贫但非常贫困水平。并且，疫情对不同收入水平的人带来的影响是不成比例的，从而加剧了不平等。比如，全球性别工资差距为16%，女性首当其冲地遭受了疫情带来的经济和社会后果，因为非正规部门工作的女性人数多于男性，更容易失去生计。新冠肺炎疫情进一步刺激了单边主义和保护主义倾向，比如一些国家利用疫情危机来煽动民族主义情绪。疫情下的民粹主义使得本已脆弱的全球治理面临新的打击，并强化了全球治理体系的内在困境。

当今国际社会比以往任何时候都更加复杂，存在着诸多相互交织的全球挑战，如增长乏力、气候变化、流行病

---

① Mario Negre, Daniel Gerszon Mahler and Christoph Lakner, "Covid－19, Poverty, and Inequality: Growing Inequality can Worsen the Pandemic's Effects", *Deutsches Institut für Entwicklungspolitik*, June 18, 2020, https://www.die-gdi.de/en/the-current-column/article/growing-inequality-can-worsen-the-pandemics-effects/.

和难民等。全球治理具有高度竞争性，即深化合作的需求不断增加与国际社会集体行动的意愿下降之间存在着根本性的矛盾。这些挑战还将外溢到全球治理的社会和政治维度，影响全球治理架构和规范的发展。多边主义作为增进所有国家和民众福祉的手段，正被另外一个话语叙述替代，即大国博弈和地缘政治回归，以及单边主义和民粹主义行动。因此，全球治理迫切需要我们提供令人信服的多边主义规范叙事和合作路径。

二 全球治理呼唤真正的多边主义

面对全球问题，全球治理存在不同的解决路径，比如多边主义、地区主义、双边主义和单边主义是相互关联但又复杂交织的概念。考虑到国际关系的本质，双边主义和单边主义是民族国家通常采用的外交政策工具。单边主义是霸权国家的首选行动方式。但是，单边主义行动通常被认为是缺乏合法性的，会损害霸权国家的软实力。双边主义是在政策优先的基础上，并根据具体情况改变其目标和优先次序。鉴于当前世界政治及其特定结构条件（权力分配和主权原则的扩散）所面临的挑战，多边主义是国际行为体必不可少的外交战略选项，即三个或更多参与者在国际政治中的外交互动形式。联合国、世界银行、国际货币基金组织、世界贸易组织构成了多边主义的核心框架。并且，多边主义的价值规范和原则已载入《联合国宪章》，是全球范围内公认的具有宪法价值的唯一普遍性原则声明。

（一）多边主义的理论解读

全球挑战的全球性和相互关联性呼吁超越国界的解决方案。多边主义本身是一个综合方法，促进国家、地区机构和国际组织之间的伙伴关系，以解决共同面临的全球问题。约翰·鲁杰（John Ruggie）认为多边主义需要满足三个特点：不可分割性，强调多边主义以社会构建的公共产品为基础；普遍的组织原则，强调多边主义反对歧视；互惠扩散，强调多边主义是互惠互利的。[①] 此外，多边主义不仅代表一种特定的外交手段，还代表着对外交政策的某些原则、实质性目标和方式的承诺，以及一系列基本价值观念。因此，多边主义指的是将两个以上行为体的协调外交互动与国际组织框架内的行动结合起来，以某些原则和规范为导向，并根据构成这些组织基础的规则和条例行动。

多边主义既有目的属性又有工具属性，既是一种策略，也是一种理念。多边主义不仅意味着世界政治的规制和治理路径，还强调国家通过具体的外交方式寻求建立、维持和发展一种特定的国际规范秩序。也就是说，多边主义代

---

① John Ruggie, *Multilateralism Matters: The Theory and Praxis on an International Form*, New York: Columbia University Press, 1993.

表着一个国家实现其目标的手段，也代表着实现其目标的规则体系和规范框架。一方面，多边主义确定执行政策路线的手段，指向的是外交政策行为而不是国际政治的实质和目标。简而言之，多边主义是一种实现全球治理和国家合作的外交途径。美国追求的多边主义侧重工具属性和策略维度。比如，美国的国际合作理念不可避免地受到其国情、利益和政治文化的影响。当欧美利益朝着不同的方向发展时，欧美会毫不犹豫地采取自己追求的多边主义方式。也就是说，多边主义本身并不是目的，而是一种追求利益的方法，通过各种类型的国家行为方式落脚到制度化的合作形式。另一方面，多边主义作为一个过程，始终追求特定的目标。多边主义包含某些程序和原则，传递规范和价值观，与国际秩序理念密切相关。因此，多边主义不仅是一种政策选择或具体的外交方式，如多边主义弥合分歧、降低紧张局势、赋予利益攸关方特定地位、解决方案，更是解决当今世界政治问题的正确和适当答案，具有规范价值的附加意义。目前，多边主义的争论焦点不仅仅是多边主义及其外交政策本身，而更多的是关于哪些原则、价值观和国际组织决定国际秩序并塑造国际格局。

对于多边主义的类型，存在多种解读与分类标准（详见表 1），并且较为模糊。最简单的多边主义分类标准是基于数量和规模，如全球多边主义、区域多边主义和小型多边主义。多边主义还存在基于质量和性质的划分标准，比如马里奥·泰洛（Mario Telo）区分了两种多边主义，一是传统的发源于威斯特伐利亚范式内的国际多边合作；二是超越国家的治理，[①] 欧盟是后一种多边主义的践行者与倡导者。此外，多边主义还存在“真正的多边主义”和“有选择的多边主义”的分野。随着多边主义进入新的阶段，多边主义2.0的特征是多边组织的多样化、非国家行为体日趋重要、政策领域之间的议题联结度提高、公民参与的深度和广度递增。全球治理体系变迁和行为体组合的变化对多边主义提出了新的要求。真正的多边主义将是全球治理议题新发展、全球治理新的权威结构（多层、多元主体的共存）制度化的必然要求。

表1　　多边主义的类型化分析

多边主义类型	
基于数量的多边主义	基于质量的多边主义
威斯特伐利亚范式内的多边主义	超越国家的多边主义
作为目的的多边主义	作为手段的多边主义
基于策略的多边主义	基于规范的多边主义
小型多边主义	复杂多边主义
排他性多边主义	包容性多边主义
全球多边主义	地区多边主义
有选择的多边主义	真正的多边主义

资料来源：笔者自制。

① ［比］马里奥·泰洛：《欧洲国际关系理论的发展与中欧对话》，肖莹莹，赵晨译，《世界经济与政治》2020年第1期。

（二）主要国际行为体对多边主义的看法

美国的国际合作理念不可避免地受到其国情、利益和政治文化的影响。当多边主义合作不符合美国利益时，美国会毫不犹豫地采取自己追求的多边主义方式或者转向单边主义路径。美国外交关系协会斯图尔特·帕崔克（Stewart M. Patrick）区分了拜登政府时期四种不同的多边主义模式，一是强调合法性，以《联合国宪章》所代表的世界秩序；二是强调团结性，以重组国际俱乐部的新形式；三是强调能动性，以调和、更新19世纪大国联盟框架；四是强调灵活性，以联盟模式采取定点合作的方式。[①] 西方世界对多边主义的看法存在差异。一种观点是多边主义本身并未过时，多边主义危机不是缺乏多边规则，而是受到多边规则束缚的国家越来越少。多边主义的危机和衰退是因为部分国家背弃多边主义，或者多边主义变为部分国家追求自身特定利益的工具。多边主义的提振需要个别国家做出更多的承诺。另一种观点是多边主义不仅效率低下，而且无法维护基于规则的国际秩序。多边主义的重组需要对多边秩序进行根本性的修正。美国侧重第二种叙述；欧盟似乎更倾向于遵循第一种叙述，但有迹象表明欧盟正在转向第

---

① Stewart M. Patrick, "The Four Contending Approaches to Multilateralism Under Biden", *World Politics Review*, May 24, 2021, https://www.worldpoliticsreview.com/articles/29675/on-foreign-policy-us-mulls-what-comes-after-the-liberal-international-order.

二种叙述。

多边主义是欧洲主流政治话语，也是其对外政策理念的基石。欧盟在2003年的安全战略报告中提出了“有效多边主义”（effective multilateralism）的概念。2019年6月，欧盟理事会通过了一项关于欧盟加强基于规则的多边主义的行动的结论。欧盟更需要促进多边解决方案，因为有效多边主义合作是促进国家和集体利益的最佳途径。欧盟加强多边体系将基于三方面的行动：坚持国际规范和协定、将多边主义扩展到新的全球现实、改革多边组织使其与目标匹配。[①] 2021年2月，欧盟委员会发布与欧洲议会和理事会的联合通讯《加强欧盟对基于规则的多边主义的贡献》。文件重新定义了欧盟的多边主义立场和战略重点，阐述了欧盟加强多边体系的行动方向和计划。欧盟坚持多边主义的两大战略重点，一是促进全球和平与安全，共同应对全球恐怖主义和跨国犯罪；二是重建新冠肺炎疫情后的全球卫生系统及供应链，推动绿色、数字化、包容、可持续的全球复苏。[②] 欧盟加强多边体系将基于三个方面的行动：坚持国际规范和协定，将多边主义扩展到新的全球现实，改

---

① Council Conclusions: EU Action to Strengthen Rules-based Multilateralism, June 17, 2019, https://data.consilium.europa.eu/doc/document/ST-10341-2019-INIT/en/pdf.

② European Commission, Strategy on Strengthening the EU's Contribution to Rules-based Multilateralism, February 17, 2021, https://eeas.europa.eu/sites/default/files/en_strategy_on_strengthening_the_eus_contribution_to_rules-based_multilateralism.pdf.

革多边组织使其与目标匹配。同时，欧盟成员国也存在关于多边主义的理念和路径。德国和法国提出“多边主义联盟”倡议，[①] 其驱动因素是大国之间的竞争和民族主义的发展导致世界秩序在政治、经济和社会方面日益碎片化，德国和法国等一部分志同道合的国家致力于促进多边主义，稳定基于规则的世界秩序，并适应新的挑战。2021 年 5 月，德国出台了第一份以多边主义为主题的白皮书，题为《21 世纪的国际合作：为了全人类的多边主义》。该白皮书将成为“德国对外关系行为指南”，划定德国参与多边主义活动的范围。[②]

俄罗斯与多边机构的接触受到俄罗斯外交政策长期愿景的指导，尤其是国际格局从美国主导的单极秩序转向多极化。俄罗斯首选多边平台式的联合国，认为通过联合国开展多边合作可发挥俄罗斯的优势。强调成员国的平等，承诺不侵犯主权，坚持协商一致。当然，在没有直接利益关切或缺乏专业知识的领域，俄罗斯不会在多边合作上投入太多精力，最好的例子是俄罗斯加入世界贸易组织的过程。[③] 同时，俄罗斯不认可基于规则的多边秩序，因为规则

---

① Alliance for Multilateralism，https：//multilateralism. org/.

② Federal Foreign Office，“International Cooperation in the 21st Century：A Multilateralism for the People”，May 19，2021，https：//www. auswaertiges-amt. de/en/aussenpolitik/multilateralism-white-paper/2460318.

③ Alexander Gabuev and Elena Chernenko，“What Russia Thinks About Multilateralism”，Project Syndicate，August 20，2019，https：//www. project-syndicate. org/commentary/russia-multilateralism-international-law-by-alexander-gabuev-and-elena-chernenko-2019 –08.

的制定由欧美主导。在一个缺乏国际法和《联合国宪章》原则治理的国际秩序中，俄罗斯倾向于大国协调与多边合作的结合，从而更好地巩固俄罗斯的主权和大国地位。基于此，俄罗斯认为中俄两国应继续在国际组织中协调立场、坚持原则，并向其他国家阐释两国立场，以共同维护多边主义。[①]

对于多边主义，中国经历了从学习到接受再到坚决主张和积极实践的过程。中国开展多边外交经历了一个不断学习的过程，从学习到接受再到倡导。这背后是中国外交战略从“刺激—应对”向“积极塑造”的外交模式的转变。中国认为部分西方国家借多边主义之名拼凑小圈子，搞意识形态对抗，反对打着所谓“规则”旗号破坏国际秩序、制造对抗和分裂的行径。并且，多边主义需要以《联合国宪章》宗旨和原则为遵循，在平等和相互尊重基础上开展对话合作。联合国是多边主义的旗帜。[②] 从政策实践看，中国主导设计和构建多边合作机制，更为主动和积极地参与多边外交实践。中国与东盟建立的“10+1”机制，上海合作组织等多边框架保证了中国与周边多数国家的安全与发展。中国推动金砖机制和亚洲基础设施投资银行等多边机构助推了全球治理体系的改进。从理论构建来看，

---

① 《俄罗斯驻华大使：中俄坚持维护多边主义》，人民网，2020 年 12 月 31 日，http：//world. people. com. cn/n1/2020/1231/c1002 - 31985648. html。

② 《中国联合国合作立场文件》，外交部，2021 年 10 月 22 日，https：//www. fmprc. gov. cn/web/ziliao_674904/tytj_674911/zcwj_674915/t1916136. shtml。

中国坚持多边主义，反对排他性和歧视性的原则，弘扬和平、发展、公平、正义、民主、自由的全人类共同价值。中国从人类共同利益着眼倡导包容性多边主义，以“道义为先，讲信重义；平等协商，以理服人；和而不同，开放包容；循序渐进，广聚共识”[①] 的理念推进多边主义。中国认为践行真正的多边主义“要合作共赢，不要零和博弈；要公平正义，不要霸凌霸道；要聚焦行动，不要坐而论道；要尊重多样，不要唯我独尊”。[②] 当前，百年变局和世纪疫情交织叠加，世界进入动荡变革期，不稳定性不确定性显著上升。但中国的基本判断是，当前及未来较长时期内世界多极化趋势不会发生根本改变，经济全球化展现出新的韧性，维护多边主义、加强沟通协作的呼声更加强烈。

尽管多边主义陷入困境成为共识，但多边主义并未过时。正如多边主义理论存在多重视角，多边主义实践存在多种类型，我们需要对多边主义的规范基础和具体内容需要达成共识，多边主义的核心是什么，要实现什么目的，兼顾何种利益和价值观。就算全球社会针对多边主义的原则、价值观和目标达成共识，多边主义的具体实施路径仍需要尽可能地达成共识。

---

① 外交部政策规划司：《以习近平外交思想为指引深入推进中国特色多边主义》，《学习时报》2019 年 10 月 25 日，http：//www. qstheory. cn/llwx/2019 - 10/25/c_1125151043. htm。

② 李晓宏、张梦旭：《维护和践行真正的多边主义》，《人民日报》2021 年 6 月 7 日第 3 版。

三　推进多边主义合作的路径

未来的国际秩序需要为高度相互联系和相互依赖的世界提供一套规范和安排，这迫切需要多边主义合作的推进路径。呼吁和宣扬支持多边主义是简单的，但如何推进多边主义合作是摆在各国面前的最大问题。重塑全球治理和推动新一轮全球化需要真正的多边主义释放动力。真正的多边主义通过大国合作发挥引领作用，地区组织发挥纽带作用，发展中国家发挥基石作用，非国家行为体发挥补充作用，从而更好地实现全球治理的改革与完善。

（一）多边主义需要大国合作承担全球治理领导者角色

作为一种有效的外交话语和政策手段，多边主义需要依赖双边主义，推进多边合作框架之内的双边关系。也就是说，没有密集的双边互动，多边合作和协商难以为继。因此，假如双边主义无法被视为多边主义的组成部分，多边谈判的承诺便无法保证，多边主义的成果也难以落实。全方位双边合作是基础，多边合作对双边合作具有助推、创新的作用。反过来，双边关系的提升不仅有助于彼此能获得更多的信息，增加相互理解和消除误解，加强相互信任，继而有助于合作氛围的提升和合作习惯的形成，形成多边平台和双边关系的良性互动。

真正的多边主义依赖强大的多边领导者角色。大国合作是多边领导者角色的重要维度，多边协议需要密集的双边外交和大国合作。这需要大国共同关注议程、设定谈判的截止日期、探索折中方案的可能性，有效实施已达成的协议，从而提升全球治理的有效性。因此，中美欧俄等大国需要拓展多边主义合作议程，提升战略互信水平，强化多边主义合作的政治基础。并且，中美欧俄等大国需要在联合国框架内加强合作，毕竟联合国是当今世界上最有广泛性、权威性的和最大的政府间国际组织，[①] 具有其他国际组织不能代替的独特影响力。同时，国际货币基金组织、世界银行、世界贸易组织等全球性国际组织维持现有国际秩序。不同于传统的协定性国际组织，大量不设置常设机构的论坛性国际组织（如 G7 和 G20）在全球治理中发挥的作用日益重要，中美欧俄在全球治理平台上寻求多边主义合作的最大公约数。

（二）多边主义需要地区组织发挥全球治理的纽带作用

全球化与碎片化伴随着一体化的发展，更加地区化的世界体系是冷战后的世界常态，地区逐渐被认为是介于国家和全球之间的中间或过渡层次，其不仅是一个物质意义

---

① 《中国关于联合国改革问题的立场文件》，新华网，2005 年 6 月 7 日，https：//www. chinacourt. org/article/detail/2005/06/id/165465. shtml。

的地理区域，还是一个社会互动的特定空间。多边化地区主义正成为连接地区主义和多边主义的桥梁，也是联结国家治理与全球治理的纽带。从全球主义与地区主义的关系来看，一方面，两者是此消彼长的关系，正是因为全球主义公共产品供给不足，地区主义才有机会提供公共产品。另一方面，两者是互相补充的关系，全球化赋予地区一体化新的内涵，同时，全球治理对于多数国家而言过于庞杂和难以驾驭，地区范围的行动取向则是一个次优的选择，地区组织在一定程度上保证了一个地区内人员、资本、商品和服务的自由流动。欧盟、东盟、非盟、阿盟、拉共体等地区组织在地区治理和全球治理中的地位和作用越来越凸显。截至 2021 年 6 月，349 个区域贸易协定生效，[①] 区域贸易协定的数量和范围都有所增加。地区主义取向更能适应全球社会板块化的新变化以及国家民粹主义的倾向。

以地区一体化组织为锚，推动包容性的地区合作。中国通过与欧盟、东盟、非盟等地区一体化组织强化伙伴关系，基于功能主义和务实渐进的逻辑为地区主义和跨地区间合作注入新的动力，融合非正式制度主义和灵活制度主义，平衡基于共识的实用主义与弹性的合作主义，实现地区主义与全球主义在多边主义合作过程中的有效互动。

---

① Regional trade agreements, World Trade Organization, June 15, 2021, https://www.wto.org/english/tratop_e/region_e/region_e.htm#committee.

2021 年 4 月，欧盟出台《欧盟印太合作战略报告》，强调以东盟为中心推进地区治理。鉴于“多边外交”是欧盟参与印太地区的首选手段，东盟是欧盟伙伴关系网络建设的核心，中欧可共同经略亚（印）太地区。在非洲地区，中欧探索第三方市场合作的新形式，在地区发展援助、基础设施建设等方面夯实中欧非多边合作。

（三）多边主义需要发展中国家发挥基石作用

全球发展应当坚持发展优先，强调普惠、均衡、包容发展，努力构建全球发展命运共同体。普惠发展要求各国、各阶层共同分享经济全球化带来的利益，弱势群体是关注的重点。从社会层面来看，全球不平等是全球化的伴生物，被边缘化的个体和社会不利于整个社会的稳定。日益严重的经济不平等经过危机得以放大和凸显，强化了全球化赢家和全球化输家间的政治断裂。疫情带来的经济衰退可能会加剧并持续更长的时间。在全球化时代，全球产业链、供应链和价值链形成了一个闭环，无论哪个环节出现问题都会对全球经济产生连锁式破坏效应。疫情造成各国的“自我封闭”，并加大了去全球化、逆全球化和反全球化的可能风险，区域化、国家化、本土化暴露了全球化的脆弱性。但是，以智能化、网络化、数字化为核心特征的新一轮工业革命决定了未来全球治理变革的主流方向和主导逻辑必然是多边主义。[①] 这需要构建包容性全球价值链，其核心是低收入发展中国家及其中小企业能够克服障碍并融入全球价值链。

新增长是手段，而非目的。如何管理疫情后的经济社会后果，可能存在“快复苏”与“巧复苏”之间的权衡。新冠肺炎疫情造成的经济社会后果需要各国政府和国际社会共同承担责任，不仅需要采取反周期（counter-cyclically）行动来刺激增长，比如优先考虑根据《巴黎协定》促进绿色转型的投资，还要积极支持较低收入地区人民的生计。这需要将深化和扩大社会保护作为优先事项，并加强其他有利于减少不平等的政策，比如累进税收和对农村基础设施的投资。疫情出现后，国际社会有所行动，比如 G20 承诺向全球经济注入 5 万亿美元应对疫情及其影响，国际货币基金组织和世界银行通过紧急融资、技术援助等方式帮助成员国应对疫情。同时，大规模复苏计划需要大量的财政资源，但是低收入国家面临有限的财政空间，这将需要通过金融、技术和知识方面的发展合作或援助获得外部支持。也就是说，全球治理在一定程度上遵循治理最薄弱环节的方式，比如全球公共卫生治理效果取决于能力最有限的国家。中国积极参与并落实 G20“暂缓最贫困国家债务偿付倡议”，宣布向 77 个发展中国家和地区

---

① 谢伏瞻：《论新工业革命加速拓展与全球治理变革方向》，《经济研究》2019 年第 7 期。

暂停债务偿还。[①] 此外，中国提供20亿美元的援助，并帮助世卫组织“新冠肺炎团结应对基金”在华筹资。因此，全球治理需要一种包容性的多边方案，需要更广泛、更深入扎根于社会，更关切到每个个体。

（四）多边主义不仅需要国家参与多边合作，也需要非国家行为体积极融入多边合作

全球体系变化（尤其是全球化进程）导致跨主权问题的数量增加和强化，对全球公共产品的需求也日益增加，与此相关的是包容性和多主体的全球治理机构内的公私合作呈现制度化趋势。新的多边主义要与私营部门有更多互动，这样才能实现全球治理的部分目标。目前，行政主导的多边主义的特点之一是国家政府代表或政治精英之间的非公开谈判和讨价还价，有意识地与公众监督或参与相隔离。鉴于当前世界政治及其特定结构条件面临新的变化，比如权力分配的外延和主权原则的扩散，非国家行为体在多边合作中发挥的作用越来越重要。随着国际社会更加多元、国家间相互依赖更加深化，国际组织在全球治理中的作用不断提升，在国际关系中的地位不断上升，比如国际组织所涉议题领域更加广泛，治理功能更加凸显。根据国际协会联盟（UIA）2020年的统计数据，共有300个国家

① 国务院新闻办公室：《抗击新冠肺炎疫情的中国行动》白皮书，2020年6月7日。

和地区的 7.3 万个国际组织，其中包括 4.1 万个活跃的国际组织，涵盖范围包括政府间组织和国际非政府组织，同时每年大约增加 1200 个国际组织。[①] 它们充分发挥各专业性平台等非官方或半官方机构的作用，依靠较强的专业背景和资源，构建全方位、多层次、宽领域的多边合作框架。

真正的多边主义不仅体现在公共和私人行为体都享有会员资格和参与权，还体现在不同发展阶段、发展模式国家的平等参与。其一，真正的多边主义可以提高代表权，赋予新兴市场国家更多的代表性，提升最不发达国家的发言权，让所有国家和国际行为体成为规则制定的参与者。其二，真正的多边主义可以弥合治理鸿沟，特别是减少行政多边主义主导的全球治理产生的“输入或过程合法性”以及“输出合法性”等缺陷。其三，真正的多边主义可以促进全球治理公私伙伴关系，重新安排关于权力和资源分配、国家与社会关系的博弈规则和制度安排。真正的多边主义可以让所有利益相关者平等地发表意见和关切，并且非国家行为体的代表也可以参与对话。这一方面可以更好地反映所有参与者在相关议题上的需求和期望，另一方面可以防止强大的国家或利益集团对政策制定的控制和影响。但是，这不一定意味着所有参与者都会成为决策的一部分，因为过多的意见和输入会造成混乱和碎片化。因此，在参

---

① Union of International Associations, “The Yearbook of International Organizations”, 2020, https://uia.org/yearbook.

与多边主义合作过程中，我们必须规定非国家行为体参与外交政策行动的规则，否则竞争性的关系只会阻碍多边合作的落实。

四 结语

后疫情时期的全球治理是民粹主义与合作主义、民族主义与世界主义、单边主义与多边主义的对立与共存。尽管国家间相互依存度的不断提高带来全球治理需求的增加，国家遵守和维护国际秩序、规则，以及践行团结一致，这比仅仅追求短期和直接利益更有益处，但是全球治理无法应对负面全球化，往往会造成复杂和破坏性的连锁反应，如经济成本和危机造成的政治衰败。并且，多边合作体系面临无法遏制地缘政治回归和大国竞争的风险，越来越难以管理全球挑战。真正的多边主义是重塑全球治理的一种路径，但它将面临其他多边主义理念的竞争、美国单边主义的限制等挑战。真正的多边主义的成功还将取决于诸多前提条件，比如有关各方及其态度，不仅要对自身和他者的脆弱性和敏感性有充分的认识和分析，还要密切关注其他国际行为体对包容性多边主义的立场和态度，比如是否抱有真正兴趣，是否愿意妥协，是否愿意在互惠基础上合作，是否拥有国内支持等。现阶段，中国外交战略的最大议题不再是如何融入国际秩序，而是如何在融入与重塑现存国际秩序之间寻得平衡。中国正同时面临自身发展范式转型和世界格局变化的两个“大变局”，要努力让世界变局和中国发展实现良性互动。“一带一路”倡议的共商共建共享理念、人类命运共同体等蕴含的多边主义正成为中国外交话语核心和全球治理的“中国方案”。

联合国安理会改革——谁支持？谁反对？

德米特里·基库*

2018年6月27日，禁止化学武器组织（OPCW）被追加一项授权：该组织的技术秘书处（Technical Secretariat）有权查明并认定叙利亚化学武器事件的肇事者。此事发生在联合国安全理事会（以下简称“安理会”）改革问题长年拖延无果的背景下，值得人们警醒。禁止化学武器组织获确认责任方职权，这在第二次世界大战后尚无先例，其意图在于复制安理会的职能。一些国家显然因此受到鼓励，开始更强烈地要求安理会改革其成员资格和运作模式，试图在安理会和联合国大会（以下简称“联大”）之间推动有利于后者的权力再分配。

---

* 俄罗斯国际事务委员会专家，政治学博士。

一 不可能完成的任务?

特朗普时期的美国政府在巴勒斯坦问题[①]上反复动用否决权，阻止安理会通过不利于本国国家利益的决议草案。有鉴于此，人们不断讨论是否有必要改革安理会的运作模式和成员资格。

法国显然是凭借这股势头，早在 2013 年就提出了“行为准则”倡议，主张安理会五个常任理事国在处理涉及“重大罪行”的事件时自觉弃用否决权。据悉，有 114 个国家支持这项倡议[②]，尽管这离联合国通过此类重要决议所需的三分之二多数（128 票）尚有距离。而且，法国和支持这项决议的其他国家也应当注意到，五个常任理事国中的三个，俄罗斯、中国、美国几乎从未在此问题上表示过一致立场，并且拒绝讨论法国提出的这项倡议。

德国在当选 2019—2020 年的安理会非常任理事国之后，再次有机会就安理会改革问题发言。德国重申安理会扩员的迫切性，并且自荐加入常任理事国，这不仅是它自

---

① 奥巴马时期，美国政府曾于 2016 年 2 月 23 日对安理会第 2334 号决议投出弃权票，相当于间接谴责了以色列在巴勒斯坦境内建立定居点的行为。

② “114 Countries Have Already Supported the Initiative of Veto Powers Limits, Liechtenstein Said”, RIA Novosti, September 23, 2017, https://ria.ru/20170923/1505392044.html.

己的要求，也代表了所谓“四国集团”（德国、巴西、印度和日本）的要求。然而，由于德国驻联合国代表克里斯多夫·赫斯根对俄罗斯和中国措辞强硬，德国的主张逐渐失去了支持。时任俄罗斯联邦驻联合国代表团代办的德米特里·波利扬斯基说：“据我所知，支持德国加入安理会的国家似乎明显减少了，这是你（赫斯根）在安理会做出的最大成绩。”① 中国驻联合国代表团代理副代表姚绍俊则表示：“德国作为安理会成员的表现有负于世界和安理会的期待，因此德国通向常任理事国的道路不会平坦。”②

在联合国前秘书长科菲·安南发起的安理会改革呼吁下③，“四国集团”曾于2005年提交过一份联大决议草案，主张在当年就将安理会席位扩大到25个。④ 按照该方案的设想，安理会将增设6个常任理事国席位（亚洲2个，非洲2个，拉丁美洲和西欧各1个）和4个非常任理事国席位；该方案还规定在安理会扩容决议通过的15年后再次审议安理会

---

① “Statement by the Chargé d'affaires of the Russian Federation to the United Nations, Dmitry Polyanskiy”, United Nations Security Council, December 30, 2020, https://undocs.org/S/2020/1257.

② “Germany under Fire from China and Russia at UN”, EURACTIV.com, December 18, 2020, https://www.euractiv.com/section/politics/short_news/germany-under-fire-from-china-and-russia-at-un/.

③ “In Larger Freedom: Towards Development, Security and Human Rights for All”, General Assembly, United Nations, March 21, 2005, https://documents-dds-ny.un.org/doc/UNDOC/GEN/N05/270/78/PDF/N0527078.pdf? OpenElement.

④ “Security Council Reform”, General Assembly, United Nations, July 6, 2005, https://www.un.org/en/ga/search/view_doc.asp? symbol = A/59/L.64.

的成员国构成。这一决议须获得联合国三分之二多数成员国的赞成票方能通过，随后举行直接不记名投票，选出新的常任理事国；之后，再经联合国三分之二成员国和安理会全体常任理事国批准，将必要的修正案载入《联合国宪章》。

以“四国集团”为对手，一个名为“团结谋共识”的国家集团随之登上舞台，其成员中不乏“四国集团”国家所在地区的主要竞争者，例如西班牙、意大利、阿根廷、巴基斯坦、韩国等。“团结谋共识”集团在提交联大的决议草案中提出了一种“居中模式”的改革方案，即安理会席位扩员至25个，但新增席位均为非常任理事国并延长任期。此外，应给予这些非常任理事国在任期结束时立即连任的机会。“团结谋共识”集团也呼吁安理会常任理事国在使用否决权时有所“克制”。[①]

非洲国家则联合提交了另一份联大决议草案，呼吁安理会席位扩员至26个，其中非洲拥有5个非常任理事国席位和2个常任理事国席位。[②] 这份草案还主张新入选的常任理事国拥有与现任常任理事国同样的特权，包括否决权。

然而，以上三份决议草案最终均未在联大上付诸表决，原因是起草者没能找到必要数量的支持者。草案涉及的议

① “Reform of the Security Council”, General Assembly, United Nations, July 21, 2005, http://csnu.itamaraty.gov.br/images/21._A_59_L_68_Uniting_for_ Consensus.pdf.

② “Reform of the Security Council”, General Assembly, United Nations, July 18, 2005, https://www.auswaertiges-amt.de/blob/231612/c0f60bf9389b16748e277453d04cd341/draft-resolution-african-union-data.pdf.

题过于敏感，联合国恐怕因此会有分裂之虞。在 2005 年的世界首脑会议上，各国一致决定继续以政府间磋商的方式推进联合国改革，设法拉近彼此相异的立场。

至于现任的联合国秘书长古特雷斯能否推进新一轮改革，我们不妨回顾一下他在 2018 年 4 月的讲话，当时他指出安理会与当代的实际情况脱节，否决权被一些常任理事国滥用。这一讲话的背景是美俄在叙利亚问题上的对抗正在持续升级。古特雷斯还指出，要彻底改革联合国，安理会必须首先有所改变。[①] 不少专家将此解读为古特雷斯支持法国“限制否决权”的主张，这在总体上也是“团结谋共识”集团和古特雷斯的出生国葡萄牙的立场。

古特雷斯在他的第二个五年任期（到 2026 年 12 月为止[②]）中究竟能在多大程度上推进前任秘书长们，尤其是科菲·安南致力推动的联合国及安理会改革，目前仍属未知。毕竟这是一项极其耗时耗力的任务。

二 俄罗斯的利益

俄罗斯向来支持改善安理会的代表性，同时认为成员

① “UN Secretary General Announced the Beginning of a New Cold War”, Ria Novosti, April 23, 2018, https://ria.ru/20180423/1519181166.html.

② “General Assembly Confirms Guterres as the UN Secretary General for the Second Term”, UN News, June 18, 2021, https://news.un.org/ru/story/2021/06/1404942.

数量应该有所节制，以确保安理会能在应对新威胁和挑战时做出充分、迅速的反应。在俄罗斯看来，安理会成员数量应当设定为“二十出头”，不同于一些国家和国家集团提出的更流行的方案——将安理会席位扩员至 25 个或 26 个。[①] 在改革安理会运作模式方面，俄罗斯的利益主要在于维护现状，维护包括否决权在内的常任理事国特权。

俄罗斯在 21 世纪初一度支持“四国集团”加入扩大版的安理会，但这一方针如今显然有所调整。调整的原因一方面在于国际地缘政治局势的发展，另一方面则是由于俄罗斯同这些国家的国际互动实质发生了变化。正如俄罗斯联邦外交部部长谢尔盖·拉夫罗夫在 2018 年 5 月所言：“像印度和巴西这样的国家，可以成为安理会常任理事国的有力候选。”

鉴于柏林方面贸然对俄罗斯施以单边制裁，而且仰仗美国，短期内俄罗斯不可能支持德国加入常任理事国。此外，由于日俄和平条约迟迟未能签订，日本又对俄罗斯存在领土声索，2013 年 4 月安倍首相在莫斯科无功而返，没能取得俄罗斯对日本入常诉求的支持。

从国家利益的角度看，俄罗斯有理由支持巴西、印度（2021—2022 年担任安理会非常任理事国）和南非（俄罗

① “Statement by Permanent Representative V. A. Nebenzya at an Informal Meeting of the UN General Assembly on the Issue of Equitable Representation in the UN Security Council, Expansion of Its Membership and Related Issues”, Permanent Mission of the Russian Federation to the United Nations, June 6, 2018, https://russiaun.ru/ru/news/ga060618.

斯的金砖国家伙伴）加入常任理事国，因为这些国家都呼吁全面加强国际法。在明面上，金砖国家组织跨越了“东方—西方”和“北方—南方”的界线，不遵循军事和政治集团的逻辑，因而可以成为一种新的国际关系典范。

（甄卓荣　译）

全球治理非中性与金砖合作

徐秀军[*]

2009 年 6 月，巴西、俄罗斯、印度和中国领导人在俄罗斯叶卡捷琳堡举行了首次会晤，并确定了每年一次的定期会晤机制，从而使“金砖四国”（BRICs）[①] 实现了从一个经济学概念向一个国际对话与合作平台的实质性转化。在其后不到两年的时间里，金砖四国进行了成立以来的第一次扩员，吸纳非洲第一大经济体南非为正式成员，金砖四国随即变为“金砖国家”（BRICS）。南非的加入，使金砖国家成为一个更加具有代表性的新兴经济体合作机制。从地域构成来看，金砖国家五个成员来自世界五大洲中的亚洲、欧洲、非洲和美洲；从人口规模来看，金砖国家的总人口为新兴市场与发展中国家的 50% 以上；从国土面积来看，金砖国家的总领土面积约为新兴市场与发展中国家的 40%。金砖国家的崛起意味着这些国家包括经济、政治

* 中国社会科学院世界经济与政治研究所研究员。

① Jim O'Neill, “Building Better Global Economic BRICs”, *Global Economics Paper*, No. 66, New York: Goldman Sachs, 2001.

和文化等方面在内的综合国力的提升，标志着金砖国家在全球事务中的作用逐渐从边缘移向中心。更重要的是，金砖国家的崛起将会推动不合理的国际社会利益分配格局和一些不合理的国际规则发生改变。

金砖合作机制的形成与发展对于加强五国之间的经贸合作与政策协调具有十分重要的意义。但是，国际社会对于金砖合作机制的现状与未来的认识和评价不一。一些乐观的分析家认为，在国家层面，金砖国家投资潜力大、经济发展前景广阔，这为金砖合作机制打下了坚实基础；① 在国际层面，金砖国家正在打破少数国家长期垄断全球经济事务的不公平局面，反映出国际社会的发展和进步，因而具有强大的生命力。② 而一些持悲观论调的学者则强调五国在政治制度、经济规模、经济结构和文化传统等方面的差异，难以形成一个团结的整体。③ 其中，美国著名学者约瑟夫·奈（Joseph S. Nye）曾多次撰文指出，金砖国家之所以难以形成一个紧密的联盟，其原因在于五国之间尚不存在

---

① Goldman Sachs, ed., *BRICs and Beyond*, London: Goldman Sachs, 2007; Leslie Elliott Armijo, "The BRICs Countries (Brazil, Russia, India, and China) as Analytical Category: Mirage or Insight?" *Asian Perspective*, Vol. 31, No. 4, 2007, pp. 7 – 42.

② Jack A. Smith, "BRIC Becomes BRICS: Emerging Regional Powers? Changes on the Geopolitical Chessboard", *Global Research*, January 16, 2011; General L. Ivashov, "BRICS and the Mission of Reconfiguring the World: An Alternative World Order?" *The 4th Media*, June 17, 2011.

③ Theodor Tudoroiu, "Conceptualizing BRICS: OPEC as a Mirror", *Asian Journal of Political Science*, Vol. 20, No. 1, 2012, pp. 23 – 45; Ruchir Sharma, "Broken BRICs: Why the Rest Stopped Rising", *Foreign Affairs*, Vol. 91, No. 6, 2012, pp. 2 – 7.

减少分歧与差异的“黏合剂”。[①] 这些论争和分歧所折射出来的一个焦点问题是，如何评价金砖国家崛起过程中建立起来的多边合作机制及其对当今世界所产生的深远影响。这一问题不仅涉及对金砖国家现状与未来的客观分析，更引发了我们在新的时代背景下对全球治理机制变迁的理性思考。

在一些以权力为基础的（power-based）传统理论中，世界格局被刻画成国家之间的实力对比以及由此确定的国家在国际体系中的排列次序。[②] 并且，由于美国在第二次世界大战后取代大英帝国一跃成为超级大国，确立了其全球霸权地位，促使一些学者建构“霸权稳定论”和“霸权合作模式”为所谓的“美国治下的和平”（Pax Americana）寻找理论支持。[③] 其中，查尔斯·金德尔伯格（Charles P. Kindleberger）以公共产品理论为基础，首先提出国际经济体系的稳定运转需要由某个霸权国家来承担“公共成本”。[④] 按照这种逻辑推演下去，对于一个开放和自由的世

---

① Joseph S. Nye, “What's in a BRIC?” *Project Syndicate*, May 10, 2010; Joseph S. Nye, “BRICS without Mortar”, *Project Syndicate*, April 3, 2013.

② Hans J. Morgenthau, *Politics among Nations*: *The Struggle for Power and Peace*, New York: Knopf, 1949; Kenneth N. Waltz, *Theory of International Politics*, Reading: Addison Wesley, 1979.

③ Robert O. Keohane, “The Theory of Hegemonic Stability and Changes in International Economic Regimes, 1967 - 1977”, in Robert O. Keohane, *International Institutions and State Power*: *Essays in International Relations Theory*, Boulder: Westview Press, 1989, pp. 74 - 100.

④ Charles P. Kindleberger, *The World in Depression*, *1929 - 1939*, Berkeley: University of California Press, 1973.

界经济来说，需要有一个居于全球霸主地位的强国进行主宰和治理，以维持国际经济体系的稳定和发展。在一定的历史时期，这些理论为国际社会的现实提供了简练的解释。但是，自 20 世纪 70 年代以来，美国的全球霸权地位一直处于衰落的进程之中。[①] 尽管关于美国霸权衰落的论争持续不断，但其实力的相对下滑已是不争的事实。因此，这种依托霸权国建立起来的全球经济治理的等级结构日益受到各种挑战：一方面，随着一批新兴经济体的崛起，霸权国在经济实力上的绝对优势地位受到挑战；另一方面，随着相对实力的减弱，霸权国掌控国际制度的能力逐渐下降，维持既有制度的成本日益加大。这些挑战使传统意义上的权力理论的局限性日益凸显出来，从而需要对世界格局的未来走向重新进行思考，并对金砖国家这种新兴国家之间跨区域的全球治理机制的兴起提供新的理论解释和评价。

在一个日益制度化的相互依赖的世界，国际制度深嵌于国际社会之中，国家行为常常受到国际制度的约束。但从更为本质的意义上讲，国际制度所反映的是国际行为体的利益博弈与诉求。如果将世界格局界定为世界上各国或国家集团经过博弈形成的相对稳定或均衡的权利和利益关系，那么国家或国家集团在世界格局中的地位与作用就可以通过相互之间的权利和利益关系反映出来，并通过改变

---

① Immanuel Wallerstein, *The Decline of American Power: The U.S. in a Chaotic World*, New York, London: The New Press, 2003.

这种权利与利益关系得以改变。以此为逻辑起点，本文试图从制度与利益的视角对金砖国家的现实与未来进行审视。

一 多层次的金砖合作

当今世界，尤其是在2008年国际金融危机后，世界经济与政治加快了调整与变革的步伐。在这场调整过程中，尽管发达国家仍然主导当前国际秩序，但种种迹象表明，世界政治、经济重心已开始向新兴国家发生转移。作为全球治理机制中的新生力量，金砖合作机制已成为五国应对全球问题的重要协商与对话平台，并在全球治理中具有不可忽视的影响力。从金砖合作机制的发展历程来看，在短短几年时间里，机制化进程不断取得新的进展。

（一）金砖合作的机制化进程

金砖国家作为一个整体，从一个投资领域的概念发展成为在当今国际舞台上发挥重要作用的新兴经济体多边合作机制经历了一个渐进发展的过程。经过15年的发展，金砖国家之间的合作不断深化，机制建设不断完善，目前已从单一层次的外长会议发展成为以首脑会晤为中心、涵盖不同领域的多层次合作机制。

一是建立了多层次的对话机制。自2006年9月，巴西、俄罗斯、印度和中国四国外长在联合国大会期间举行了首次会晤以来，金砖国家对话机制不断发展壮大，并已形成涵盖不同领域的多层次对话机制网络。2009 年 6 月，金砖四国领导人在俄罗斯叶卡捷琳堡举行首次会晤；2011 年 4 月，南非加入后的首次金砖国家领导人会晤在中国三亚举行；此后，金砖国家领导人会晤每年依例在五国轮流举行。金砖国家还建立了安全事务高级代表会议、涵盖十多个领域的专业部长会晤、协调人会议、常驻多边机构使节不定期沟通、工作组协商等多种高层对话机制。此外，金砖国家相关部门和团体还建立了企业家论坛、合作社论坛、地方政府与城市论坛、智库论坛、金融论坛、工商论坛等多种形式的对话与交流活动。

二是建立了支持包括金砖国家在内的新兴市场和发展中国家的基础设施和可持续发展的新开发银行。与 G20 集团和 G7 等国际对话机制不同，金砖国家建立了新型实体机构。根据 2014 年金砖国家领导人会晤发表的《福塔莱萨宣言》，新开发银行初始资本为 1000 亿美元，由 5 个创始成员平均出资，总部设在中国上海。作为现有多边和区域金融机构的补充，新开发银行通过贷款、担保、股权投资和其他金融工具为新兴经济体和发展中国家的基础设施建设和可持续发展项目提供支持，促进全球增长与发展。新开发银行还与国际组织和其他金融实体开展合作，并为银行支持的项目提供技术援助。自 2015 年 7 月宣布开业以来，新开发银行累计批准成员国约 80 个项目，贷款总额达 300 亿美元。2021 年 9 月，新开发银行正式宣布将迎来阿联酋、乌拉圭和孟加拉国三个新成员。

三是建立了持续深化的金砖国家经济伙伴关系。经济领域的务实合作是金砖国家的优先议题，也是收获最大、成果最多、关系最为密切的领域。2015 年 7 月，金砖国家领导人在俄罗斯乌法举行会晤，围绕“金砖国家伙伴关系——全球发展的强有力因素”主题，并就推进金砖国家经济伙伴关系建设达成共识。金砖国家领导人通过《金砖国家经济伙伴战略》，全面规划了金砖国家“一体化大市场、多层次大流通、陆海空大联通、文化大交流”的互联互通发展格局。2020 年 11 月，金砖国家领导人第十二次会晤以视频方式举行，并通过了《金砖国家经济伙伴战略 2025》，明确了贸易投资和金融、数字经济、可持续发展等三个重点合作领域和各领域合作目标，为未来 5 年深化金砖国家经济伙伴关系规划了新的路线图。

（二）疫情背景下的金砖合作

新冠肺炎疫情与百年未有之大变局叠加共振，给金砖国家经济带来了严重冲击。与此同时，疫情也让金砖国家增加了深化彼此合作的需求，金砖国家在一些领域还迎来了新的合作机遇。具体来说，主要表现在如下三个方面。

一是积极推进国际抗疫合作。面对突如其来的新冠肺炎疫情，金砖国家坚持科学溯源，反对政治化、污名化，加强联防联控，通过支持彼此抗疫努力、分享疫情信息和交流抗疫经验展现了金砖国家的凝聚力。在疫苗合作方面，金砖国家在疫苗联合研发、合作生产、标准互认等领域不断推进务实合作，共同促进疫苗作为全球公共产品的研发、生产、公平分配，共同致力于提高疫苗可及性和可负担性，为发展中国家合作抗疫注入动力。同时，疫情还推动了金砖国家在传统医药领域的合作，为抗击疫情提供更多手段。

二是激发了数字金砖活力。疫情暴发后，金砖国家传统产业数字化转型大大提速。在数字基础设施建设方面，金砖国家不断扩大数字基建投资，合作推进 5G 网络建设、应用推广、技术发展和安全保障；在数字产业化发展方面，金砖国家不断加强信息技术支撑服务疫情防控和经济复苏的作用，加大大数据产业和物联网产业的支持力度，推动人工智能发展；在产业数字化转型方面，金砖国家不断促进数字经济与实体经济深度融合发展，重点推动数字农业、数字文化产业、“互联网 + 医疗健康”和“互联网 + 旅游”等发展；在数字化治理方面，金砖国家不断推进数字化公共安全联防联控、数字政务规范化管理、城市设施智能化升级、数字市场竞争等领域取得务实成果。同时，金砖国家充分利用 G20 等多边平台，加强在云计算、大数据、电子商务、平台经济等领域加强信息交流与经验分享，提升了金砖国家在数字经济领域的话语权和规则制定权。

三是加快了绿色金砖建设步伐。疫情让金砖国家更加意识到绿色发展的重要性，并加强了可持续发展领域的合作。在绿色能源合作方面，金砖合作推动实现各自可再生能源目标。根据金砖国家各自制定的可再生能源目标，在2020年至2030年间，金砖国家可再生能源总装机容量将升至1252吉瓦，新增装机容量为498吉瓦，约占当前全球可再生能源总装机容量的四分之一。在太阳能、风能、生物能源和核能等方面，金砖合作空间广阔。在绿色制造合作方面，金砖国家共同打造现代化制造模式。近年来，金砖国家加强了绿色材料、绿色设计等绿色制造基础技术以及绿色汽车、绿色冰箱等资源利用效率高的环境友好型绿色产品制造方面的信息和技术交流。在绿色金融合作方面，金砖国家积极参与构建绿色金融标准体系。金砖国家持续开展环境、社会和治理（ESG）标准和可持续金融研究，促进了各自负责任融资和绿色金融发展，并不断推动建立更加完善的负责任融资原则。

二　全球治理的非中性与金砖国家的利益诉求

在全球治理领域，《联合国宪章》、布雷顿森林体系的经济金融规则等当前国际社会主要国际规则均是在发达国家主导下制定的，它们牢牢掌握一些主要国际机构的控制权。由于制度的非中性特征，这些规则与机构成为发达国家实现自身利益的重要途径和工具。而金砖国家的机制化进程及在国际社会中地位与作用的提升，势必会改变当今世界这种不公平、不合理的利益分配格局，减少全球治理非中性带来的不利影响，并使得传统上依靠一个霸权国或少数大国组成的霸权国集团难以支撑日益变化的世界政治经济体系，从而推动世界格局从传统的统治与服从的强权型特征向符合时代特征的平等参与和互利共赢的民主型特征转化。

（一）从制度的非中性到全球治理的非中性

关于制度，道格拉斯·诺斯（Douglass C. North）将其定义为“博弈规则”，它是“为决定人们的相互关系而人为设定的一些制约”。[①] 它既包括正式规则，如宪法和法律、产权制度和合同，也包括非正式规则，如规范、行为准则和习俗等。从最基本的意义上讲，制度指的是一套规则体系。所谓制度非中性，是指“同一制度对不同人意味着不同的事情，在同一制度下不同的人或人群所获得的往往是各异的东西，而那些已经从既定制度中，或可能从未来某种制度安排中获益的个人或集团，无疑会竭力去维护或争

① ［美］道格拉斯·C. 诺斯：《制度、制度变迁与经济绩效》，刘守英译，上海三联书店 1994 年版，第 3 页。

取之”。[①] 换言之，制度背后反映的是权利和利益的不平衡分配。对此，我们可以从以下两个方面加以理解：一方面，对于整个社会而言，某种制度对于不同的人或人群带来的潜在收益或损失不同，有的群体和个人从这种制度中受益，有的却可能遭受损失；另一方面，对于受益或受损群体和个人而言，即使同为受益或受损者，但所获得的利益或所遭受的损失却不相同。并且，在人类社会，制度非中性是普遍存在的，不仅对于社会群体和国家内部，对于国际社会亦是如此。尽管多数国际制度的建立都得到了参与国的认可，并且形式上各参与国在制度面前都拥有平等的地位，但从制度的内容来看，每项规则以及据此所做的决策和所采取的行动对不同的参与国通常意味着不同的收益和损失。

在经济全球化时代，国际结构有别于民族国家之间依存度相对较低的时期，它不是国家之间绝对实力的简单相加和相对实力的机械分布，而是以一种极其复杂的国际社会网络反映出来，而这种网络的载体就是各种不同形式和功能的国际制度。关于国际制度，斯蒂芬·克拉斯纳（Stephen D. Krasner）曾给它下了一个比较全面的定义，他认为国际制度是指在一个特定的国际关系领域中由围绕行为体预期形成的或隐含或明确的原则、规范、规则和决策程序

① 张宇燕:《利益集团与制度非中性》,《改革》1994 年第 2 期。

体系。[1] 其中，原则是指对事实因果关系和诚实的信仰，规范是指以权利和义务的方式确立的行为标准，规则是指对行动的专门规定和禁止指令，决策程序是指做出决定和执行集体选择政策的实践。这些原则、规范、规则和决策程序体系都可能引起国家主权的让渡、国家自主权的侵害以及国家行为的限制等情势的发生，并因此给民族国家的利益带来不同的挑战。

随着全球化的深入发展，人类社会面临越来越多的全球问题，这些问题打破了国家之间的界限，并且单凭任何一国的力量都无法妥善解决，需要世界各国携手共同面对。在此背景下，全球治理应运而生。所谓全球治理，是指各国政府、国际组织以及各国公民为最大限度地增加共同利益而进行的民主协商与合作，核心内容应为健全与发展维护全人类安全、和平、发展、福利、平等和人权的国际政治经济新秩序，它包括处理国际政治经济问题的全球规则和制度。[2] 因此，国际制度与全球治理拥有不可割裂的联系。尽管国际制度存在诸多合法性缺陷，但在全球化发展过程中，国际制度已成为全球治理的重要载体。[3] 全球治理

---

① Stephen D. Krasner, "Structural Causes and Regime Consequences: Regimes as Intervening Variables", in Stephen D. Krasner, ed., *International Regimes*, Ithaca: Cornell University Press, 1983, p. 2.

② 俞可平：《全球治理引论》，载庞中英主编《中国学者看世界·全球治理卷》，新世界出版社 2007 年版，第 24 页。

③ 叶江：《全球治理与中国的大国战略转型》，时事出版社 2010 年版，第 90 页。

正是以共同认可的国际制度框架为基础而进行的协调与合作，其主要依托的是一些正式和非正式规则构成的制度网络。因而全球治理是在由已有各种国际准则、规范和机制组成的国际关系架构下的集体行动。但由于制度具有非中性的性质，全球治理行动所遵行的各种机制给不同国家或国家集团带来的实际利益或损失的情况是不相同的，这也就给全球治理打上了非中性的烙印。

（二）金砖国家在全球治理中的利益诉求

20 世纪 90 年代初，由于冷战的结束，世界逐渐融合成一个统一的大市场。在此后的十年中，金砖国家参与全球治理的主观诉求并不强烈，因此关于金砖国家在全球治理领域的共同利益，一些学者和分析家认为，作为一个跨区域的新兴经济体群体，金砖国家很难协调形成共同利益，甚至更多的是矛盾和分歧大于彼此之间的共识。从一定意义上说，尽管这种观点夸大了金砖国家的利益分歧，但也不是毫无道理。

长期以来，由于下列因素的存在，金砖国家能否形成一个利益共同体广受质疑。首先，金砖国家之间的贸易联系还较为松散，相互投资目前仍维持在较低水平，金融合作尚处于起步阶段，投资合作还有待提升。其次，金砖国家之间的政治和价值观念存在较大差异。在金砖国家中，存在不同的社会制度和政权组织形式以及不同的宗教信仰和价值观念，并且民族特性和意识也相差较大。最后，外部环境的制约。在很多领域，金砖国家还要受发达国家的直接或间接影响。西方发达国家长期主导国际经济秩序，对于金砖国家的崛起，难免担心其在全球经济中的领导地位受到挑战，因而不希望看到金砖国家形成一个行动一致的利益共同体。

尽管受到以上因素的影响和干扰，但随着自身因素和客观环境的不断改变，在全球经济治理领域，金砖国家已经具备参与全球治理的基本条件，越来越积极地发出自己的声音，彼此之间拥有的共识也远远多于分歧，并逐步形成一些共同的利益诉求，以求改变长期以来所处的不利地位。金砖国家在全球治理中所处的弱势地位日益凸显其利益的敏感性和脆弱性，从而制约了金砖国家经济的进一步发展。在稳定大宗商品价格、阻止金融监管失效、建立合理汇率机制、打破投资贸易壁垒、促进贸易平衡等诸多方面，金砖国家往往处于弱势地位，甚至常常以“被治理”的角色出现。除此之外，更重要的是，由于全球治理的非中性以及既得利益国家集团对全球治理话语权的控制，金砖国家在国际社会中的地位和作用与自身实力很不匹配。但近年来，随着自身实力的提高、全球利益的不断拓展，金砖国家利用全球治理的平台提出各种全球治理的方案和主张，表达自身利益和维护共同利益成为金砖国家经济发展和实力提升的必然趋势。

首先，金砖国家拥有继续提升经济实力的现实要求。近年来，金砖国家经济发展取得了巨大成就，整体上在世界经济中所占比重不断增加，并且部分金砖国家实现了快速赶超式发展，迅速在世界经济中占据举足轻重的地位。但在人均收入水平方面，仍与发达国家存在较大差距，处于相对落后的位置。在经济社会总体发展水平方面，金砖国家与发达国家之间的差距仍然较大。疫情发生后，金砖国家经济受到重大冲击，因而在稳定外部环境、促进全球经济复苏、维持经济快速增长等方面具有共同的利益。

其次，金砖国家在应对经济全球化挑战方面拥有利益交汇点。经济全球化的深入发展加速了货物、服务、资本、技术和信息等要素的跨国流动和配置，将世界各国的经济活动紧密地联系在一起。但与此同时，经济全球化也给世界各国带来各种风险和挑战，引发了一系列的全球性问题。这对于处于成长阶段的金砖国家而言，由于其国内经济体系还很脆弱，经济政策和制度还不完善，因而更容易受到外部经济的影响和冲击。为了应对这些挑战，金砖国家走到一起可以有效突破单个国家力量的局限性，形成应对全球问题的合力，从而更好地维护自身利益。

最后，金砖国家拥有继续提升国际地位，推动全球治理朝着更加公平与合理的方向发展的共同诉求。在现行的国际政治经济体系中，以美国为首的既得利益国家集团是最主要的受益者，而广大新兴市场和发展中国家却难以享受公平待遇，无法发挥与自身实力相符的影响力。这主要表现在以下两个方面：一是以金砖国家为代表的新兴和发展中国家在国际货币金融和贸易体系中处于受支配地位；二是以金砖国家为代表的新兴和发展中国家在全球治理机制中的权利与义务不对等。金砖国家在解决各国共同面临的问题上承担了过多责任，而无法享受到应有的权利和发言权。在2008年国际金融危机中，金砖国家一方面承担了危机带来的巨大经济灾难，另一方面为全球经济复苏做出了巨大贡献，然而仍然无法通过相应的国际机构对以美国为代表的发达国家的经济运行和金融货币政策进行监督和制约。基于此，金砖国家在全球治理改革方面具有许多相近立场并达成诸多共识。

三　包容利益与金砖合作

金砖国家所建立的是一种具有当今时代特点的新型伙伴关系，它们并不寻求建立一个反西方的政治联盟。[①] 在2011年4月举行的第三次金砖国家领导人峰会上，五国领导人明确提出金砖合作是“包容的、非对抗性的”，金砖国家愿加强同其他国家，特别是新兴国家和发展中国家以及

① Zaki Laïdi, “BRICS: Sovereignty Power and Weakness”, *International Politics*, Vol. 49, No. 5, 2012, p. 615.

有关国际、区域性组织的联系与合作。[①] 可见，追求包容利益（inclusive interest）是金砖国家领导人在酝酿和推进金砖合作过程中所达成的一种共识。

（一）全球经济的非零和博弈与包容利益

博弈（game），可以理解为一种“策略”和“规则”。按照收益（得益）情况划分，博弈分为零和博弈和非零和博弈。在零和博弈中，各博弈方之间的关系是对立的，一方的收益必定来自另一方的损失。而在非零和博弈中，不管其收益是一个非零的常和还是随着各方策略组合的不同而改变，各博弈方都会有收益，并且能够实现各方共赢。在国际社会中，世界各国作为全球经济的博弈方，相互博弈的发展趋势使越来越多的领域不再是我之所得即为你之所失的零和博弈，而是体现出一种可以互利共赢的非零和博弈，往往呈现“一荣俱荣，一损俱损”的局面。究其原因，主要包括以下几个方面。

第一，全球经济的相互依赖加深。20 世纪中期以来，经济全球化席卷了所有发达资本主义国家，并日益波及范围更为广泛的发展中国家。全球化的加速发展使得国家之间的经济联系日益紧密，一国仅仅依靠自身力量难以控制本国经济。商品生产离不开他国的原材料，产品行销需要

① 《三亚宣言——金砖国家领导人第三次会晤》，《人民日报》2011 年 4 月 15 日第 3 版。

开拓外国市场，扩大投资需要吸纳他国资本，就连国家制定经济政策也离不开他国的配合。全球化成为不可逆转的世界经济发展趋势。在这一进程中，国际经济交往日益扩大，一些国际性的经济管理组织与经济实体不断涌现，地区经济一体化进程呈现良好的发展势头，带动了文化、生活方式、价值观念和意识形态等精神力量的跨国交流、碰撞与融合。当今世界，以信息技术为核心的高新技术迅猛发展，缩小了世界各国之间的距离，各国和各地区经济相互交织、相互影响，越来越融为一个整体。

第二，全球产业结构的互补性加强。20 世纪 90 年代以来，由于技术进步和国际分工不断深化，新一轮的全球产业转移加速进行，进一步增强了全球经济的互补性。尽管受到金融危机、新冠肺炎疫情等客观因素以及保护主义的内倾政策等各种因素的影响，全球分工基础上的区域性和跨区域产业转移持续前行，区域内和跨区域产业结构的互补性均得到大幅提升。一方面，区域经济一体化迅猛发展，区域内的资源配置与要素流动加快，诸如欧盟、北美、东亚等区域成为全球产业转移势头最为强劲的区域，不断推动全球产业结构的高级化进程；另一方面，跨区域的经济联系不断加强，促进了产业链条的全球配置和国际分工的高度专业化，这主要体现在发达国家与新兴市场国家之间垂直分工上结构互补以及发达国家之间的产业内分工而产生的互补效应。

第三，全球问题的挑战加大。随着科技的进步与工业的发展，人类改造自然的能力不断提高，并因此造就了人类社会日益发达的物质文明和精神文明。但是，这也给人类社会带来许多负面效应。最近几十年，自然界对人类的惩罚更是频频出现，一些全球问题对人类社会造成了严重威胁。这些问题都是全球范围内普遍存在的、关系到人类生存与发展的、只有依靠世界各国共同努力才能解决的严峻问题。当今世界，全球问题表现得比以往更加突出，这主要表现为人口爆炸、粮食短缺、能源供应不足、环境破坏、资源枯竭、经济危机以及重大疫情等。由于这些问题危及全人类的共同利益，并且需要世界各国携手解决，因此从某种意义上说，全球问题的出现增强了世界各国求同存异与和平共处的全球意识，从而在一定程度上改变了各国政治、经济上的对抗思维，催生出更多的合作、妥协和让步。在应对全球问题的过程中，各国自身发展与世界进步逐步融为一体，各国之间越来越成为不可分割的利益攸关者。

全球经济的相互依赖性、互补性和利益攸关性决定了世界各国对外政策的基调应当是合作，而不是竞争。世界各国之间不仅具有可以携手维护的共同利益，也具有不可割裂的包容利益。所谓包容利益，是指博弈的参与方对自身利益的维护不损害其他各方的利益，甚至有利于其他各方利益的实现，因而与其他各方的利益在本质上是一致的。包容利益既是一种非排他性的利益，又是一种共容利益。

对于国家团体或集团来说，包容利益扩大了共同利益的内涵。一方面，国家集团成员与非成员之间不是一种对立和竞争的关系，集团成员对共同利益的追求不以牺牲集团外国家的利益为代价；另一方面，国家集团成员与非成员可以形成双赢关系，集团成员共同利益的实现能够为集团外成员获得自身利益创造条件，最终实现利益的共赢。可见，包容利益不仅关注集团成员的共同利益，还将集团外国家的利益纳入考虑范围，从而展现出视野更为广阔的利益关系。对于新兴大国而言，更应寻求一种包容利益。研究表明，新兴大国在全球治理中谋求领导地位的计划包容他国利益和观念是获得他国接受、支持和追随的必要前提。[①] 因此，新兴大国之间的合作机制要想获得成功，包容利益既是必然要求，也是一种现实选择。

（二）包容利益语境下的金砖合作

与国际社会中传统意义上的盟国集团不同，金砖合作不针对任何其他国家，不是寻求获得排他性的独享利益，不会导致国际社会利益分配的进一步分化。相反，金砖合作为的是推动发展中世界更广泛的合作与交流，通过弥补国际社会的制度缺陷来推动全球治理结构的合理转型，从而在根本上消除国际社会各种国家集团和群体之间冲突的

---

① Stefan A. Schirm, “Leaders in Need of Followers: Emerging Powers in Global Governance”, *European Journal of International Relations*, Vol. 16, No. 2, 2010, pp. 197 – 221.

根源。这充分展现了金砖国家鲜明的包容性特色。具体来讲，金砖合作的包容性主要体现在以下七个方面。

第一，合作主体的多元性。目前，尽管金砖国家只有五个成员国，但它们分别来自亚洲、欧洲、非洲和美洲等不同的区域，并且所有成员国都是在其所在区域发挥重要影响力的大国，最大限度地代表了各区域中其他国家的利益。如果从金砖国家国内结构与特征来看，这种多元性体现得更为深刻。在政治上，五国的国家制度、政治体制、司法体系等都有不同之处；在经济上，五国的发展模式、经济结构、总体实力与人均收入水平等都存在差异；在文化上，文化传统、风俗习惯、宗教信仰等都不尽相同。金砖国家在成员构成上的兼容并蓄充分体现出五国政府在对外政策上的开放性和非歧视性。因此，金砖国家不是一个狭隘、封闭的利益集团，而是一个跨区域的多元利益共同体。

第二，合作理念的开放性。作为一个新兴经济体之间的协调平台，金砖合作机制对新兴和发展中国家秉持一种开放合作的理念。自成立之时起，金砖合作机制就受到其他新兴国家的密切关注，一些国家还表达了加入金砖合作机制的意愿，金砖国家也在其存在的三年当中进行了第一次扩员，吸纳南非为金砖国家正式成员。这表明金砖国家是一个开放的合作机制，将来仍有可能吸收一些有一定经济实力、人口规模以及地区和全球影响力的新兴国家加入其中，例如建立“BRICS +”的合作模式，从而进一步提升金砖国家的代表性和全球影响力以及更好地促进新兴与发展中国家之间的合作。

第三，合作目标的共赢性。金砖合作的共赢目标是金砖国家领导人的基本共识。金砖合作的目的是实现“互利共赢、共同发展”。在长期合作实践中，金砖国家创造了独特的“开放、包容、合作、共赢”的合作伙伴精神。在这些共识的前提下，金砖国家将继续坚定维护共同利益，加强国际经济金融和发展领域的协调，以增强新兴和发展中国家在全球治理中的地位和作用，从而推动建立公平、公正、包容、有序的国际政治经济新秩序。

第四，合作领域的广泛性。加强在各个领域的务实合作是金砖合作的一个基本原则。在贸易与投资领域，金砖国家共同推动全球贸易自由化和投资便利化，反对贸易保护主义和不合理的投资壁垒；在金融与货币领域，共同推动全球金融的有效监管和储备货币的多元化，反对金融利己主义和货币霸权主义；在科学与技术、气候变化等领域，不断推进合作深入发展。

第五，合作形式的多层次性。金砖合作形式多样，并初步建立了多层次的合作架构。目前，金砖国家已形成领导人峰会、部长级会议、专家组会议和民间论坛四位一体的立体合作模式。其中部长级会议包括安全事务高级代表会议、外长会议、财长央行行长会议、贸易部长会议、卫生部长会议和农业部长会议等，专家组会议涵盖农业、科技创新和发展银行间金融合作等领域；民间论坛包括工商、城市合作、体育和文化领域的合作与交流。多层次合作为政府、学界、商界和民间提供了有效的沟通渠道，有利于五国关系的整体加强与推进。

第六，合作行动的建设性。对于现行国际政治与经济体系的发展，金砖国家是一支重要的新兴力量，金砖合作是一种具有建设性的行动，有利于国际体系朝着更加公正合理的方向迈进。在历史上，西方后起大国往往通过战争和扩张来谋求改变全球利益的重新分配，并以此来改变世界秩序，从而建立和奠定自身的全球霸主地位。与之不同的是，金砖国家并不试图彻底抛弃和颠覆现行国际体系，而是在接受和适应现行国际秩序的前提下，与发达国家一道共同改革和完善国际金融货币体系，促进联合国全面改革及其在应对全球挑战和威胁方面发挥中心作用。金砖国家的合作行动表明，金砖国家是国际体系的改革者，也是建设者。

第七，合作战略的非对抗性。金砖合作的一个重要特点是它确立了一种新型的发展伙伴关系和非对抗性的合作战略，因而金砖合作机制的形成与国际社会的共同利益是兼容的，而不是冲突和对抗的。金砖国家并非政治和军事同盟，而是为了谋求发展走到一起的合作伙伴，所关注和讨论的问题主要集中于发达国家和发展中国家都普遍关心的发展领域，旨在通过在金砖国家之间、发展中国家内部、发展中国家和发达国家之间建立包容性合作关系，以应对挑战和谋求发展。

金砖国家谋求的利益不是排他的，而是体现出广泛的包容性。无论是在区域、跨区域层次还是全球层次，金砖国家都不是充当既有国际体系的挑战者，而是全球治理的积极参与者和建设者，既是南南合作的推动力量，也为加强南北对话、协调与合作提供了新的机会。

四 结语

国际制度的非中性导致了国际社会中的利益分配不均，并随之出现了相对有利和相对不利的集团。金砖国家在现有的全球治理机制网络中总体上所拥有的地位与自身实力不相匹配。而改变这种制度非中性带来的不利境况通常有两种途径：一种是改变现有不合理的国际制度，另一种是建立于己有利的新的制度。由于既得利益国家（集团）的存在，作为一种新兴力量，在可预见的未来，金砖国家难以根本改变现有的全球治理规则体系。而通过相互之间的深入合作，建立非中性的新制度平衡现有的全球非中性制度构架，并推动国际制度变迁朝着有利于新兴经济体的方向发展，或许是最为现实和有效的选择。由此可见，金砖合作机制只是对现有国际制度的一种有益补充。

金砖合作机制的形成与发展，不仅能够推动金砖国家之间的对话与合作，而且还为推动发展中国家之间、发展中国家与发达国家之间的协商与对话提供了平台。在金砖合作深入发展的过程中，发达国家和其他新兴市场与发展中国家都能从中获益。尽管如此，同样由于金砖合作机制的非中性，金砖国家与其他国家从中所获得的绝对收益和相对收益存在差异，甚至会引起两者之间的利益冲突。为此，金砖合作不仅要体现金砖国家的利益诉求，也应体现金砖国家的开放性和包容性，最大限度地包容其他国家的利益，推动国际制度体系的渐进变迁，从而尽可能地减少因世界格局的剧烈转换带来的冲击。

当前，金砖合作还面临许多考验和挑战，但随着金砖国家经济实力的不断提升、合作机制化进程的不断推进、各项合作议题的进一步规划与落实、“BRICS +” 等新的开放合作模式的积极探索，金砖国家在全球治理领域必将扮演更加重要的角色，从而成为新的世界格局的建设者，成为建立公正、合理的国际政治经济新秩序以及创造持久和平和普遍繁荣的新世界的重要推动力量。

第三篇

力量均衡还是利益均衡：全球化进程中的大国

新两极世界的幻觉

阿列克谢·葛罗米柯*

如今，新冠肺炎疫情大流行在国际政治方面的影响越来越大，国际舞台上各国的行为可以由此得到解释。新冠肺炎疫情在很大程度上起着相互矛盾的作用：它一方面加速了某些进程，如许多国家的地缘政治布局；另一方面延缓乃至中断了另外一些进程，如国际社会经济问题的解决和各国的国内政治进程。许多人因此开始谈论所谓的“新两极世界”。我们是否正在见证一种现代形式的两极世界？或者说，从“两极世界”这个词的真正定义出发，世界是否正在分裂为两个互相对立的体系？

西方一些主流媒体，尤其是服务于自由主义政治进程的那些喉舌们，早已习惯把世界分为两个阵营。美国有线电视新闻网（CNN）告诉我们：“中国正在崛起。托特朗普的福，经贸摩擦正把我们带向一个‘我们’和‘他们’截然对立的世界……世界上会有两个阵营，一个支持美国，

---

* 俄罗斯科学院欧洲研究所所长、通讯院士，俄罗斯国际事务委员会委员。

一个支持中国……” 请注意，这里谈论的不是两国之间，而是两个“阵营”之间摩擦的升级。[①]

但我们要知道，人类社会只经历过一次两极世界，那就是美苏冷战。在美苏冷战下，国际关系逐步趋于稳定，最终于 1975 年通过《赫尔辛基协定》。换言之，两极世界的逻辑不仅意味着两个全球权力中心会互相较量，更意味着它们可以合作消除大型武装冲突的危险。然而，华盛顿和北京的关系却似乎朝着一个完全不同的方向发展。格雷厄姆·艾利森（Graham Allison）曾指出：“在接下来的几十年里，中美战争的可能性不仅存在，而且远高于人们目前的估计。”[②] 由此推论，中美之间的互动将使国际关系走向不确定而非稳定。

更乐观的情形当然也是存在的，即华盛顿同意与北京共存，两者保持一种“不造成灾难性后果的竞争关系”。[③] 然而这一设想的前提是，一切大规模“再平衡”都必须在美国设定的条件下进行[④]，但从现实情况看，我认为再平衡

---

① “Boris Johnson Stakes Future on Donald Trump after Brexit. The Gamble May Break Britain”, CNN, August 24, 2019, https://edition.cnn.com/2019/08/24/uk/johnson-trump-brexit-g7-gbr-intl/index.html.

② Allison G., *Destined for War: Can America and China Escape Thucydides's Trap?* Boston and New York: Houghton Mifflin Harcourt, 2017, https://www.hks.harvard.edu/publications/destined-war-can-america-and-china-escape-thucydidess-trap.

③ Campbell K. M. and J. Sullivan, “Competition Without Catastrophe. How America Can Both Challenge and Coexist with China”, Foreign Affairs, September/October, 2019, https://www.foreignaffairs.com/articles/china/competition-with-china-without-catastrophe.

④ Kurt M. Campbell, “The Pivot: The Future of American Statecraft in Asia”, *Canada's Journal of Global Policy Analysis*, 2016, https://doi.org/10.1177/0020702018754546.

只可能在对等的条件下，更可能是在有利于中国的条件下发生。要实现这种再平衡，美国外交政策就不得不回到某种现实主义的立场上。而这就超出了本文的讨论范围。

那么，是否存在一些有利于两极世界形成的“外部条件”呢？在当前国际环境中，有什么因素能让我们相信中美两国会成为各统一方的世界双极呢？要知道，冷战时期的东方阵营和西方阵营都处在积极发展的状态。如今，中国和美国虽然都深度卷入全球化进程，但全球经济、信息、技术和其他方面的竞争愈演愈烈。以往自发调节的经济过程如今被当作打压商业对手的政治工具，而不合理的限制、国内法的跨境管辖、以“国家安全”为名规避世贸组织规则的行为成为常态。那些引发了2008年到2009年国际金融危机的问题，很多至今仍未妥善解决。新冠肺炎疫情更为未来蒙上一层阴影。事实证明，全球化进程并不能由一个国家来主导，而应由各国共同推进，这样才能实现各自的发展目标。

一些主张新两极论的人尽管承认目前逆全球化暗流涌动，但他们认为这丝毫不影响世界被一分为二，在本质上重返两极状态。对此我的回应是，世界上最权威的经济学家都承认全球化真实反映着当代世界的相互依赖——这里所说的全球化，正是已经统治了世界三四十年并且行将失效的极端自由主义式（ultra-liberal）全球化。我们没有任何客观理由相信世界会重返昔日的两极格局，即分裂为美苏领导下社会、经济层面完全绝缘的两个部分。尽管眼下发生着贸易摩擦、金融战和制裁战，但经济市场仍具备全球性，不可能回到像经济互助委员会和欧洲经济共同体那样完全彼此孤立的状态。

中美之间注定存在紧密的经济联系，但它们同时也在走向冲突。这两个现状与美苏对抗的特征皆不相符。现在看起来，美国和中国既不能在经济上彼此孤立，也无法建立一种让双方都满意的经济相互依存关系，这就使中美竞争呈现一种严重的“局部缺血”状态。这种所谓的两极体系，即便在其萌芽期也无法为世界提供任何稳定性，与美苏关系更是大相径庭。

美苏两极由竞争演变为对峙关系，原因之一是它们产生了各自的外部结构，即资本主义和社会主义两个阵营。过去30年中的种种事件表明，过去意义上的“西方”已经不复存在。美国的霸权和经济实力显然在走下坡路，美国有效使用武力、维持科技领先地位的能力也在衰退。即便是英国，这个传统上与美国最亲密的盟友，也拒绝支持白宫向中国电信巨头华为的发难。日本、加拿大、德国和法国的民众认为相较于俄罗斯和中国，美国给他们国家带来的威胁更大（在美国带来的威胁比中国更大这一点上，日本例外）。[①]

① “The Great Puzzle: Who Will Pick Up the Pieces?”, *Munich Security Report* 2019, https://securityconference.org/assets/02_Dokumente/01_Publikationen/MunichSecurityReport2019.pdf.

我们尚不清楚西方的边界到底始于何处、终于何处。如今的西方正在变成一个双核体系，美国和欧盟各为一个中心，两者正在发生某种脱钩。[①] 自小布什政府以来，美国就致力于将盟友关系金钱化、实用化，在战略上撤离欧洲。欧洲则试图用战略自主和共同战略文化的理念摆脱其作为纯粹经济权力中心的形象。《外交》（*Foreign Affairs*）杂志中写道：欧洲再也不会成为美国关注的焦点，因此它必须确保其自身模式的生命力，以此竞争全球领导权。[②]

在中国周围，则更不存在那种能与苏联掌控下的社会主义阵营相提并论的外部结构。对于冷战时期的两极关系而言，政治与意识形态凝聚力至关重要。中国虽然在经济影响力上早已超越苏联，但却鲜有政治盟友，尤其缺少那种在中美进入全面对抗时期仍会站在中国一边的铁杆盟友。这一点，或许就是现实情况与过去的两极世界之间最大的差别。如果超级大国不在自己周围建立众星拱月的意识形态集团，那么所谓的两极无非就是两个国家之间的斗争，最多带有一点全球色彩而已。中国或许有一个真正的战略伙伴，那就是俄罗斯；而美国虽有众多盟友，但其中不少国家，包括法国和德国，已经厌倦了被迫依靠美国的日子。

---

① Gromyko, A. A., "Splintered West: The Consequences for the Euro-Atlantic", *Contemporary Europe*, No. 4, 2018.

② Polyakova A., Haddad B., "Europe Alone. What Cones After the Transatlantic Alliance", *Foreign Affairs*, July/August, 2019, https://www.foreignaffairs.com/articles/europe/2019-06-11/europe-alone.

中俄这对伙伴是否有望成为新两极世界中的一极呢？也许不会。通常情况下，能站上极点的国家必须拥有无可置疑的领导权。在中俄关系中，中俄两国绝不是主从关系，而是睦邻友好的合作伙伴关系。但是，中俄两国的战略追求并不重合。中美政治军事对峙基本集中于中国的南部和东部海域，这些地方与俄罗斯远隔千里，毫无利益瓜葛，而恰恰是这些地方集中了中国最敏感的地缘政治痛点——香港、台湾、西沙群岛和南沙群岛。俄罗斯的战略紧张区则位于领土的西侧，与中国相距甚远。

我们还应该知道，只有当世界已经沿着意识形态的界线分裂时，两极格局才可能出现。然而如今社会主义与资本主义的对抗已成往事，价值观斗争已退居幕后，现实政治和地缘政治走上台前。[①] 不存在意识形态对抗，也就不可能再次产生使世界分裂为两个阵营的必要条件。诚然，中国和美国在价值观和政治体系上有着根本性分歧，这与冷战时的美苏相同，但分歧程度却不可同日而语。美国依然坚信自己拥有独特地位和天赐的全球领导权[②]；中国却没有显示出任何弥赛亚式的狂热信仰（救世主义），并未像苏联

---

① 地缘政治的回归早在唐纳德·特朗普入主白宫之前就已成为讨论的话题。详见 Larrabee S.，“Russia，Ukraine，and Central Europe：The Return of Geopolitics”，*Journal of International Affairs*，April 15，2010，https：//jia. sipa. columbia. edu/russia-ukraine-and-central-europe-return-geopolitics。

② “美国领导权”（American leadership）这一概念在（区区）32 页的美国《2015 年国家安全战略》报告中出现了 36 次。

那样在国际上推进社会主义和共产主义。北京不依赖意识形态的陈词滥调，而是强调其发展模式的有效性。北京与华盛顿的竞争注定愈演愈烈，但原因并非是它们的意识形态不可调和，而是它们的地缘政治利益不相容，这种矛盾不足以让两国竞争转为阵营对抗。

尽管如此，许多人还是对新两极世界这个话题格外感兴趣，其中自有原因。我们不妨在此列举几条。其一，冷战时的世界秩序相对简单；其二，一些人怀有反华情绪，他们已经预设了两极世界的结果是一方取胜，也就是说，他们希望美国能像打败苏联一样打败中国；其三，对那些相信西方会在美国的领导下重新团结起来、反西方阵营会在中国及其邻国俄罗斯的领导下应运而生的人来说，中美两极是一种可行的选择。他们的这种结论通常来源于一种受意识形态驱动的不成熟观念，错误地认为当今世界分为“自由民主国家”和“威权主义政权”两部分。

如果新两极世界的概念站不住脚，那么所谓新冷战，即在俄罗斯与西方之间出现政治、军事、金融和经济对抗的要素，也就只是一种虚言。冷战现象和第二次世界大战后导致美苏两极格局产生的那些条件是密不可分的，而那些众所周知的关键因素如今几乎没有一条得以再现。目前的情况下，没有人说俄罗斯和美国，进而和西方之间产生了什么新的地缘政治裂隙。要用“新冷战”一词来形容中美两国目前的走向，虽然也有人提及，但这毕竟是个罕见的说法，而且主要是美国在使用。[1] 我们应该牢记，冷战作为美苏两极格局的产物，其性质是导向某种利益平衡，而不是让两国朝着公开对抗的方向演进。

至于俄罗斯与欧盟之间的关系，尽管双方的战略走向并不乐观，但俄欧关系并未受制于新两极世界的原则。欧盟是在极端胁迫下才勉为其难地向中国发难的，我们只需看一看欧盟出台的新冠肺炎疫情虚假信息报告中那些可怜又可笑的内容，就能够明白这一点。国家对新冠肺炎疫情的处置让越来越多的欧洲人放弃了对“山巅之城”美国的幻想，甚至对布鲁塞尔的宏伟抱负感到幻灭。与俄罗斯关系紧张，只会让欧盟目前的情况进一步恶化。不光一些分析性著作中十分明确地提及这一点，很多欧洲政治家也早已有此论调。新冠肺炎疫情给了反俄反华言论某种造势的机会，但它更重要的作用却是拓宽了欧盟原本偏狭的世界观，而新自由主义的卫道士们在许多方面歪曲了自由主义的遗产，他们得到的好处却微不足道。

（甄卓荣 译）

---

① Pence M.，“Remarks by Vice President Pence on the Administration's Policy Toward China”，The Hudson Institute，April 10，2018；Perlez J.，“Pence's China Speech Seen as Portent of ‘New Cold War’”，*The New York Times*，May 10，2018；Rogin J. Pence，“It's Up to China to Avoid a Cold War”，*Washington Post*，November 13，2018.

新时代全球治理中的中俄美三边关系

庞大鹏*

积极发展全球伙伴关系，构建以合作共赢为核心的新型国际关系，是新时代中国外交的重要着力点。推进大国协调合作，构建总体稳定、均衡发展的大国关系框架是中国对外关系和全球治理的重要组成部分。中俄美三边关系作为世界主要大国之间的新型大国关系尤为关键，在中国外交中占据优先重要地位。中国着力运筹与俄罗斯和美国在内的主要大国关系，深入发展中俄新时代全面战略协作伙伴关系，坚定主张按照中美两国元首共识推进以协调、合作、稳定为基调的中美关系，推动构建总体稳定、均衡发展的大国关系框架。

一　中俄美三边关系发展现状

（一）中俄关系现状

苏联解体后，中俄关系发展得相对顺利。当前中俄关

* 中国社会科学院俄罗斯东欧中亚研究所副所长。

系的定位为“新时代全面战略协作伙伴关系”，这是2019年6月习近平主席访俄时中俄两国共同宣布的两国关系愿景。两国官方对中俄关系的定论是：中俄两国关系“处在历史上最好时期”，是“新型大国关系的典范”。由此可以看出中俄关系有三个基本特征，即中俄全面战略协作伙伴关系坚持的“三不原则”：“不结盟、不对抗、不针对第三方”。“三不原则”的含义是：中俄彻底摒弃历史上大国交往的传统模式和冷战思维，不再走军备竞赛、建立军事同盟的老路，而是树立以互信、互利、平等、协作为核心的新安全观，通过裁军和建立信任构筑共同安全、同等安全。相互尊重和平等是中俄全面战略协作伙伴关系作为新型大国关系典范的重要表现。而且，中俄战略协作伙伴关系不针对第三国，不对其他任何国家构成威胁。这也是对中苏关系历史经验和教训的总结。

新冠肺炎疫情检验了中俄关系的含金量。2020年新冠肺炎疫情突如其来。尽管如此，疫情并不会对中俄关系的发展产生不利影响。“邻居不可选择”。中俄是邻国，且互为战略倚重。俄罗斯既需要中国的支持，也需要一个稳定的东方。中国亦然。处理好与俄罗斯的关系，有利于中国在欧亚大陆构筑战略缓冲区和安全屏障，使“三北”方向变成可靠的战略后方，这是中俄关系的大原则。与此同时，双方之间的战略共识对于筑牢中俄关系的发展基础非常重要。坚持互不干涉内政，尊重彼此发展道路选择，这是两国关系最重要的政治基础。在这个基础上，中俄双方不讳言双边关系中存在的问题，但都认为中俄关系不是普通的双边关系，而是两个相邻的同时又具有重要影响的大国之间的关系。因此，双方都深知：即使存在一些问题，也要区分战略性问题和一般性问题。具体到此次疫情对中俄关系的影响，可以看到，正是有上述基础，中俄双方针对目前出现的新变化，迅速采取措施相互支持，致力于塑造健康的中俄关系。中俄新时代全面战略协作伙伴关系不受外部环境干扰而改变，具有巨大的内生动力和广阔发展前景。

（二）中美关系现状

进入21世纪以来，中美关系曾经取得长足发展，两国关系一度总体稳定。但是，进入第二个十年，中美关系出现新的情况。中国迅速崛起。美国宣布“重返亚太”，实施“亚太再平衡战略”。新冠肺炎疫情暴发后，美国积极策划所谓“道歉外交”和“赔偿外交”。两国高层交往进一步减少。受疫情影响，在中美交往中曾经发挥重要作用的“二轨外交”几乎停滞。可以说，疫情加速了本已存在危机的中美关系。在美国看来，中国不再是一个崛起中的大国，而是一个与美国争夺安全和全球影响力最大化的竞争对手。以协调、合作、稳定为基调的中美关系受到严峻挑战。

疫情将中美关系推入了更深的对立情绪。美国政治精英有意将中美关系定义为“修昔底德陷阱”，从而使中美关系几乎经历了自由落体般的下降，在美国政治精英眼里，中美之间一场恶性竞争似乎已不可避免。事实上，中美建交以来，中美关系总体上是一种相互依存不断上升的竞争关系。但是，在不确定性明显增强的世界政治中，中美之间出现了有别于以往的竞争态势。当前，中美关系仍是既竞争又合作的结构，但竞争面已占上风。

中美竞争是一种综合性的竞争、全面战略的竞争，体现为三个层次：从表层看，是物态的竞争，贸易摩擦背后不仅仅是产品竞争，更多的是技术和标准之争；从中层看，是制度的竞争、发展模式的竞争；从深层看，至少在美国看来是对世界领导权的争夺。美国对华政策已从合作与遏制并举过渡到以全面遏制为主。

（三）俄美关系现状

苏联解体后俄美关系呈现出来的不同变化其实都是俄罗斯在历史传承、文化传统、社会发展的基础上渐进改进、内生演化的结果。这里面尤其起推动变化作用的是俄罗斯对美国和西方认知的变化。苏联解体后，作为转型与发展的一个重要组成部分，俄罗斯需要重塑与美国和西方世界的关系。俄罗斯与美国和西方世界的关系是一个内部进程和外部变化落差日益加大的历史进程，这一历史过程与内部政治秩序的变化互为影响。在最初关键的历史时刻，由于北约东扩、波黑战争、政治生态及车臣战争等因素，俄罗斯未能融入西方体系。时至今日，俄罗斯仍未实现与美国和西方世界融入与并立之间的平衡。对于俄罗斯而言，构建其内外空间观缺乏一个可以和其现代国家身份相匹配的认知上的他者，而且由于冷战结束以来俄罗斯与美国和西方世界之间一系列国际关系事件导致俄罗斯与西方对彼此产生战略互疑，俄罗斯最终走向了与西方博弈对抗的“新冷战”。

俄美关系发生变化的最为关键的影响因素是2014年的克里米亚问题。克里米亚问题改变了冷战结束以来形成的国际格局。其不仅使俄乌关系、俄罗斯与西方关系受到影响，也产生了新的东西方关系。尽管克里米亚问题产生之前国际政治中已经存在诸多矛盾，但是克里米亚问题是“最后一根稻草”。俄罗斯成为国际大变局的重要推手，其国际观以及内政外交因此带来的高度关联性对俄罗斯强国战略的意图目标和实现方式产生了重要影响。

乌克兰危机后俄美关系陷入僵局。俄罗斯在处理俄美关系时，普京的强国战略对之产生了重要影响。普京强国战略的内涵可以概括为两点：第一，俄罗斯必须成为世界强国。俄罗斯必须确保国家安全，维护和加强主权、领土完整，在国际社会中树立俄罗斯作为一个大国、当今世界的一个力量中心的牢固和权威地位。第二，必须维护俄罗斯的地缘政治地位。俄罗斯必须在周边建立一个睦邻关系地带，促进邻接俄罗斯联邦地区现有的紧张和冲突策源地的消除并防止出现新的紧张和冲突。这导致俄罗斯与西方的地缘政治矛盾总是以各种方式出现。乌克兰危机后俄罗斯与西方陷入长期软对抗的博弈状态，加深了这一结构性矛盾。

(四) 中俄美三边关系的现状

在美国看来，中国已经超越俄罗斯成为美国未来必须全力应对的主要战略竞争对手，是其全方位和全球性的对手，但不是那种断交或者全面恶性竞争甚至爆发战争的敌对关系。现在，美国把中国视为主要对手，俄罗斯降到相对次要地位。

俄罗斯国内精英将2014年视为俄罗斯发展的转折之年，其基本认知在于：俄罗斯迎来了“自由主义世界秩序”时代的结束，在中美竞争态势下，“国际政治达尔文主义”有可能演变为最为不利的趋势。俄罗斯的存在是一种国际政治的平衡器，为世界秩序的发展提供一种选择。

实际上，疫情前后，俄罗斯有学者提出，俄罗斯应在中美之间采取平衡政策。这种态度是可以理解的。当前，中俄美三边关系已经不同于冷战时期中美苏“大三角关系”。以前的中美苏“大三角关系”是零和博弈关系，任何一组双边关系的变化都会对另外两组双边关系产生直接的影响，一方的利益受损即为另外两方的全部收益。现在的中俄美三边关系则是非零和性质，中俄美之间的国家利益共同点增多。对中俄美三国来讲，其都尽量避免出现双边对抗甚至敌对关系并且希望能与其他两国保持更好的关系。

此外，当前中俄美三边关系中，每一对双边关系都有各自核心议题，且第三方因素不尽相同。对于俄美关系而言，双方考虑更多的第三方因素是俄欧关系（欧洲因素）；对于中美关系而言，双方考虑更多的是美日关系（亚洲因素）。因此，在中俄美三边关系中，每一方都独立自主发展与其他两方的关系，不存在也无须担心拉一方打一方的情形。

二 中俄美三边关系的当前热点

当前，美国的全球战略经调整后已视中俄为“战略竞争者”。围绕中俄美三边关系需要回答如下热点问题：中俄美三边关系面临疫情以来人类社会什么样的变化？中俄是否正在联手冲击美国主导的国际秩序？中俄需要为国际秩序的变化做好怎样的准备？

第一，中俄美三边关系面临人类社会自第二次世界大战以来最深刻的社会经济和政治变化。

在经济方面，欧美政府从抗疫需要出发，普遍在财政、货币和信贷问题上采取强有力的干预措施，包括为受影响的公司和家庭提供补贴，这与在疫情暴发前主张自由化、控制公共支出的前西方经济主流观点相反。凯恩斯主义的经济理念与举措在此次疫情中得到加强。如果各国走向自给自足式的封闭主义，世界经济复苏将难上加难。

在政治方面，在疫情影响下，民族国家的理念卷土重来。对民族国家的回归在欧洲尤其明显，欧盟原已消失的边境管控恢复了。此次疫情还表明在紧急状态下民族国家比全球性机构更具备有效的组织能力，这个现象有可能导致此次疫情后进一步加强在危机爆发前就已经显露的保守主义趋势。包括西方在内的全球保守主义思潮将进一步高涨。

在外交方面，疫情并没有阻止此前的地缘政治和意识形态竞争，也没有改变这一竞争背后的原因。不仅如此，疫情加深了业已存在的裂痕。疫情的严重程度和持续时间，导致西方变得更加合作。美国的“赔偿外交”宣传实际上为欧美国家提供了一个集合在一起并一致对外的公共产品。中美竞争，尤其是在技术和意识形态领域的竞争，将继续成为新全球秩序的结构性因素。

第二，在三边关系中不存在中俄联手冲击美国主导的国际秩序的问题。

俄罗斯并不讳言需要重建国际秩序。俄罗斯首先宣称要用世界新秩序取代美式寡头秩序，认为世界出现了两个对立的进程，一个是美国领导的霸权秩序，另一个是创造没有美国霸权的替代世界秩序。也就是说，伴随着不可避免的混乱，世界从多极走向两极的趋势开始形成，一极以美国为中心，另一极在欧亚。其次，国际关系体系的治理水平下降已成为现实话题，以各种规则为准绳的世界秩序的基础正在瓦解。从更广泛的意义上说，美国独霸的单极世界秩序正在成为过去。这一秩序还是大规模动荡的根源，这在很大程度上是由于美国参与别国的政权更迭。中东乱局即是这种做法错误的例证。最后，在国际秩序调整的关键时期，包括美国在内的许多发达国家正在发生的重大政治变动加剧了这种担忧。俄罗斯将是新的国际秩序的支柱之一，这种新的国际秩序要比美国主导下的世界更为稳定。

中国是现行国际秩序的维护者、参与者、支持者和改革者。中国已经加入了几乎所有政府间国际组织和 400 多项国际多边条约，越来越多的中国公民在国际机构中担任要职，中国已成为当今国际秩序和国际体系最重要的参与者和支持者之一。中国不宜推翻自己全面参与其中的国际体系。但同时，国际秩序和国际体系也需要与时俱进，不断改革完善，以顺应国际关系发展进步的时代潮流，体现广大发展中国家的正当诉求，更好应对新形势下层出不穷的全球性挑战。

基于中俄对于现存国际秩序的认识不同，不存在两国联手冲击美国主导的国际秩序的问题。

第三，中俄都需要做好应对美国推动国际秩序变化的准备。

虽然中俄不会联手冲击美国主导的国际秩序，但是与此同时也要看到，新冠肺炎疫情对国际格局的冲击是实质性的。疫情加速了此前存在国际格局演化的方向，这一判断没错，但是，关键是这一演化的实质内容在变化。实质变化的内容在于：此前是主观“规锁”[①]，现在是客观断裂。

疫情暴发前，美国更大程度上还只是主观上存在想通过重新规划全球贸易规则将中国锁定在全球产业链中低端的想法，但这一想法并未得到跨大西洋共同体的全力支持。法德等欧洲国家遮遮掩掩，并未与美国一起对中国的技术等方面实际施压。但是，疫情的暴发让美国掀起针对中国的政治攻击和外交打压，并借此公共产品将西方社会重新聚集到一起。很难想象，疫情暴发前法国、意大利等欧洲国家，乃至巴西、印度等发展中国家，会对中国事务公开指手画脚。在产业链客观断裂的现实面前，美国希望借此引导西方国家与中国实现产业链全面脱钩。中国面临的外部挑战前所未有，美国与中国全球性竞争的力度和深度也前所未有。今后有可能基于不同规则和标准，以欧美日的市场经济体制为一方，以中国特色社会主义市场经济体制为另一方，形成新的经济全球化局面。如果形成这样的局

① “规锁”的基本含义：一是用一套新的国际规则来规范或限定中国在高科技领域的行为；二是借此把中国在全球价值链的位势予以锁定，使中美在科技层级上维持一个恒定且尽可能大的差距。参见张宇燕、冯维江《从“接触”到“规锁”：美国对华战略意图及中美博弈的四种前景》，《清华金融评论》2018 年第 7 期。

面，其核心特点将是不均衡的平行体系。

在这个格局中，中俄都需要做好应对。当前，中国国内生产总值占全球的比重达到20%。中国已是全球第二大经济体，与全球供应链和产业网密不可分。应充分评估疫情对中国经济的影响，以做到未雨绸缪。俄罗斯同样不可能独善其身，在体系之外实现所谓的“战略性的自给自足”。由于市场不完善，且经济结构过度倚重能源出口，俄罗斯本就长期处于经济全球化的边缘，但是，当今之世，任何一国不可能完全闭关锁国，脱离世界经济体系恐怕难以摆脱有稳定无发展的尴尬局面。

尤其需要关注的一点是，需要谨慎处理包括核导问题在内的战略安全问题。战略安全问题是俄美关系的核心议题之一。该议题实际上涉及中国重大国家利益。但是，中国不宜搅入该议题。应警惕和防备该议题对中国的影响。当今世界，战略安全问题已经不仅仅是俄美双边军控和战略稳定的问题，更是涉及全球和地区安全、欧亚地区秩序，以及中国周边安全等综合问题。宜以总体安全观来审视核导在内的传统军事安全问题。《中导条约》的终结意味着俄美双边军控和战略稳定框架的坍塌。表面上《中导条约》的终结因俄美双方互相指责对方违约发展中短程导弹引起，但是实际上俄美都有各自的战略考量。问题在于“双零点方案”的实际终结，对中国国家安全亦有重大影响。

三 中俄美三边关系的未来前景

第一，俄罗斯未来的外交战略。

俄罗斯未来的外交战略需要回答如下问题：如何预测疫情结束后的俄罗斯外交战略方向？俄罗斯是将“回归西方”，还是继续“转向东方”？抑或形成更加平衡的战略布局，形成某种不同以往的战略考量？

从2012年俄罗斯结束“梅普组合”、普京重返总统宝座开始，俄罗斯外交战略方向，即欧亚战略方向就一直没有变过：通过建立欧亚联盟这一强大的超国家联合体模式，能够成为当代世界中的一极，发挥欧洲与亚太地区的有效“纽带”作用。在这个总的外交战略方向下，俄罗斯提出了大欧亚伙伴关系计划。疫情结束以后这一总的战略方向也不会改变。

所谓“转向东方”，只是俄罗斯经济的转向，不是文明的转向。俄罗斯“转向东方”的目标不是离开欧洲，而是在继续发展与欧洲关系的同时提高亚洲在俄罗斯外交中的地位。俄罗斯想成为欧亚大陆政治中心与经济纽带，摆脱中心的边缘这一历史宿命。这实际上是一种平衡战略。这一战略的实质是整合后苏联空间一体化和加快区域经济一体化发展。独联体是俄罗斯最大的利益所在，至于是更加平衡还是有所失衡，这是战术层面的具体问题，不影响俄罗斯外交的欧亚战略方向和考量。

俄罗斯不是西方，也不是东方，俄罗斯是独立和有潜力的文明。从大欧洲转向大欧亚的国际定位，实际上也是俄罗斯在波谲云诡的国际局势中寻找平衡点的自然结果。这实际上反映了俄罗斯的某种国家特质，即动态均衡性。这种动态均衡的特点将在后疫情时期延续。

第二，美国未来的外交战略。

美国未来的外交战略需要回答如下问题：如何预测疫情结束后的美国外交战略方向？在极端右翼化和向自由主义回摆之间，哪种可能更大一些？疫情结束之后美国外交的战略方向依然是美国优先原则。疫情将加重美国的孤立主义倾向。美国在外交方面考虑的核心问题还是在于防止其国际领导权发生转移。

美国传统基金会副会长卡拉法诺认为，疫情结束后，世界上的绝大多数国家将分为三个阵营：一是所谓的自由世界，抗拒中国的干涉；二是制衡者，即与美国和中国接触，同时保护自己的独立性，并将自己成为大国竞争的战场的可能性降至最低；三是竞争空间，即美国、中国和其他国家在拉美、非洲等区域争夺在经济、政治、安全和信息领域的影响力。基于这种判断，美国外交战略方向是保自由世界、拉制衡力量、争竞争空间。

具体而言，首先，美国会更加倚重北美自由贸易区建设，美国—加拿大—墨西哥的三位一体是美国力量的基础。其次，美国会更加关注跨大西洋共同体。美欧战略同盟关系是美国的另外一个力量基础。疫情后，美国将重新投资跨大西洋共同体，这不仅是为了继续重启西方的联合经济，还是为了排斥中国的影响。最后，美国会更加重视“印太战略”。疫情促进了“4 +”组织在制定应对措施方面的合作。美国与印度、日本、韩国、澳大利亚以及新西兰会继续夯实一个强大的外交框架，应对中国对这一地区的影响。

第三，中俄美三边关系未来如何互动。

研究中俄美三边关系未来将如何互动需要回答如下问题：疫情结束后的中俄美将如何互动？是否存在加剧三个大国相互博弈的旋涡？这个旋涡如果在疫情发生前就存在，疫情是否让它变得更加庞大了？

中俄美三边关系的结构现状是：俄美关系长期处于软对抗的博弈状态；中美关系的全面战略竞争日益凸显。在中俄美三边关系中，中美矛盾上升为美国对外战略中首要关注的问题，但现在的中俄美三边关系不是冷战时期的零和博弈关系。换句话说，中俄、俄美和中美三组关系中有其各自的核心关切问题。

首先看中俄关系。未来中俄关系的利益摩擦点将集中在欧亚地区。欧亚地区牵扯到中国整体外交。一是关系到中国西部边陲的国家安全；二是涉及中俄关系的稳定及中俄美三边关系，关系到中国战略机遇期。因此，经营好欧亚地区的外交具有重要意义。在“一带一路”倡议提出之前，中国在欧亚地区缺少一个抓总的战略。从“丝绸之路经济带”建设看，中亚是第一环，具有示范性效应，俄罗斯作为中国最大的邻国，在“丝绸之路经济带”建设中则具有基础性效应。新时代的中俄关系需要双方有所妥协和相互让步，在区域一体化过程中彼此独立而又同时发展。中国建设“一带一路”着眼的是整个欧亚大陆的经济合作，如果没有俄罗斯的参与和支持，前景将大打折扣。从此意义上讲，充分利用两国战略协作的沟通机制，消除政治疑虑，才能真正实现利益共同体的目标。

其次看中美关系。中美关系之间让人焦虑的问题在于：此前推动中美关系发展的利益基础和逻辑观念在弱化甚至消失。21 世纪以来，中美关系之所以总体稳定，很重要的原因在于美国对于中国的认知和判断建立在以下观念基础上：开放的中国不仅不具有挑战性，而且会日益融入现有西方主导的国际体制。因此发展与中国的经济合作和人文交流等，不仅会使中国获益，也将使中国成为美国和西方国家的利益相关者。然而，目前上述观念认知不复存在。中美经济合作问题举步维艰。后疫情时代，这一问题会继续加剧。

第四，中国未来的外交战略。

在变化的中美俄三边关系中中国应该坚持独立自主的外交政策。概言之，在中俄美三边关系中，中国外交应以我为主。

首先，在中美竞争不断加剧的大背景下，中国崛起的根本问题在于中国能否很好地解决国内发展的问题，这是一切对外政策的基础。其次，中国也不应该把未来中俄战略协作的出发点建立在对美斗争上，中国与俄罗斯并行不悖已经是很好的局面。再次，发展因素和历史因素决定了尊重彼此发展差异是中俄两国保持关系健康发展的基础。两国从产业结构到民族性格都存在差异。这种差异性必然会体现在对外交往中，体现在双边关系中。

中华人民共和国成立70多年来，几乎每隔10年在对外关系中就会出现大问题、大麻烦，每次都不得不重新判断国际形势，调整对外政策。30多年前苏联解体，世界社会主义运动面临低潮，中国后来还一度受到西方制裁，面临的国际环境颇有黑云压城之势。但是，在“冷静观察、稳住阵脚、沉着应付、韬光养晦、善于守拙、决不当头”和“有所作为”的方针指引下，中国外交很快摆脱了被动，正确处理了国内政治与对外关系之间的辩证逻辑，为国内发展赢得了将近30年的战略机遇。历史惊人的相似。当前，我们再次面临严峻的外部环境挑战。冷静和辩证地观察当前形势是应有之义，冒进强势或者孤立封闭都非可取之策。我们要透过现象看本质，沉着应付来自美国的挑战。世界是复杂和多变的，中国要“积厚有待”，发挥自己的特点和优势，增强战略定力，明确战略方向，执行行之有效的政策，逐步积累，推动世界形势和地区形势向着有利于中国的方向发展。

四　结语

处理好中俄美三边关系，其目的就是全面深化对外战略布局，坚持全方位对外开放，推动建设新型国际关系，全面发展同主要大国的友好合作，不断丰富完善全球伙伴关系网络，营造更加有利的外部环境。中国要着眼各国相互依存日益加深的大趋势，扩大我国同各方利益交汇点。中国坚持促进与包括俄罗斯与美国在内的主要大国关系全面均衡发展，为世界和平发展提供稳定基础和战略保障，高举构建人类命运共同体旗帜，推动引领全球治理体系朝着更加公正合理的方向发展。

中国将处理中俄美三边关系作为中国全球治理的实践表明，中国在全球治理中把互尊互信挺在前头，利用对话协商，坚持求同存异、聚同化异，通过坦诚深入的对话沟通，增进战略互信，减少相互猜疑。坚持正确义利观，以义为先、义利兼顾，构建命运与共的伙伴关系。今后，中国将继续积极参与全球治理体系建设，努力为完善全球治理贡献中国智慧，同世界各国人民一道，推动国际秩序和全球治理体系朝着更加公正合理的方向发展。

全球变革中的中俄印合作

姜　毅*

自2002年中俄印三国外长举行首轮对话以后，亚太地区三个重要的国家搭建了战略对话与合作框架。推动中俄印三国开始战略合作的背景是国际格局的变化，包括三国在内的新兴市场国家和发展中国家在国际政治和经济领域占据了越来越大的份额，推动国际治理体系改革、调整现存国际秩序的呼声越来越强烈。而这种时代特征与中俄印三国各自的大国抱负和多极化世界的主张完全契合。同时，三国为应对国际变局中各种复杂因素和挑战又具有在多个领域合作的现实需要。中俄印三国在重大国际和地区问题上展开协作，无疑将对世界和地区形势走向产生重要的影响。

一　变革时代

冷战结束以后，世界开始进入一个新的变化时代。经

* 中国社会科学院俄罗斯东欧中亚研究所研究员。

过2008年国际金融危机、2014年克里米亚危机和2020年新冠肺炎疫情，这个变化的深度和频度进一步扩大，进程也不断加快，变革已经完全成为国际局势发展的主题。

综合实力无疑仍然是无政府世界体系中争取权力的必要条件，因此，今天世界变革的基础是国际力量对比近二十年来不断变化的反映。随着经济实力的变化，各国的力量在重新分配，各自的影响和诉求也在转变，这也就意味着国际力量结构和国际秩序需要重塑和升级。这个由力量分配推动的结构转型是客观的，是不以任何国家、任何个体的意志为转移的历史趋势。

表1　　金砖国家与西方集团①对比（2001—2020年）

年份	西方集团GDP总额（十亿美元）	GDP增长率（%）	全球GDP占比（%）	金砖国家GDP总额（十亿美元）	GDP增长率（%）	全球GDP占比（%）
2001	22273	-0.57	66.59	2812	2.97	8.41
2002	23101	3.72	66.53	2954	5.05	8.51
2003	25816	11.75	66.28	3432	16.18	8.81
2004	28428	10.12	64.78	4153	21.01	9.46
2005	29698	4.47	62.48	5020	20.88	10.56
2006	31049	4.55	60.26	6062	20.76	11.77
2007	33678	8.47	58.01	7763	28.06	13.37
2008	35988	6.86	56.49	9437	21.56	14.81
2009	34390	-4.44	56.90	9629	2.03	15.93
2010	35234	2.45	53.25	11872	23.29	17.94

① 西方集团：包括美国、日本和欧盟。

续表

年份	西方集团 GDP 总额（十亿美元）	GDP 增长率（%）	全球 GDP 占比（%）	金砖国家 GDP 总额（十亿美元）	GDP 增长率（%）	全球 GDP 占比（%）
2011	37439	6.26	50.95	14453	21.74	19.67
2012	37033	-1.08	49.26	15430	6.76	20.53
2013	37233	0.54	48.15	16559	7.32	21.41
2014	38009	2.08	47.83	17381	4.96	21.87
2015	36172	-4.83	48.08	16648	-4.22	22.13
2016	37551	3.81	49.14	16897	1.50	22.11
2017	39138	4.23	48.12	18949	12.14	23.30
2018	41523	6.09	48.09	20538	8.39	23.79
2019	42132	1.47	48.09	21067	2.58	24.05
2020	36129	-14.25	42.65	20576	-2.33	24.29

资料来源：世界银行，https://databank.shihang.org/source/world-development-indicators/preview/on。

正是由于包括中俄印在内的新兴国家迅速崛起，推动了世界格局多极化的进程，非西方国家在国际事务中的参与度不断提高，在一系列国际问题上的发言权和影响力逐步扩大。而这样一种状况导致国际秩序从西方国家主控的状态向更加均衡和民主化的方向变革，世界正在逐步形成若干政治经济力量中心。强国已经不能享有绝对的权力，历史上强国利用优势对弱国简单压服、强迫、约束的手段在很大程度上已经失效。同时，由于力量结构的变化以及国际事务越来越复杂、解决问题的路径越来越多元、各国间和地区间的联系越来越紧密，导致各种相对均衡的力量在继续按传统方式相互制约的同时，也不得不面对相互依存的客观现实，国家间合作已经不是一种选择，而是必然。

当然，任何变革都不会一帆风顺，而是伴随着各种严峻的挑战。首先，以美国为首的西方国家对国际社会的主宰态势虽然正在减弱，但并非即刻溃塌。无论是西方国家基于本能而进行的反制，还是它们意识到历史潮流进行自身政策的修正，变革都会遇到西方国家竭力维护霸权地位的阻挠，并且，这种阻挠的力度往往与变革的趋势成正比。考虑到西方国家在许多领域仍然具有较大优势的现实，就更加需要意识到，变革不仅是一个较长时间的过程，而且将充满曲折和艰难。其次，任何变革都是积极因素与消极因素并存。在传统霸权式微的过程中，原来的约束也相应减轻，一些规则也在重塑，这个过程就为各种力量填补“真空”提供了机会。它们依据自己的需要和相应问题，或坚守，或遵循，或背弃现存的国际共识和规则。它们在必要时常常把那些批判对方的强权、破坏稳定等概念和行为用来守护自身利益，国际关系史上罕见的民粹式“比烂”现象不时出现。一些国家利用乱局谋取自身在地区的特殊地位，使得局势更加混乱和复杂，许多事件充分显示了互不信任、相互对立的态度。说明国际关系在变革中充满了不确定性，已经出现了某种失范、脱序的危险。最后，接连受到国际金融危机和新冠肺炎疫情的双重影响，世界经济发展的不稳定问题仍然十分明显。同时，全球化进程中遇到的问题需要调整，许多国家发展中遇到的问题也需要调整。图1说明，即使是世界经济增长动力之一的新兴国家也到了转变发展方式的阶段，同样面临利用新的治理模式、新的市场空间和新的技术革命推动经济结构调整、带动产业变革和升级的任务。

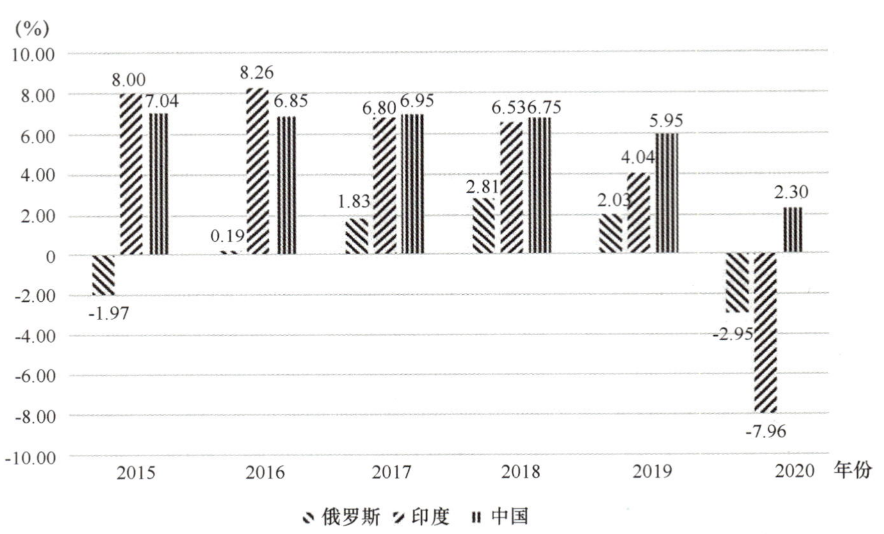

图1 中俄印 GDP 增长率（2015—2020 年）

资料来源：世界银行。

由此可见，在这个历史性变革的时代，无论是应对挑战和顺应潮流大势的客观环境，还是在变革进程中争取自身权益、推动国际体系向更加公正合理方向发展的使命，以及在变革中做强自己、以牢固的实力基础促进变革的发展需要，都构成了中俄印三国合作的基础和动力。

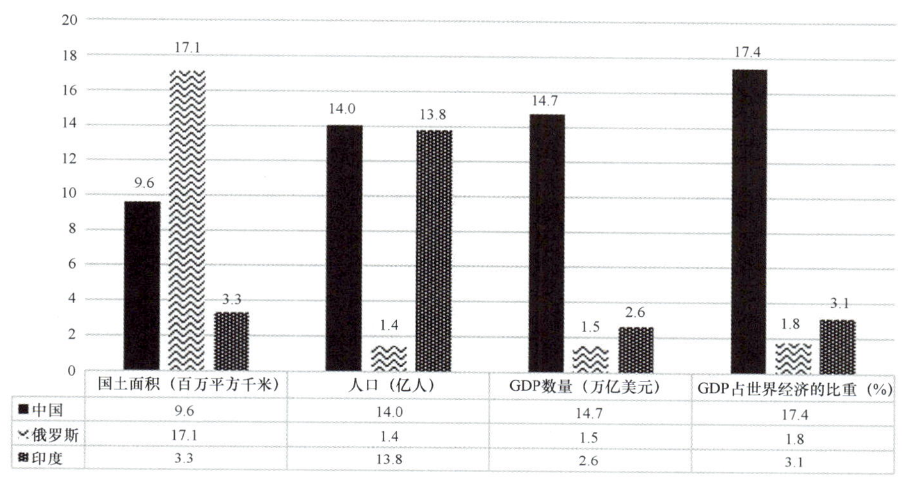

	国土面积（百万平方千米）	人口（亿人）	GDP数量（万亿美元）	GDP占世界经济的比重（%）
中国	9.6	14.0	14.7	17.4
俄罗斯	17.1	1.4	1.5	1.8
印度	3.3	13.8	2.6	3.1

图2　2020年中俄印数据统计

资料来源：世界银行。

中俄印总人口超过全球的40%，国土总面积占世界的22.5%，三国同属金砖国家、G20、东亚峰会等新兴国际平台的重要成员，都兼具大国和世界重要经济体的属性以及重新崛起的雄心，也都对世界多极化发展方向抱有期待。其实，早在20世纪90年代，时任俄罗斯总理普里马科夫在倡导构建多极世界时，就极具洞察力和预见性地提出加强中俄印三边合作的倡议。进入21世纪以后，中俄、俄印、中印双边关系的不断发展为三方启动对话与合作打下了必要的基础。面对不断变化的国际形势，三方都意识到这种对话的必要性，三国外长利用出席国际会议的机会，先后举行几次非正式会晤，并于2002年建立三国外长会晤机制，这个制度化的平台已成为三国增进政治互信、加强战略沟通，在重大问题上协调立场，寻求共识与合作的重要平台（详见表2）。每次外长会晤后发表的联合公报也成为三方凝聚共识、就国际和地区问题共同发声、宣示新型国家主张的渠道。作为这个平台的配套部分，三国还在地区事务、第二轨道和相关专业领域专家等方面开展了交流与对话。尤其是三方学者构成的第二轨道交流平台，在拓展对话与合作领域、探讨合作议题方面发挥了重要作用。例如，加强三国能源领域的合作最早就是在学者论坛上提出并进行探讨的。[①] 随后在2009年的外长会晤期间其被确认为三国合作的一个优先议题。[②] 除此之外，上海合作组织、金砖国家会议和G20机制也为丰富三国多领域的对话与合作提供了机会，从而在三国间形成了多渠道、多领域、多时段、多样化的合作体系。

表2　　中俄印外长会晤情况

	时间	地点
第1次	2002年9月1日	美国纽约
第2次	2003年9月1日	美国纽约
第3次	2004年10月1日	哈萨克斯坦阿拉木图
第4次	2005年6月2日	俄罗斯符拉迪沃斯托克
第5次	2005年9月1日	美国纽约
第6次	2007年2月14日	印度新德里

① 夏义善：《中俄印三边能源合作的可能性和前景》，《和平与发展》2004年第4期。

② 《中俄印外长会晤联合公报》，2009年10月28日。

续表

	时间	地点
第7次	2007年10月24日	中国哈尔滨
第8次	2008年5月15日	俄罗斯叶卡捷琳堡
第9次	2009年10月27日	印度班加罗尔
第10次	2010年11月15日	中国武汉
第11次	2012年4月13日	俄罗斯莫斯科
第12次	2013年11月10日	印度新德里
第13次	2015年2月2日	中国北京
第14次	2016年4月18日	俄罗斯莫斯科
第15次	2017年12月11日	印度新德里
第16次	2019年2月27日	中国乌镇
第17次	2020年6月23日	视频会议

三国加强战略协调、在事关三国利益的领域携手合作，有利于提升整体影响力，有助于推动世界多极化和国际关系民主化，探索构建以合作共赢为核心的新型国际关系。

二　我们需要什么样的国际体系

1914年后，国际格局发生了三次巨大变化。一方面，人类经历两次世界大战后，不断吸取教训，尝试通过建立国际组织和国际规则，以努力实现避免恶性竞争的秩序。特别是第二次世界大战以后，更多的国际组织、国际规则、国际法律逐步形成，涉及政治、安全、经济、人文等各个领域，甚至通过“人权”的概念涉及自然人本身。另一方面，人类也仍然在不断地重复原有的问题、错误：第一次世界大战结束21年后又开始了新一场更大规模、更加残酷的大战，第二次世界大战结束之后仅两年就陷入冷战。虽然形式不同，但主题还是谁战胜谁，并且由于技术进步可能导致的危险甚至比前两次更大。持续42年的冷战就是在这一对矛盾中进行的：大家既不想大战，又要准备大战；都认为只有通过自己积极备战才能止战，核遏制、相互确保摧毁理论就是这种矛盾的产物。

两极结构终结启动了新的变局、新的体系建构，却再次呈现出两种认知、两种方法。一种是以自由主义为思想理念，凭借全球化生产方式推动的政治民主化、市场经济改造。西方国家（不仅是政府，还包括财团、工业巨头、新兴产业、文化群体等社会各界）认为冷战胜利证明了这种思想和治理方式的成功，加上全球化的利益需要和时代特征，西方国家企图用其自己的理念和经验主导世界。另一种则是试图在格局调整中嵌入更多非西方的元素，要求非西方国家享有更多的权利，要求确认非西方的治理在各国实践中的合法性、正当性，要求强化国际体系中的平等原则和共建原则。在这场世界发展方向的争论中，对立情绪越来越浓厚，对立政策越来越明显，而且已经演化为民族主义、价值观、政治立场的大原则问题。

我们再次来到一种霍布斯时刻，近些年的混乱既是变局的产物，也加剧了变局的不确定性和非合作性。意见不一致导致各国合作是没有规则的游戏，无序、失范已经成为一个重要特征。国际交往基本规则中什么是被允许的，哪些又是被禁止的？对此，主要大国之间看法不一，有时甚至是完全相反的。

应该看到，传统霸权体制当然侵害了绝大多数国家的利益，但在向新秩序转换过程中的脱序同样有悖各国的利益。更为重要的是，一旦在这个过程中“丛林法则”被视为优先选项，分割势力范围的做法抬头，不仅使在既有国际体制中仍占有较多优势的西方国家更加恣意妄为，而且可能诱使一些国家和集团也进行效仿。其结果使国际规则在更大范围内失范，国际安全形势更加复杂，国际秩序更加混乱。这将直接损害发展中国家的根本利益，也可能使多极化遭到许多国家的质疑，并从反面使西方国家借机寻找固化霸权体制的理由。

在此背景下，中俄印这样在国际格局中占有重要分量、对霸权体制持反对态度的新兴国家，在世界变革的进程中，为推动全球治理体制向着更加公正合理方向发展，更应该逐步明确：我们想要什么样的国际秩序和国际规则？多年来，几乎每一次中俄印外长会晤都会聚焦国际体系、国际秩序等重要议题，并就此逐步达成了一系列原则性共识。尤其是最近十年来，三方有关国际问题的集体宣示更加集中和系统。[1]

——关于国际局势。三国认为，国际形势正在经历复杂而深刻的变化，世界多极化进程不可阻挡，新兴市场国家和发展中国家在国际事务中发挥着越来越重要的作用，反映出世界文化和文明多样性的特点和潮流。

——关于国际关系基本原则。三国表示，努力构建以合作共赢为核心的新型国际关系，推进国际关系民主化。谋求平等、不可分割、共同、综合、合作、可持续的安全。三国特别强调，《联合国宪章》的宗旨和原则及公认的国际关系准则是构建新型国际关系的基础，要尊重主权、独立、统一和领土完整，尊重各国人民自主选择发展道路和社会制度。

——关于国际治理体系改革。联合国应该在国际事务中发挥重要的作用。三国也意识到，需要改革多边机构，对联合国包括其安理会进行全面改革，使之更具代表性、效力和效率，增强发展中国家代表性。中俄两个安理会常任理事会成员重视印度在国际事务中的地位，支持印度在联合国发挥更大作用的愿望。三国强调维护以世界贸易组织为核心、以规则为基础，透明、非歧视、开放、包容的多边贸易体制；支持进一步增强以国际货币基金组织为核心的全球金融安全网。同时也呼吁改善全球经济治理，增

---

① 有关三国达成的一系列共识，分别参见第 9 次、第 11 次、第 13 次和第 16 次《中俄印外长会晤联合公报》。

加发展中国家的发言权和代表性，包括在国际货币基金组织的改革中，提高新兴市场国家和发展中国家整体的份额比重，同时保护最不发达国家的发言权。

从这些共同表态中可以看出，维护以联合国为核心的国际体系、以国际法为基础的国际秩序和以《联合国宪章》宗旨和原则为基础的国际关系基本准则，是三国对世界变革认知的出发点。同时，三国也意识到，全球治理体系目前遭遇困境和挑战的根本原因在于，没有适应全球发展新格局的要求，没有完全实现权力结构的多元和均衡。在维护中推进改革是三国的基本共识。

国际变局中竞争的主题就是谁参与主导规则的重构。新兴市场国家是这次世界变局的主角，自然应该有它们的声音和方案。不过，现在这些原则性表态、概要性态度还远远不够，还有很多东西在实践中需要细化和探讨。新兴市场国家的主张如何实现国际秩序的稳定、有预期，怎样落实正当、合理和可行？

从过去的实践看，联合国以及很多国际组织往往成为各种观点和利益的交锋处。一些国家或者退群，或者另起炉灶，或者阻挠集体意志的推进。即使针对一些方案主要国家之间没有原则对立，也经常难以兑现。维护联合国权威的路径在哪里？新兴市场国家和发展中国家要求获得更多合理的权力，与此相应的更多责任该怎么分配和承担？

第二次世界大战以后，主权和国际关注都体现在《联合国宪章》和其他多份文件中。实践中往往各执一词，一些国家更强调其中国际秩序的自由开放，另一些国家则更关注这个秩序中的主权与平等。这两个大原则如何契合和协调?

冷战后多次人道主义危机催生了国家保护责任（Responsibility to Protect），2005年世界首脑会议原则上认可了这个概念，此后在利比亚、也门、叙利亚等问题上也有过相关决议。这说明，一些当事国的民众、问题发生的相邻国家还是希望国际社会对危机、不稳定有集体的态度。然而，西方国家往往借机实施干预，也更加让其他国家担心“保护责任”被滥用，变成强国有选择性的任意干预的借口。在变革过程中，应努力推动解决这种信任缺失的根源问题，尝试寻找在维护主权和在必要时履行国际治理之间的平衡，厘清外国干涉和施加外部压力的界限。

当然，体系建设从理念到政策再到实践是一个系统的构建，所涉及的具体问题并不简单，既不可能很快就形成较完整系统的方案，更不可能仅凭一国之力完成。依据多边主义的理念，符合大多数国家意愿和利益的秩序就必然是共商、共建、共享的集体行动的成果，这也就需要包括中俄印三国在内的新兴市场国家在各个渠道进行广泛和深入的交流与探讨。三国应在拥有许多基本共识、相近的原则性主张的基础上，进一步研究如何把许多价值取向、宏观性表态付诸实施，如何让更多国家接受和认可，这样，才能使国际秩序变革进程不仅体现在对既有不公正的批判上，更主要体现在对未来的建设上。

三 中俄印的博弈与合作

中俄印三国的国际环境和国际地位、三国对许多国际事务所持的相近立场、对未来世界的期许以及在众多领域务实合作的需要等，使三国合作有无限的可能和相当大的想象空间。然而，所有的多边进程都是围绕利益交织、碰撞为主题展开，中俄印三边合作同样如此。三国许多原则性共识并不意味着不存在利益的博弈，达成共识是基于对利益的保证，也是基于对利益的期许。更为重要的是，三国合作涉及诸多领域，特别是主要活动区域（中亚—南亚）还充满了域内外大国和各种力量的角逐，使得三边合作中的多重博弈更加复杂和诡谲。从实际进展来看，三国合作在近 20 年的时间里仍然处在相互适应、相互磨合的过程，甚至在很大程度上是形式多于内容，许多共识并未真正转化为行动。

首先，三方对话与合作关系呈现严重的发展不均衡和实际推进领域薄弱的状况。虽然三国各自与其他两个伙伴建立了战略合作关系，但非常明显，中俄全面战略协作伙伴关系以及各领域的合作水平远远高于两国与印度的合作程度，俄印特殊与特惠战略伙伴关系的发展状态总体上也比中印关系更深入、更广泛和更具有实际收益。虽然中印在2005年宣布建立“面向和平与繁荣的战略合作伙伴关系”，并表示两国愿全面扩大各个领域的友好互利合作。但在涉及这种伙伴关系的多个领域，如明确双边关系政治定位、拓展国际和地区事务协调、深化经贸往来、扩大人文交流、建立安全互信和推进划界谈判等方面，并未取得明显的进步，两国政府的许多宣示仍然停留在纸面上。在传统安全问题的困扰下，受民族主义情绪影响，理论上的可能并不容易转化为现实。

近年来，随着实力的发展，两国对自身安全和利益的诉求更加强烈，中印之间较为严重的传统安全矛盾也不时凸显。虽然中方做出多次努力，但两国关系的政治基础仍然不牢固，管控分歧也仍然缺乏足够的互信。印度的对华政策，首先是处理历史遗留问题的态度，明显反映了这个正在崛起的国家急躁的政治心态和战略焦虑，导致印度对华政策缺少稳定预期。

根据“木桶原理”（Cannikin’s law）就可看出，中印关系成为中俄印三方合作最薄弱的环节，也在很大程度上决定了三方合作的成色和空间。

其次，在中印传统安全问题困扰下，中俄印三方合作的形成和稳定无疑会受到外部因素的强烈影响。近年来，由于美国重回“大国竞争战略”，将中俄视为其守护霸权的主要对手，拉拢印度、离间中俄印三边合作就是美国必然的选择。而印度基于自身战略谋划和企图，采取了积极呼应美国印太概念的政策，不仅将中国当作主要安全威胁源，而且也在一定程度上有意稀释与俄罗斯的合作。

不仅在双边历史遗留问题上，在多边机制中，印度也秉持着明显的与中国博弈的态度，体现了防范中国主导地区秩序建构、为印度国际运筹获取新筹码的特点。印度不仅是上海合作组织中唯一不认可中国“一带一路”倡议的国家，而且还提出了“亚非发展走廊”计划，以抗衡“一带一路”倡议及其不断上升的影响力。

印度积极与美国等西方集团互动，参加“美日印澳四国机制”（Quad）同样引发了俄罗斯的不满，拉夫罗夫等高官多次明确批评印度为美国“火中取栗”的政策。持续20 年的俄印元首峰会在 2020 年以新冠肺炎疫情为由中断，明显反映了俄印在战略上的分歧。如果说中印历史遗留问题是中俄印合作中的“短板”，迟滞了三边合作的进程；那么，印度最近几年的政策偏向则成为损害三国合作的一个缺口，致使三边合作陷入严重的困难之中。

印度的外交政策是其在国际新的大棋局中凸显自身位置、在大国博弈中获取有利态势和对地区事务的影响力以实现大国梦想的反映，也体现了它对外战略竞争与合作并行的两面性以及试图在多向对冲中获利的特点：一方面，通过与中俄合作、参加上海合作组织和金砖机制，印度可以介入全球和地区事务，为扩大自己的国际影响、实现其“连接中亚”的政策（Connect Central Asia Policy）创造新的平台；另一方面，它又想以新兴市场国家集体成员的身份抬升自己与美国等西方国家的议价能力，再凭“印太概念”和“美日澳印四边机制”对冲中俄的国际和地区塑造进程，制衡中国。[①] 显然，印度政策的基本动机具有鲜明的机会主义色彩，无疑将增加中俄印三边协调的成本和难度。同时也要看到，印度在中俄印三边框架、上海合作组织内和金砖机制、G20 平台中与中俄形成的许多共识并非虚与委蛇。实现多极化发展、推动国际治理体系改革、平等合作等一系列重要原则有符合其意愿的成分，并不与印度的战略企图和主张相悖。而且，在地区反恐和经济合作等许多务实领域，印度也有与中俄拓展合作的需要和意愿。

还要看到，2020 年以后印度与美、日、澳的互动活跃，一个因素是依“对冲”思路对以往与新兴市场国家靠近态势的调整，另一个因素是与中印边境突发事件有关，具有某种时间特性。而与美国等已经结为军事同盟的国家构建新的军事集团，不仅会弱化印度想要的大国地位，而且将颠覆独立以来一直坚持的不结盟政策，丧失外交独立性。对此，印度政府是很清楚的。莫迪在 2018 年香格里拉对话

---

① Shovan Sinha Ray, Quad: An Opportunity for India to Counterbalance China, https: //diplomatist. com/2020/08/06/quad-an-opportunity-for-india-to-counterbalance-china/.

会上说，印度认为不应回到传统的大国对抗，印度与美国等国家的合作不意味着构建出于遏制目的的同盟。同时，印度还依赖俄罗斯的关键国防设备，期望获得新的能源来源和进入中亚的通道，与美国的进一步接触无疑会导致与这些关键盟友关系的疏远，进而损害印度在地区的利益。更不用说印度难以承受陷入对华全面竞争的代价。因此，从长远来说，印度无法做“一边倒”的政策选择，短暂冒进之后必然要做理性回调。从中国方面来说，尽管面临困难，也坚持对两国关系互不构成威胁、互为发展机遇的基本判断，始终认为中印是伙伴，而非对手，更不是敌人。俄罗斯在2021年的国家安全战略中也表示要发展与印度的

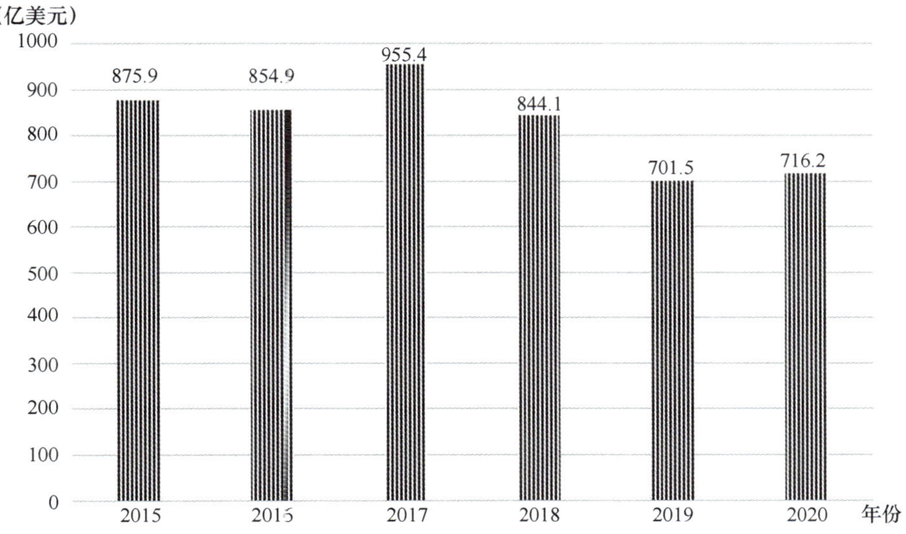

图3　中印贸易额（2015—2020年）

特殊战略伙伴关系，加强中俄印机制建设。[①] 印度外长苏杰生也表示，印度不愿改变与中国的友好合作关系。

由于印度政策的两面性，中俄印之间既有正和博弈的因素，也有零和博弈的色彩。因此，对于三边合作来说，应该努力将矛盾局限于双边，把分歧和矛盾与三边以及其他多边合作进程区分开来，虽然二者会有某种联系——至少在印度政策方面。同时，中俄要有足够的智慧和能力利用印度政策的对冲特点，努力减少或不受印度政策负面因素的影响。在议题塑造、具体领域合作等方面把握主动权，在凝聚共识中寻找最大公约数，在推动合作中增加彼此依赖，突出合作面、淡化矛盾点，以共识为基础、以利益为牵引、以集体的意志和影响推动印度在合作中发挥正面的作用。尤其应该利用阿富汗局势的变化，调动印度的积极性，深化各方在反恐、维护地区稳定方面的合作。

三方在继续保持战略沟通的同时，还可以着力于务实合作，努力使三方合作对各自发展产生实际效益，使各方感受到合作带来的实惠。为此，应该努力探寻新冠肺炎疫情之后，在经济复苏、产业重构、基础设施建设、能源合作等多个领域的探寻合作窗口，扩大三方和其他国家相互成就、相互依存的力度。在三方互动中，中印人文交流是一个较为明显的短板，增进彼此了解、扩大合作民意基础、

---

① 《俄罗斯联邦国家安全战略》，2021 年 7 月 2 日，俄罗斯联邦国家安全会议网站，http：//www. scrf. gov. ru/security/docs/document133/。

实现不同文化互鉴还有许多可挖掘的潜力。特别是各方主流媒体在讯息、文化传播方面，还需多一些准确、理性和客观，少一些夸张、主观和猜测。

在国际大变局的背景下，中俄印三边合作无论对国际和地区的稳定、对国际体系和格局的重塑，还是对三个国家各自的发展与外交，都具有十分重要的价值。三边合作既顺应潮流发展大势，也符合三国自身的利益需要。但是，对于这几个进程的难度和曲折也要有清晰的认识。对于三个不同文明形态、不同治理模式，又有各自大国梦想追求的国家来说，建设平等互利、不结盟的新型关系和新型合作架构还是一个新的课题。而近年来印度外交政策、对华关系的两面性，需要解决和探讨的问题仍然很多，尤其是中印关系的敏感和复杂与美国等西方因素的叠加，必然会挑战频发。也就是说，印度试图在大国博弈中寻找最佳位置的政策决定了其政策不断摇摆，也将使本来就逐步调适、努力探索的中俄印三边合作更加曲折。

运输走廊、“一带一路”倡议、欧亚经济联盟以及欧亚大陆的经济繁荣

叶甫根尼·维诺库洛夫*

发展高效的交通运输路线是促进经济可持续增长的直接路径。体量庞大的欧亚大陆东西和南北轴线上的交通运输一直长期运力不足，因此这一路径对欧亚大陆尤为适用。笔者认为，应该利用当前的机遇期，推进东西陆路运输走廊建设，并以南北运输走廊作为补充。从本质上讲，东西和南北两个交通运输轴共同构成了欧亚大陆基础设施的“骨架”。而本文接下来要讨论的则是大欧亚地区的实际经济基础。

本文将围绕中国提出的“一带一路”倡议（BRI）以及欧亚经济联盟（EAEU）的基础设施建设展开论述。通过“一带一路”倡议，中国有效地提出全方位的对外经济政策，对其他国家颇具吸引力。中国在“一带一路”倡议下

---

* 欧亚开发银行和欧亚稳定与发展基金首席经济学家，俄罗斯国际事务委员会委员。

做出了重要且可持续的政治承诺，为大欧亚地区国家的经济发展注入强大资金动力[①]。从欧亚经济联盟的角度来看，"一带一路"理念总体上符合其成员国的自身利益。最重要的是，这种合作最终会促使欧亚大陆内部的区域之间实现更高水平的互联互通，开辟新的商机（如在中亚、西伯利亚、乌拉尔和高加索地区）[②]。

本文首先从横跨俄罗斯、中亚和南高加索地区的欧亚走廊入手，预估集装箱的货运流量。其次，本文分析欧亚经济联盟成员国在上述问题上的利益和看法。再次，本文提出南北运输走廊的一个新维度，并论证东西和南北互联互通所产生的协同效应。最后是政策建议和总结部分。

---

① Wang, Y., "Offensive for Defensive: The Belt and Road Initiative and China's New Grand Strategy", *The Pacific Review*, Vol. 29, No. 3, 2016, pp. 455 – 463; Yu, H., "Motivation behind China's 'One Belt, One Road' Initiatives and Establishment of the Asian Infrastructure Investment Bank", *Journal of Contemporary China*, Vol. 26, No. 105, 2016, pp. 353 – 368; Liu, W., & Dunford, M., "Inclusive Globalization: Unpacking China's Belt and Road Initiative", *Area Development and Policy*, Vol. 1, No. 3, 2016, pp. 323 – 340; Kohli, H., Linn, J., Zucker L. eds., *China's Belt and Road Initiative: Potential Transformation of Central Asia and the South Caucasus*, Los Angeles, New Dehli, Melbourne: Sage, 2019.

② Nag, R. M., Linn, J. F., and Kohli, H. S. eds., *Central Asia* 2050: *Unleashing the Region's Potential*, New Delhi: SAGE Publications, 2016; Vinokurov E., *Introduction to the Eurasian Economic Union*, London and New York: Palgrave Macmillan, 2018.

一 东西与南北：横跨俄罗斯、中亚和南高加索地区的两大欧亚运输走廊概述

2010 年中国—欧亚经济联盟—欧盟沿线的铁路集装箱运输量为 3500 个标准集装箱（40 英尺规格），自 2010 年起，其发展态势迅猛。截至 2020 年，途经欧亚经济联盟，从中国至欧洲和从欧洲至中国的过境标准集装箱运输超过 27 万个。有分析表明，中国—欧亚经济联盟—欧盟沿线集装箱列车量年均翻一番，这在很大程度上得益于中国政府对出口导向型铁路货运的补贴。[①] 有学者进一步印证了这一观点，其研究表明中国政府的补贴水平高于先前设想，每个标准集装箱高达 6000 美元。[②]

即便 2020 年受到新冠肺炎疫情冲击，中转集装箱运输量仍保持增长，甚至增速更快，同比增长 64%。2021 年上半年，集装箱吞吐量超过 16.5 万个标准箱，同比增长

---

① Vinokurov E. , Lobyrev V. , Tikhomirov A. , Tsukarev T. , "Silk Road Transport Corridors: Assessment of Trans-EAEU Freight Traffic Growth Potential", EDB Center for Integration Studies' Report, No. 49, 2018, St. Petersburg: Eurasian Development Bank, https://eabr.org/en/analytics/integration-research/cii-reports/silk-road-transport-corridors-assessment-of-trans-eaeu-freight-traffic-growth-potential-/.

② Feng, F. , Zhang, T. , Liu, C. , and Fan, L. , "China Railway Express Subsidy Model Based on Game Theory under 'the Belt and Road' Initiative", *Sustainability*, 12, 2083, 2020.

50%。过境欧亚经济联盟的东西跨欧亚集装箱运输持续增长。

在集装箱负载均衡（即双向运输、满载最优货物、没有空箱）的情况下，我们预估，欧亚经济联盟铁路网可能的总货运量可达50万—65万个标准箱。如果东西运输走廊（即从欧盟、俄罗斯和中亚运往中国）的货物集装箱化率持续增长，那么我们可以乐观地估计，到2030年过境货运量将达到100万个标准集装箱[①]。

二 欧亚经济联盟国家在推进东西互联互通和"一带一路"倡议方面的利益关切

对于欧亚经济联盟成员国来说，东西交通轴不仅仅是横跨欧亚大陆的运输，更重要的是促进欧亚大陆区域之间互联互通，释放新的经济发展机遇。像俄罗斯乌拉尔、西伯利亚地区、远东地区，以及整个中亚，这些地区的未来很大程度上取决于市场准入的不断完善。新的发展将带动内陆工业中心不断壮大，促进当地创新型的工业和农业集群融入更广阔的国际经济体系。如果"一带一路"倡议能够帮助俄罗斯建设具有竞争力的创新型生产中心，为当地

---

① Vinokurov E.，*Introduction to the Eurasian Economic Union*，London and New York：Palgrave Macmillan，2018.

中小型企业创造机遇，并为区域发展提供动力，那么俄罗斯将最为受益。

俄罗斯、哈萨克斯坦等欧亚经济联盟国家很早就认识到“一带一路”倡议的潜在积极意义。首先，“一带一路”本身蕴含巨大商机。我们估计，2019 年度白俄罗斯、哈萨克斯坦、俄罗斯之间的过境货运收入高达约 20 亿美元。然而，值得注意的是，其利润率相对较低。因此，单凭过境运输收入不足以证明这些国家在“一带一路”倡议下的实际收益水平和我们目前的观察一致。

其次，我们认为“一带一路”倡议的优先任务是，通过提高集装箱化水平来提升国家经济效益。而俄罗斯和欧亚经济联盟的运输体系尚未实现集装箱化。

再次，总体来讲，“一带一路”倡议是提高俄罗斯自身国际地位的一种政治和经济手段。随着“一带一路”倡议推动世界朝向多极化发展，俄罗斯也将成为受益国。新的“大欧亚大陆战略”与“一带一路”倡议的联动，[①] 与俄罗斯的对外政策和战略十分吻合。

最后，“一带一路”倡议是促进中亚国家经济繁荣的一种手段。正如俄罗斯未来的经济发展在很大程度上取决于其市场准入程度，中亚五国也同样如此，甚至依赖程度更深。

---

① Vinokurov E., Libman A., *Eurasian Integration*: *Challenges of Transcontinental Regionalism*, London and New York: Palgrave Macmillan, 2012.

三 “南北轴线”补充“东西轴线”，实现实质性的协同增效

本小节将讨论用“南北轴线”补充东西运输走廊。笔者所理解的国际南北运输走廊，主要涵盖三条路线——里海西部支线、跨里海（多通道）线路和里海东部支线。

打通国际南北运输走廊和东西欧亚运输走廊，为中亚转型成欧亚交通和物流中心奠定了基础。南北运输走廊这一独特路线为其连接其他东西方向的国际和地区运输走廊创造了机会。这些走廊之间的互联互通会增加主要线路的货运量。实现东西向和南北向跨欧亚大陆走廊互联互通所产生的协同效应是显著的。例如，我们预计，与单线运输走廊相比，打通南北和东西运输走廊会使南北轴线上的货运量翻倍，中期运输量分别实现约 5 万个标准集装箱和 10 万个标准集装箱。[①] 这样一来，俄罗斯的中部地区、伏尔加地区、乌拉尔地区以及快速发展的南部地区也可以有机会搭乘南北运输走廊发展的便车。

国际南北运输走廊为亚洲与欧洲之间的持续贸易往来提供了保障。货主、货运代理和物流公司可以考虑发展南

---

① Vinokurov E.，Ahunbaev A.，Zaboev A.，Shashkenov M.，The North-South International Transport Corridor，2021.

北运输走廊，来确保亚欧之间的贸易畅通，以防止苏伊士运河航运出现任何中断。例如，2021 年 3 月集装箱货轮“长赐”号因故堵塞了苏伊士运河，该地区以伊朗和土库曼斯坦为代表的一些国家，特别提出将南北运输走廊作为苏伊士深海航线的替代方案。

南北运输走廊的主要优势在于其在提供有竞争力的关税的同时还能显著缩短运输时间。相对于包括苏伊士运河在内的其他航线而言，南北运输走廊的核心优势在于大幅缩短货运时间。例如，2014 年沿着孟买—莫斯科航线南北运输走廊的陆路货运试点需耗时 19 天，而海运则需要 32 天到 37 天。更近期的例子是芬兰—印度海上运输时长达 30 天，其中有 12 天用来等待船只到港。陆路运输的优势是其运输平均耗时为 18—20 天。全球电子商务市场的发展也有望进一步推动货运量的增长，因为该行业的目标之一就是缩短交货时间。

国际南北运输走廊的西线和东线运输前景可观，中期内最具发展潜力。这主要得益于铁路运输发展最完善，其为欧盟、俄罗斯、中亚等国家和地区提供了无缝单式联运。[①] 与此同时，海上运输基础设施存在一定的瓶颈，这导致了里海港口的延误和更高的运输成本。政府间国际组织、非政府组织，以及国际开发银行在以下两点发挥着重要作

---

① Vinokurov E., Ahunbaev A., Zaboev A., Shashkenov M., The North-South International Transport Corridor, 2021.

用：一是消除交通基础设施瓶颈制约；二是促进必要基础设施的融资，这是目前所缺乏的。

国际南北运输走廊可以成为欧亚经济联盟乃至整个大欧亚大陆的“发展走廊”。沿过境路线建设工业园区和经济特区，在欧亚经济联盟成员国和波斯湾及印度洋的主要发展中国家（包括伊朗、印度和巴基斯坦）之间打造新的生产链和物流链，这些举措能够扩大就业、促进经济增长、增进当地人民福祉。

实现南北和东西运输走廊的互联互通会产生实质性的协同增效。这也为中亚转型成为欧亚交通和物流中心奠定了基础，同时也有效惠及了欧亚经济联盟国家，以及中东地区、南亚地区、欧盟和中国。或许除了海运物流公司因为陆路运输损失部分业务之外，“南北”与“东西”的协同是惠及各方的共赢举措。

四　政策建议

发展跨欧亚基础设施建设，作为“一带一路”倡议的内容之一，是一项长期且具有实际战略意义的举措。为了确保以一致且有效的方式建设基础实施，我们必须坚持一个长期愿景，以应对今后合作中的“不测风云”。“一带一路”有望成为一项“经典倡议”：其旨在推动基础设施建设朝着高质量方向迈进，以一种前所未有的方式连接大欧亚大陆。这与跨境基础设施建设尤为相关。除长期融资外，发展基建还需要基于国际经济合作的战略愿景，这种共同战略愿景不仅在制定的过程中充满艰辛，在谈判的过程中也遍布困难。

接下来笔者会提出几条关于中期规划的总体政策建议，进而加强有效协调，促进更为长久的国家间互动。

第一，“一带一路”倡议的伙伴国和合作机构应该高度重视债务和财政的可持续性。事实上，2020 年的危机已经考验了全球主权债务可持续性的极限。在部分倡议伙伴国，“一带一路”相关贷款在对外公共债务中所占的比例高达 40%—45%。这些国家的贷款大部分享受优惠条件，这在很大程度上缓解了债务可持续性的压力。2019 年，第二届“一带一路”国际合作高峰论坛在北京举行，论坛期间中国发布了同多边金融组织合作的《“一带一路”债务可持续性分析框架》，我们对此深表认同。

第二，在后危机时期，“一带一路”倡议在横跨欧亚大陆的集装箱运输的成功故事能否继续上演，在很大程度上取决于中国能否继续提供与出口相关的铁路货运补贴。中国—欧亚经济联盟—欧盟沿线的货运量取得井喷式的增长，源于以下三个因素的相互作用：其一，中国对从中部省份出发的跨境集装箱列车的补贴；其二，哈萨克斯坦、俄罗斯和白俄罗斯铁路及相关部门为简化程序、消除瓶颈做出的努力；其三，发挥陆路运输的多种优势，将货物从中国中部地区运往中欧。第一个因素可能是最具决定性的，至少是启动跨欧亚航线的决定性因素。不过，随着经济复苏，逐步降低补贴水平将是明智之举。从长远角度来看，笔者的建议是至少保留部分出口补贴，而提高补贴水平的透明度也非常重要。

第三，要想实现跨欧亚货运量的进一步增长，就要扩大投资，消除欧亚经济联盟铁路的硬件基础设施瓶颈。事实上，不需要通过大型项目来提高中国—欧亚经济联盟—欧盟沿线陆路走廊的运输能力，以及扩大其相对于海上航线的竞争优势。人们真正需要的不是“第二条跨西伯利亚铁路”，而是有选择地消除运输基础设施的瓶颈，如：建设和扩大交通物流中心、增建铁路、实现新建铁路路段电气化、机车升级与现代化改造、购置特种机车车辆、改善过境基础设施等。这些问题可以通过有限的财政支出得以解决。

第四，中国直接投资者的参与将提高“一带一路”项目对欧洲投资者的吸引力。潜在的欧洲投资者认为，中国企业的直接投资（而非中资银行发放的信贷）可能会增加“一带一路”项目的投资吸引力，因为这营造了有利且稳定的投资环境。①

---

① IIASA, “Trans-Eurasian Land Transport Corridors: Assessment of Prospects and Barriers”, 2018, Laxenburg, Austria.

五　结语

中国—欧亚经济联盟—欧盟沿线的东西陆路跨欧亚运输走廊取得了巨大成功。十年前，这还是条微不足道的航线，如今却发挥着举足轻重的作用，并在新冠肺炎疫情的冲击下仍持续发展。从政策角度来看，包括中国、欧亚经济联盟、整个中亚地区、南亚地区以及欧盟在内，欧亚大陆各国和地区的共同关切是在大欧亚地区建设高效的跨境基础设施，特别是建设现代铁路和公路运输走廊。如果俄罗斯、中亚国家和中国之间的物理连通性大大增强，这将会释放中国内陆地区（如中国新疆、青海、甘肃、内蒙古等地）的发展潜力，并进一步惠及乌拉尔山脉和俄罗斯西伯利亚地区，以及五个中亚国家。确保并促进欧亚大陆历来缺乏高效的交通连接的广大地区的可持续经济增长，是我们孜孜以求的目标。

同时发展通往里海东部和里海西部的南北运输走廊，符合欧亚大陆国家和地区的重要共同利益。南北走廊是对东西走廊的有效补充，其有助于提高投资总效率，盘活欧亚内陆地区和各国的经济潜力。从本质上而言，东西和南北两条交通运输轴共同构成了欧亚大陆基础设施的“骨架”。

（吕蕙伊　译）

新时代全球治理中的中俄欧关系

李勇慧*

当今世界处于百年未有之大变局，国际运行体系相较于冷战时期和冷战后 20 年发生了重大的变化。保护主义、单边主义上升，世界经济低迷，全球产业链供应链因非经济因素而面临冲击，国际经济、科技、文化、安全、政治等格局都在发生深刻调整，世界进入动荡变革期，而新冠肺炎疫情使这个大变局加速变化。虽然和平与发展仍然是时代的主题，但是世界格局和秩序、大国关系、新兴发展国家的崛起等国际体系运行的要素日趋复杂，不稳定性和不确定性明显增强。在这样的国际环境下，为了确保世界的和平与发展，近几年国际社会一直在抵制民粹主义和极端民族主义，反对单边主义和新霸权主义，如何更好地管理全球事务，在全球治理中既能体现各大国的国家利益，又能体现公平、公正的多边合作，共同开启新一轮全球化并推动全球治理体系改革，同时彰显共同构建人类命运共

* 中国社会科学院俄罗斯东欧中亚研究所研究员。

同体的理念，是摆在各大国面前的重要责任和担当。本文将分析中、俄、欧在这样的背景下关系演变的特点、原因和趋势。

一 中俄战略协作伙伴关系是新型大国关系典范和构建世界多极化的主要力量

中国和俄罗斯都是世界大国，俄罗斯又是中国最大的邻国，在国际关系复杂深刻演变的时代，大国力量此消彼长，在为各自国家利益激烈博弈的背景下，中俄战略协作伙伴关系不断发展，双方从双边层面逐渐积累互信，进而在国际事务合作上不断凝聚共识，推动中俄关系不断升级。中俄关系发展到今天体现出平稳性、成熟性和战略包容性。

首先，中俄关系具有平稳性。俄罗斯独立后，中俄两国关系经历了互视为友好国家（1991—1994 年）、建设性伙伴关系（1994—1996 年）和战略协作伙伴关系（1996 年至今）三个阶段。自 1996 年 4 月建立平等信任、面向 21 世纪的战略协作伙伴关系以来，中俄战略协作不断向好，稳步发展。2013 年年底爆发的乌克兰危机导致西方对俄罗斯实施了外交孤立和严厉制裁，俄西部边界与北约紧张对峙。地缘政治条件的恶化，推动俄罗斯采取积极的“向东看”政策，中国成为其政策实施的关键国家。中俄关系迎来战略机遇期，不断向深度、广度拓展，一直保持高水平的发展，并且成为新型大国关系的典范。2019 年 6 月，中俄两国元首共同对双边关系进行了重新定位，将双边关系提升为新时代全面战略协作伙伴关系，新时代赋予中俄战略协作伙伴关系新内涵、新任务，更具全面性、稳定性和战略性。“发展中俄关系不封顶、不设限”，“中俄关系没有最好，只有更好”，中俄关系是当今世界结伴而不结盟、对话而不对抗、密切合作的新型大国关系典范。

其次，中俄关系具有成熟性。两国元首亲自引领，相互看重，相互支持的特点是成熟性的主要表现。从俄罗斯独立后中国排除意识形态的干扰，与俄罗斯建立外交关系到乌克兰危机爆发后，从 2013 年至 2019 年 6 月中俄元首共举行约 30 次会晤，会晤次数成为中国外交之最，双方政治互信不断加深。由此，中俄不断提升双边关系的水平和定位，战略协作伙伴关系已经是全方位的合作。2017 年 7 月中俄发表联合声明，相互视对方为外交优先伙伴，相互支持对方维护主权、安全和领土完整等核心利益，支持对方走符合本国国情的发展道路，支持对方发展振兴，支持对方推行自主的内政方针。两国不仅在双边文件中写入相互在各自外交政策中的地位，而且相互从国内执政角度找到治国理政的共识，包括对执政党的领导地位，预防颜色革命等核心利益的高度认同。

2020 年，新冠肺炎疫情虽然阻断了两国元首面对面的会晤，但两国领导人的互动并未减少，两国领导人通过加密的电话联系六次，俄外长拉夫罗夫于2021年3月访问中国，两国外长在上合组织峰会等多边外交场合见面互动。疫情期间两国共同应对美国将病毒政治化的做法，政治关系越发紧密，相互信任得到巩固，中俄关系经受住疫情的考验。

两国建立了最全面的合作机制为双边合作提供制度保障。在各种机制的保障下，中俄经贸关系稳中向好，成为双边关系的重要支撑和动力源泉。中国已连续八年保持俄罗斯第一大贸易伙伴国地位，也是俄罗斯远东地区的第一大贸易伙伴。2018年两国经贸额创历史纪录，突破1000亿美元。2019年6月中俄两国元首将中俄关系又提升了一个高度，成为新时代中俄全面战略协作伙伴关系。此后连续三年双边贸易额都超过1000亿美元：2019年两国贸易额为1107.57亿美元，2020年尽管发生新冠肺炎疫情，中俄双边货物贸易额仍然超过1077.7亿美元，2021年1—8月，中俄贸易额同比增长30.3%，达到858.54亿美元，据估计，到年底将达到1200亿美元。双边贸易结构持续优化，高科技合作、农产品贸易、跨境电商迅猛发展，成为拉动两国务实合作的新引擎。投资领域的合作也在迅速发展。在政府间委员会的投资组合中约有90个大型项目，2021年金额达1500亿美元。

推动两国发展战略对接。2015年5月两国签署《关于丝绸之路经济带建设和欧亚经济联盟建设对接合作的联合声明》后，两国的国家发展战略加速对接，2018 年 5 月 17 日，中国与欧亚经济联盟签署经贸合作协定。该协定是中国与欧亚经济联盟在经贸方面首次达成的重要制度性安排，标志着中国与该联盟及其成员国经贸合作从项目带动进入制度引领的新阶段，对于推动“一带一路”建设与欧亚经济联盟建设对接合作具有里程碑意义。

加大地方合作力度。中俄有 140 多对城市结为友好城市，相互往来合作不断扩大。2018—2019 年是“中俄地方合作交流年”，在该框架内，地方来往更加密切，特别是中俄“长江—伏尔加河”地区、中国东北与俄远东地区以及边境口岸地区的合作不断加强。为了挖掘中国与俄远东地区合作的最大潜力，双方在 2018 年 9 月东方经济论坛上签署了《中俄在俄罗斯远东地区合作发展规划（2018—2024 年）》，并于 2018 年 11 月在中俄总理第 23 次定期会晤期间正式批准。总体来看，该规划充分体现了双方的产业优势、市场情况、政策环境等，规划明确指出中俄远东合作的 7 个优先领域，包括天然气与石油化工业、固体矿产、运输与物流、农业、林业、水产养殖和旅游，并且列出了中俄“一区一港”合作项目清单，落实和深化规划是今后两国合作的主要内容。可以认为，中国与俄远东地区的合作潜力很大。

中俄人文交流不断扩大和深化。在人文机制的保障下推动了中俄人文领域的友好与合作，中俄关系的社会基础和舆论环境明显改善。近几年来，中俄联合举办了“国家年”“语言年”“旅游年”“青年友好交流年”“媒体交流年”和“地方合作年”等大型国家级活动，巩固了两国关系发展的社会和民意基础。中国和俄罗斯彼此成为对方民众心目中最友好的国家之一。中俄人员往来每年超过300万人次，互派留学和交流人员每年超过8万人次，2019年已达到10万人次。

最后，中俄关系具有战略包容性。中俄国际战略协作密切，在重大国际和地区问题上的战略协作超出双边关系，彼此成为在国际事务中相互支持的主要伙伴和重要的战略依托。在战略平衡问题上，过去可能还存在一定的分歧，但是现在立场是一致的，例如，中俄联合反对美国在韩国部署萨德反导系统，中俄对朝核危机的共同立场。在地缘政治经济重构问题上，俄提出的大欧亚伙伴关系将中国视为主要合作对象，是俄罗斯追求全球大国地位、地缘政治安全中不可或缺的力量支持。在构建世界多极化的问题上，俄罗斯是中国牵制美国霸权的最主要伙伴，中俄共同推动上合组织、金砖国家、中印俄合作机制。

中俄2021年将已经签署20年的《中俄睦邻友好合作条约》延期，这进一步表明中俄不结盟、不对抗、不针对第三国，不搞意识形态化，在这样的基本原则上发展两国关系，体现出两国相互尊重国家主权和现实的国家利益，表明了双边关系的包容性。

二　俄欧关系政经分离凸显了相互依存而又相互对立的特殊性

俄罗斯与欧洲关系体现出政治和经济分离，妥协性和斗争性相结合的特点。俄欧关系中存在巨大的安全和经济利益，与俄美关系有质的区别。乌克兰危机以来俄欧政治关系紧张，欧洲用西方价值观衡量俄罗斯，认为俄罗斯违反国际法，侵占了克里米亚。在人权问题上借着“纳瓦利内中毒案”和之前的“斯科利帕尔间谍中毒案”打压俄罗斯，并与美国一同对俄进行不间断的经济制裁，在这样的背景下，俄欧心照不宣地采取了政治与经济分离的政策，并且体现出欧洲的自主性。

欧盟是俄罗斯最重要的经济合作伙伴，俄欧贸易额占到俄罗斯贸易总量的一半以上，对俄投资一贯位居前列。乌克兰危机爆发后欧盟对俄进行经济制裁，造成两败俱伤。俄需要改善与欧洲的关系以缓解制裁，恢复经济关系，但乌克兰危机爆发凸显了俄与欧洲无法摆脱的安全困境。俄罗斯与欧洲缓和关系的企图也被2018年3月发生在英国的“间谍中毒案”干扰，该事件快速发酵，从一个单独的案件发展到凝聚起一股西方反俄的力量。二十几个西方国家先后驱逐了俄罗斯150多名外交官，这是自冷战结束后最大的外交官驱逐事件。俄学者卢基扬诺夫认为这是西方向俄罗斯开启全面外交战，这次全面外交战的爆发是自20世纪80年代以来俄罗斯与西方国家关系最危急的时刻。即使是乌克兰危机和克里米亚并入事件也未能导致国际社会如此震动，采取如此激烈的报复措施。这些措施一般是在战争爆发前或战争期间才会采取的，但是现实是冲突并未爆发，西方国家已经自动做出作为盟国才具有的行为。

在政治关系无法缓和的情况下，俄罗斯使用能源作为敲门砖，利用“管道”和“航道”再次叩响欧洲国家的大门。首先，“北溪-2”天然气管线奠定了俄罗斯能源在欧洲的地位。“北溪-2”天然气管线建设是俄与德国改善关系的“压舱石”项目，也是乌克兰危机爆发以来俄欧关系在美严厉制裁之下仍逆势维持合作的例证。欧盟对俄能源供应存在依赖，所需能源的三分之一来源于俄罗斯，俄罗斯抓住德国希望与俄罗斯在“北溪-2”项目进行合作的战略规划，加大从德国找到突破口的努力，促成德国总理2018年5月访俄，主要会谈内容就是“北溪-2”的建设问题。奥地利也赞成使用俄罗斯的能源，对制裁俄罗斯表示同情，于是普京高调出席奥地利外长的婚礼。凡此种种，目的就是试图分化欧盟与美国的关系，使欧盟对俄政策出现政治和经济的分离。但是欧洲受到来自美国的巨大压力，美国对欧洲国家与俄罗斯进行能源合作表示强烈反对，同时加大利用北约来遏制俄罗斯。2018年11月爆发的刻赤海峡危机再一次打击了俄罗斯缓和与欧盟关系的努力，欧盟延长了对俄制裁，“北溪－2”的谈判暂时停止。特朗普执政后期对“北溪－2”祭出制裁大棒，迫使这个已近94%完工的项目暂停。在俄反对派领袖纳瓦利内中毒事件发生后，美欧联合对该项目再次发起制裁。

2021年年初拜登上台后，欧俄关系跌宕起伏，充满火药味。拜登上台后进一步追加制裁力度，以阻止德继续支持“北溪－2”建设。拜登政府希望彻底关闭“北溪－2”，但德方不希望这样做。2月23日，美国国务院依据《欧洲能源安全保护法》，做出对“北溪－2”天然气管线项目追加制裁的决定，并将主要目标锁定俄“福尔图娜”号驳船（负责浅海海底管道铺设）及其所属公司。由于拜登政府希望同欧盟修复被特朗普政府破坏的美欧关系，并且重新加强对俄政策协调，德国从而也抱有美国不再对“北溪－2”追加制裁的希望。

美欧围绕“北溪－2”项目存在很大利益分歧。一是德国经济继续发展需要能源支撑，畅通无阻的能源供应是其基础性要求，来自俄罗斯直通管道的能源供应对德国来说十分重要，因为如果德国失去俄的能源供应，一旦美国和伊朗爆发冲突，霍尔木兹海峡被封锁，德国经济或将崩溃。二是美国对欧洲能源市场的觊觎。美国大量开采的液化天然气需要稳定的欧洲市场。三是天然气是欧美的政治工具。美国对“北溪－2”的制裁分裂了欧盟，令该项目从能源合作变成了地缘政治和国际利益争端。美担心天然气管道成为欧盟对俄无法摆脱的依赖，而欧盟特别是德国认为通过天然气管道能反过来影响和牵制俄罗斯。俄天然气管道构成了欧、美、俄之间的博弈焦点，牵动每一方的地缘和能源战略布局。

2021 年下半年世界开始出现能源供应短缺的紧急问题，俄罗斯总统普京表示将在合理的情况下加大对欧洲天然气的供应，而在能源供应紧张的情况下将推动“北溪 -2”尽快输气运营。从当前态势看，“北溪 -2”已成为俄罗斯分化美欧的地缘政治目标，其建设进程在经历一波三折后仍得到推进，反映了德法等欧洲主要国家的“战略顽强”。特朗普时期强调“美国优先”的粗暴政策，2021 年 8 月美军不顾北约其他国家的善后安排，突然决定加快彻底从阿富汗撤军，以及 9 月美、英、澳签署三方安全伙伴协议，美国硬是搅黄并夺回了法国与澳大利亚之前签署的生产核潜艇的合作协议，这些事件让美欧紧密关系大为受损，美欧心理上产生了持久的嫌隙，虽然拜登政府着力修补，但仍可以肯定，美欧关系今后更多体现的将是欧洲在与美合作的同时寻求自主，而非美国对欧洲的“指导”。

随着“北溪 -2”的开通，俄欧经贸关系发展将会出现新机遇。2021 年虽然中俄贸易额仍超过 1000 亿美元，但是中俄贸易增幅低于俄罗斯对外贸易额的增幅，德俄贸易额的增幅超过了中俄贸易和俄罗斯对外贸易额的增幅，中国在俄罗斯的市场份额下跌了 0.6 个百分点。这个份额由德国填补。俄罗斯与欧洲的贸易缓和后，中俄贸易将会下降，这是个此消彼长的过程。中俄贸易增长有欧洲制裁俄罗斯的结果，德国从 2018 年开始一直是俄罗斯吸引外资最大的国家，就是在欧美对俄严厉制裁的情况下，德国并没有退出俄罗斯市场，而是通过各种手段千方百计留在俄罗斯，而且俄罗斯在制裁下仍然在欧洲发行国债，法国也并没有退出俄罗斯市场。

三 中欧关系曲折中前进与携手多边合作的全球治理

欧盟与中国相距遥远，从战略上讲其是中国远交近攻最好的伙伴。近些年，中欧关系出现一些波折和变化，不仅与欧洲的自我认知变化紧密相连，而且也主要与中美、欧美关系发生变化有直接关系。随着欧洲对“战略自主”的进一步认识和强化，中欧关系改善仍有巨大的空间。

中欧政治关系蒙上意识形态斗争的阴影。欧洲强调民主、自由价值观，将中国定位为“制度对手”，追随美国“政治正确”，在人权方面对中国施压和制裁，阻挠中欧投资协定。随着中美竞争的激烈，欧洲不愿意成为中美的竞争场，而要做竞争者，因此，欧洲作为第三方将主动参与中美博弈，并展示具有塑造自己是全球一极的能力。欧盟在政策层面有意与美国保持距离。在新冠肺炎病毒起源问题上，欧盟拒绝美国“污名化”的做法，坚持世界卫生组织关于病毒的命名，在所谓“向中国追责问题”上，欧盟也没有盲目跟随美国。尽管欧盟也强调产业链安全和自主，但并不赞成美国的“硬脱钩”政策，认为美国此举不仅分裂欧美，也可能导致“新冷战”，而“新冷战”对于今天的世界并不可行。

中欧经济合作较为顺利，在双方领导人的战略指引下，中欧经贸合作发展迅速，成果丰硕。2020 年中国欧盟贸易额达 6495 亿美元，中国首次跃居为欧盟第一大贸易伙伴。2021 年 1—9 月中欧双边贸易继续保持快速增长，双边贸易额达 5993. 4 亿美元，增长 30. 4% 。欧盟也是中国重要的外资来源地和直接投资目的地。中欧在科技领域的竞争应该争取突破美国的制约和限制，走出一条相互促进发展的自主道路。

中欧班列在中欧经贸关系中发挥了重要作用。在全球海运极度紧张的背景下，大量中欧贸易商开始通过途经俄罗斯的铁路运输货物，激增的需求令俄罗斯高呼“难以想象”的同时也着手大力扩充运能。俄罗斯国营铁路公司表示，2021 年 1—9 月俄罗斯铁路总共运输 78. 2 万个标准箱，其中大部分的增量来自“中国—俄罗斯—欧洲”线路，1—9 月激增 47% ，达 56. 87 万个标准箱。

中欧在经济领域的合作是两国关系发展长久的动力。新冠肺炎疫情给欧洲经济造成的打击程度深、范围大，让2009年以来一直不振的经济状况雪上加霜。疫情的持续蔓延重创欧洲经济，尤其是以旅游业和服务业为支柱的国家。2020年欧盟国内生产总值（GDP）将下降10%左右，2021年复苏前景也不乐观。为助力疫后经济复苏，欧盟克服内部障碍推出了总额高达7500亿欧元的“复苏基金”，但在具体实施过程中原有的“东西南北”等内部矛盾仍将反复发作，限制其落实程度、推高其落地成本。

新冠肺炎疫情打乱了欧洲的政治布局和政策设计。2021年本是欧盟新机构上任后准备大展宏图的一年，在疫情袭来之前，欧盟推出了一系列涉及产业发展和地缘政治的顶层规划和战略。疫情及其负面影响不仅迫使欧盟调整其政策，而且进一步削弱了其落实各项战略和规划的资源和能力，将进一步放大欧洲政治意愿和实际能力之间的差距。

在政治分歧难消的同时，欧洲也不会轻易放弃与中国在具体领域的务实合作，中欧关系将进入合作与竞争并行、共识与分歧共存的复杂时期。在接下来的四年中，中、欧、美三方之间的互动也会更加复杂多变。中国与欧美在政治和外交上的分歧和矛盾将继续显现甚至被放大，但在绿色环保、数字等经贸领域和气候变化等多边事务中的合作也会有更大合作空间，中美欧三方关系会出现“犬牙交错”

的局面。

从中国的角度看，中国构建新发展格局绝不是封闭的国内循环，而是更加开放的国内国际双循环，将带动中国内需潜力持续释放，给欧洲投资提供更广阔市场和发展机遇。近年来，中国政府不断放宽市场准入，扩大鼓励欧洲投资范围，加强开放平台建设，不断优化外商投资环境，持续推进贸易投资自由化便利化，致力于建设更高水平的开放型经济新体制。改革开放是中国的基本国策，中国开放的大门只会越开越大，中欧经贸合作的机遇会越来越多。

总之，欧洲战略自主的实质是将欧洲一体化向深处推进。过去70年来，欧洲充分享受了一体化红利，通过区域合作扭转了走向衰落的发展趋势，维护了自己的国际地位和权益。然而经过欧债危机、难民危机、新冠肺炎疫情，欧洲经济受到极大冲击，社会不平等现象加剧，民粹主义高涨，以上因素促使欧洲领导人不得不对一体化进行话语重构，而战略自主就是对欧洲一体化的新包装、新叙事。尽管面临诸多挑战，中国与欧洲仍在多边主义框架内有着广泛共识，存在广阔合作空间。中国和欧洲都坚守多边主义，坚定维护以联合国为核心的国际体系，坚定维护以《联合国宪章》宗旨和原则为核心的国际秩序，反对单边主义。双方应在气候变化、抗击疫情、数字治理等领域加强多边主义合作，把多边主义精神、价值观转化为具体的外交实践，共同构建新型国际关系和人类命运共同体。

四 结语

中俄战略协作伙伴关系对国际形势、国际格局和国际秩序的演进具有重大的影响。中俄要进一步发挥“中俄组合”效能，深化两国在联合国、上合组织、金砖国家等多边框架内的沟通协调，坚决站在历史正确和公平正义一边，不断推进国际关系民主化。要提出更多“中俄方案”，贡献更多“中俄智慧”，为维护世界和平与稳定做出更大贡献。

欧盟作为一支重要的国际力量，其国际身份定位、其拥有的力量以及发挥力量的方式，对于当今国际体系和秩序转型都具有重要意义。在当今世界充满不确定性的情况下，中欧作为两大力量、两大市场和两大文明，选择合作、竞争还是对抗，对国际社会的未来影响更是不可估量。当前中欧关系仍处于漫长的转型期，双方没有根本性的地缘政治冲突，经济深度依赖，在一系列多边主义议题和应对共同挑战方面具有共同利益，双边关系经过历史的积淀和磨合，也具有足够的韧性。

倡导多边合作的全球治理，共同构建人类命运共同体是增进中、俄、欧之间关系互动的纽带。面对不确定的未来，俄欧也会从竞争和冲突的视角看待双边关系，导致对华战略疑虑上升。无论如何，中、欧、俄需要智慧和能力超越双边关系中的非对称性，抛弃零和思维。希望中、俄、欧三方克服意识形态的藩篱，建设好中俄、中欧、俄欧伙伴关系，为地区和世界的和平与稳定做出贡献，共同建设人类命运共同体。

第四篇

全球治理：给未来的答案

生态环境治理：从工业文明到生态文明思维

张永生*

工业革命后建立在“高物质资源消耗、高碳排放、高环境代价”基础之上的传统工业化模式，促进了生产力的飞跃，前所未有地推进了工业文明进程，但也带来了包括气候变化在内的不可持续危机。目前，有130多个国家承诺在21世纪中期左右实现碳中和或净零碳排放。这些国家的年排放量和经济总量，占全球碳排放和GDP的比重均为90%左右，占全球人口比重为85%左右。更为重要的是，这些国家中约70%为发展中国家。这意味着，发展中国家的经济不必再像工业化国家那样走一条“先高排放、再减排”的传统发展路径，而是有可能实现低碳起飞。全球范围的碳中和共识与行动，标志着工业革命后建立的传统工业化模式的落幕，以及一个新的生态文明绿色发展时代的到来。

---

* 中国社会科学院生态文明研究所所长。

但是，传统的生态环境治理，很大程度上正是建立在传统工业化模式和发展理念基础之上。在传统工业化模式下，不仅环境保护与发展之间相互冲突，各国之间在全球环境保护责任上也更多的是零和博弈，当代人和未来人的利益也存在两难。相应地，生态环境治理的思路，就是如何最大限度地通过技术进步或管理效率提升，来扩大环境与发展之间的折中空间，以实现更高水平的经济发展。在全球环境治理方面，更多的是各国如何公平分担全球环境保护的负担。在代与代之间，就是要求当代人对子孙后代负责，减少当代人对资源的占用或对环境的破坏。这一思路体现在《布伦特兰报告》对可持续发展的定义上，即在满足当代人需求的同时，不牺牲后代人满足其自身需求能力的发展[①]。

正如爱因斯坦指出，“我们不能用过去导致问题的思维来解决这些问题”。显然，如果不根本改变环境与发展相互冲突的关系，这种折中空间就会非常有限。而且，即使由于技术进步或/和管理效率提升一时扩大了折中空间，随着时间的推移，这种模式累积的环境后果也终会爆发。因此，生态环境治理必须从不可持续的传统工业文明转向生态文明思维。生态文明概念下生态环境治理的根本思路，是通

① 原文为“Sustainable development is a development that meets the needs of the present without compromising the ability of future generations to meet their owns”，转引自“World Commission on Environment and Development”，*Our Common Future*，Oxford：Oxford University Press，1987，p. 27。

过政府、企业、消费者等主体之间建立良性互动，将传统工业化模式下环境与发展之间相互冲突的关系，转变成相互促进的关系，以推动发展范式转变，实现“人与自然和谐共生”的现代化，以及全球共享繁荣。

本文旨在提供一个概念性框架，揭示传统工业化思维和生态文明思维下生态环境治理逻辑的本质区别，以及不同实现机制和新的政策含义。接下来的第二部分对生态环境治理的历史及相关研究文献进行评述，揭示其存在的局限，以及为什么要从传统工业文明思路转向生态文明思路。第三部分揭示传统工业文明概念下的生态环境治理思路及其局限，以及在这种概念下为什么无法解决可持续问题。第四部分用一个概念性框架，揭示生态文明下新的生态环境治理机制。第五部分是对相关问题的讨论。最后是简短的结语。

一 生态环境治理的思路演变

（一）传统发展模式下环境与发展的对立关系及治理思路

20 世纪中叶开始，传统工业化模式带来的生态环境危机引起广泛重视。1972 年，联合国首次召开环境与发展大会，通过了《联合国人类环境会议宣言》，呼吁各国政府和人民为维护和改善人类环境，造福后代而共同努力。此后，环境与发展关系成为主要的世界性议题。2015年9月25日，联合国可持续发展峰会在纽约总部召开，峰会正式通过17个可持续发展目标（SDGs）。但是，这17大目标之所以长期得不到实现，并不是因为人们过去没有意识到这些目标的重要性，而是因为这些目标在传统工业化模式下相互冲突。如果不彻底转变发展模式，就难以建立起17大目标之间相互促进的关系，SDGs目标的解决也就困难重重。

但是，标准经济学似乎并未对如何认识环境与发展之间的关系提供很好的理论和应对方案。影响最深远的是所谓环境库兹涅茨曲线（EKC），认为环境和发展之间呈现倒"U"形趋势，当经济发展到一定水平，环境就可以得到改善治[1]。这也成为"先污染后治理"政策以及全球环境治理的主要理论依据。但是，这种被很多人奉为圭臬的理论，却并不是经济发展的规律[2]。

虽然生态环境问题正引起越来越多经济学者的关注，且生态、环境、资源等经济学分支学科也已建立，但生态环境问题远未被纳入主流经济学分析范畴。根据斯蒂芬·波拉斯基（Stephen Polasky）等人的研究，目前从事可持续

① Grossman, G. and Kruger, A. B., "Economic Growth and the Environment", *Quarterly Journal of Economics*, 110 (2), 1995, pp. 353 - 377.

② UNEP, "Towards a Green Economy: Pathways to Sustainable Development and Poverty Eradication", 2011, www.unep.org/greeneconomy; Stern, D., "Between Estimates of the Emissions-income Elasticity", *Ecological Economics*, 69 (11), 2010, pp. 2173 - 2182.

发展研究的主要是自然科学家。[①] 以发展经济学为例，2019年埃丝特·杜弗洛（Esther Duflo）教授因为对发展经济学的突出贡献获得诺贝尔经济学奖，其一项重要实验研究，就是如何激励农民使用化肥[②]，而化肥农药的大量使用正是造成所谓"现代"农业不可持续的重要原因。发展中国家的农业发展，需要避免"先污染后治理"的老路。由于消除贫困是联合国17大可持续发展目标（SDGs）的首要目标，其研究也被视为可持续发展研究的一部分。

在处理环境问题时，经济学家更多的是将环境问题作为标准经济学的一个应用和分支领域。这方面最有代表性的是气候变化研究。典型的思路是，通过估算全球应对气候变化的成本与收益（cost and benefit analysis，CBA），得出一个所谓的最优全球温室气体减排量，然后各国再通过气候谈判决定各自的减排量，并建立相应的国际合作机制[③]。减排的好处被定义为因气候变化造成的未来损失的减少（即 social cost of carbon）。这种思路具有传统工业时代的典型特征，即减排与发展相冲突、当代人与后代人的利益相

---

① Polasky，S.，Kling，C. L.，Levin，S. A.，et al.，"Role of Economics in Analyzing the Environment and Sustainable Development"，*PNAS*，Vol. 116，No. 12，2019，pp. 5233 – 5238.

② Duflo，E.，Kremer，M. and Robinson，J.，"Nudging Farmers to Use Fertilizer：Theory and Experimental Evidence from Kenya"，*American Economic Review*，101（6），2011，pp. 2350 – 2390.

③ Nordhaus，W.，"Climate Change：The Ultimate Challenge for Economics"，*American Economic Review*，Vol. 109，No. 6，2019，pp. 1991 – 2014.

冲突，各国之间的利益也相互冲突。这种思路下得出全球最优减排度为3摄氏度的结论[①]，同《巴黎协定》及主流科学家的意见相去甚远，其研究方法也受到广泛争议[②]。这种争论不只是一个简单的模型参数大小的问题，背后更是涉及基本的理论问题。实际上，减排是一个“创造性毁灭”过程（creative destruction），有可能使经济从一个结构跃升到一个新的更有竞争力的结构，从而减排的好处就不只是未来损失的减少，更有可能是大量新技术和朝阳产业的出现。比如，新能源替代化石能源、智能电动车替代燃油车，等等[③]。

现有关于生态环境治理的文献，很多集中在机制设计层面。关于环境治理问题，最有影响的就是“公地的悲剧”[④]。根据哈定（Garrit Hardin）的研究，解决公地的悲剧有两个途径：一是将公地的产权清晰或私有化；二是实现

---

① Nordhaus, W., "Climate Change: The Ultimate Challenge for Economics", *American Economic Review*, Vol. 109, No. 6, 2019, pp. 1991 – 2014.

② Stern, N., "Current Climate Models are Grossly Misleading", *Nature*, Vol. 530, 2016, p. 407; Stern, N. and Stiglitz, J. E., "The Social Cost of Carbon, Risk, Distribution, Market Failure: an Alternative Approach", NBER Working Paper 28472, 2021, http://www.nber.org/papers/w28472; Weitzman, M. L., "Fat-Tailed Uncertainty in the Economics of Catastrophic Climate Change", *Review of Environmental Economics and Policy*, Vol. 5, Issue 2, 2011, pp. 275 – 292.

③ Zhang, Y. S. and Shi, H.-L., "From Burden-sharing to Opportunity-sharing: Unlocking the Deadlock of Global Climate Change Negotiation", *Climate Policy*, Vol. 14, No. 1, 2014, pp. 63 – 81; Zhang, Y. S., "Climate Change and Green Growth: A Perspective of Division of Labor", *China & World Economy*, Vol. 22, No. 5, 2014.

④ Hardin, Garrett, "The Tragedy of the Commons", *Science*, 162 (3859), 1968, pp. 1243 – 1248.

国有化。[1] 科斯定理被广泛用于环境经济学，即在没有交易费用的情形下，资源最优配置与产权的初始分配无关。[2] 但是，由于界定和执行产权同样也需要花费成本，外部性不可能真的被消除。根据张五常的研究，最优外部性程度取决于外部性的危害和消除外部性的成本之间的有效折中。[3] 这意味着，随着时间的累积，狭隘经济视角下的最优环境选择，终会突破科学意义上的阈值，带来灾难性后果。比如，即使每年温室气体排放都按照所谓最优排放量排放，但累积超过一定阈值，气候变化就会加速恶化。

奥斯特罗姆（Elinor Ostrom）的研究则显示，解决环境治理的思路，不只有这两条路线。[4] 人类实际上有比标准理论提出的远要复杂的激励结构和能力来解决各种社会困境。她指出，过去可持续环境政策制定的主要目标，是如何设计一套制度来引导自利的个体行为。但是，大量的经验研究显示，公共政策的核心目标，应该是推动那些激发人们最好的一面的制度的发展。奥斯特罗姆提出的 Institutional Analysis and Development 框架分析表明，这些公共资源区域

---

① Hardin, Garrett, "The Tragedy of the Commons", *Science*, 162 (3859), 1968, pp. 1243 - 1248.

② Coase, Ronald, "The Problem of Social Cost", *Journal of Law and Economics*, The University of Chicago Press, Vol. 3, 1960, pp. 1 - 44.

③ Cheung, S., "The Structure of a Contract and the Theory of a Non-Exclusive Resource", *The Journal of Law and Economics*, Vol. 13, No. 1, 1970.

④ Ostrom, Elinor, "Beyond Markets and States: Polycentric Governance of Complex Economic Systems", *American Economic Review*, Vol. 100, No. 3, 2009, pp. 641 - 672.

的人们，往往会通过自我组织，形成一个有效的公共资源（common pool resources）的治理结构。[①]

由于环境问题背后根本上是发展范式的问题，而工业革命后建立的发展范式和研究范式，很大程度上又是传统工业时代的产物，简单地将现有标准理论应用到生态环境领域难以真正解决可持续发展危机。必须从这些危机出发，对经济学包括价值理论和分析视野在内的一些基本问题进行重新反思和拓展。如果不彻底转变发展范式，使环境与发展之间的关系由过去的相互冲突转变为相互促进，就难以从根本上建立起有效的生态环境治理。

（二）中国生态环境治理的历程

在环境与发展之间关系的认识和实践上，中国走过了一条艰辛的探索道路。早期认为，社会主义国家没有环境问题。后来发现，社会主义也有环境问题，但认为社会主义的优越性可以解决环境问题。改革开放后，在经历了经济高速发展带来的环境全面持续恶化后，认识到传统发展模式同环境难以两全。党的十七大提出生态文明概念，强调以科学发展观实现环境与发展的兼容。党的十八大后，不仅生态文明概念被赋予新的内涵，还被写入宪法、党章，

---

① Schoon，M. and Cox，M. E.，“Collaboration，Adaptation，and Scaling：Perspectives on Environmental Governance for Sustainability”，*Sustainability*，2018，No. 10，p. 679.

成为“五位一体”总体布局的一部分。认识的重大转变，带来行动上的重大变化。中国环境保护力度空前加大，并在环境和发展两方面都取得显著成效，初步形成“越保护、越发展”的发展方式。[①]

从规模和速度而言，中国可以称得上是传统工业化模式最大的受益者。但是，为什么中国却率先提出生态文明，并坚定不移地走绿色发展之路？背后的原因在于，建立在“高碳排放、高资源消耗、高生态环境破坏”基础之上的传统工业化模式，其外部成本、隐性成本、长期成本、机会成本、福祉成本高昂，经济增长不可持续。与此同时，以新能源、电动汽车、5G等为代表的新兴绿色经济的快速发展，带来了大量的绿色机遇。这使得中国坚定不移地转向生态文明和绿色发展。

中国生态文明治理体系和治理能力现代化，就是建立环境与发展之间相互促进的关系，以实现可持续发展目标。具体表现在三个层面。一是国内层面。就是将传统工业化模式下环境与发展之间相互冲突的关系，转变成相互促进的关系，以走出工业文明下的“现代化悖论”，实现“人与自然和谐共生”的现代化和中华民族的永续发展。二是国际层面。实现“人与自然和谐共生”的现代化，中华民族的伟大复兴，就不只是中华民族的复兴，也是全世界的

---

① 张永生：《生态文明体制改革》，载谢伏瞻主编《中国改革开放：实践历程与理论探索》，中国社会科学出版社2020年版。

一个重大发展机遇。各国在国际环境治理上，就可以从过去的各国负担分担，转变为机遇分享。三是在代际层面，当代人与后代人福祉提升可以做到帕累托改进，后代人福祉的改进不一定要以降低当代人福祉为代价。

二　传统工业文明视角下的生态环境治理

（一）传统工业化模式的本质特征及其环境治理困境

传统工业化模式的本质特征，决定着经济发展与生态环境在一定程度上相互冲突，故生态环境治理的思路，更多的就是扩大两难折中的空间。传统工业化模式更多集中在物质财富的生产和消费，以高物质资源投入、高碳排放、高生态环境代价为特征。同时，经济活动对生态环境、社会、文化等方面的影响，则未能充分考虑。一些经济上投入产出效益很高的经济活动，往往以破坏生态环境和文化社会为代价，具有高外部成本、隐性成本、长期成本、机会成本和福祉损失。而且，工业化的组织逻辑，更多的是依靠大规模和单一生产，而社会组织、文化和生态环境则更多地依靠多样性和共生效应。因此，传统工业化模式同生态环境之间，往往有着内在的冲突。

假定一个经济体由两大类产品组成，即（X，Y）。其中，X 为基于物质资源的工业类产品，其生产的环境强度较高，即$e_1>0$；Y 为基于非物质资源的服务类产品，其生产不破坏生态环境，$e_2=0$。可持续发展的条件为实际环境排放 E 不超过环境容量$\bar{E}$，即 $E<\bar{E}$。两类产品总的环境足迹为：

$$E=e_1X+e_2Y=e_1X \tag{1}$$

我们将揭示，在不转变生产和消费内容的条件下，通过提高生态环境治理效率很难从根本上降低环境污染。由公式（1）可知，在传统工业化模式下，有两个途径可以降低总的环境足迹 E。一是通过技术进步降低e_1，即用更绿色的技术生产 X。这往往会提高生产成本。二是降低 X 的产出。这意味着经济收缩，类似增长的极限[①]。这两个途径，都被视为经济发展的负担。

如果只是简单地通过第一种途径，即使用新的生产技术降低e_1，也并不一定能够降低总的环境足迹 E，因为 X 可能会更快地增加，从而 X 增长带来的环境足迹超过环境强度e_1下降而减缓的环境足迹。而且，即使环境强度e_1下降对环境足迹改善的效果超过 X 产出增加对环境足迹增加的效果，则随着时间的推移，环境影响效果的累积最终也会超过环境阈值，即 $\int_0^t E(s)\cdot ds>\bar{E}$，导致环境危机爆发。第二

① Meadows, D. H., D. L. Meadows, J. Randers, W. W. Behrens III, The Limits to Growth: a report for the Club of Rome's project on the predicament of mankind, New York: Universe Books, 1972.

种途径，即通过降低经济增长来实现环境保护，更难以被人们接受。

在传统工业化模式下，由于环境保护和发展之间的两难冲突，生态环境治理更多的就只能依靠技术进步、管理效率提升或降低经济增长速度或总量，以推迟突破环境阈值的时间。这些都难以从根本上解决环境问题，最终难以避免马尔萨斯陷阱。如果发展是基于物质财富的生产和消费，由于资源的有限性（比如，全球碳排放空间），当代人和后代人之间如何分配有限的资源就成为一个两难。因此，实现可持续发展，经济发展就必须尽可能地同环境破坏资源消耗脱钩，即从传统经济（X，Y）转型到绿色经济（X'，Y'）。其中，$X' < X$，$Y' > Y$。这样，可持续条件 $E < \bar{E}$ 的满足与经济增长才能同时实现。

（二）传统发展模式下全球环境治理的困境

环境与发展之间冲突导致的不可持续，会导致国与国之间的两难冲突。工业革命后建立的高度依赖物质资源和化石能源投入的传统工业化模式，虽然可以让世界上少数人口过上物质丰裕的生活，但是一旦这种模式扩大到全球范围，或者在一个更长的时间尺度上，就必然会带来发展不可持续的危机。

假定世界上有两类国家，发达国家与发展中国家。全球可持续的条件是：$E_{\text{global}} = e_1 x_1 M_1 + e_2 x_2 M_2 < \bar{E}_{\text{global}}$，其中，

e_i，x_i，M_i，$i=1$，2，分别代表发达国家和发展中国家的单位产出环境强度、人均产出和人口规模，E_{global}为全球环境破坏程度，$\bar{E}_{global}$为全球环境容量。比如，温升1.5摄氏度对应的全球碳排放总量。当全球南北差距足够大，发展中国家的人均产出x_2足够低于发达国家的x_1时，全球环境危机$E_{global}=e_1x_1M_1+e_2x_2M_2<\bar{E}_{global}$的条件暂时可以满足，不至于出现全球性环境危机。此时，发达国家的现代化模式看似可以在全球复制，其环境不可持续的内在特征因为全球南北差距而被掩盖。

这样，发达国家的现代化模式，就被广大发展中国家视为现代化的模板。目前全球广为接受的现代化概念，正是以发达工业化国家为标准、以物质财富的生产和消费为中心的现代化。后发国家对现代化的探索，更多的是将发达国家经济内容和发展水平作为默认标准，主要集中在如何根据本国国情“实现发达国家那样的现代化”（即how），即如何将产出从x_2提高到x_1的水平，而对“什么是现代化”（即what），也就是X的内容是否可持续，以及是否能够提高人们福祉，则缺少深刻反思和质疑。当越来越多的新兴国家也按照工业化国家的模式快速发展，以气候变化为代表的全球环境危机爆发，这种现代化模式不可持续的弊端也就暴露无遗[①]。

那么，如何处理全球环境危机？由于在传统工业化模

---

① 张永生：《建设人与自然和谐共生的现代化》，《财贸经济》2020年第12期。

式下，环境保护和发展之间相互冲突，解决全球环境问题的典型思路，就是各国如何“公平地”分担全球环境保护责任。以气候变化为例，典型的做法是，先测算实现 2 摄氏度或 1.5 摄氏度全球温升控制目标全球需要减少多少排放，然后各国谈判如何公平地承担各自的份额，而不是将减排视作一种机遇，然后各国讨论如何通过合作创造并共享绿色发展的机遇。在这种负担分担的发展思路下，全球环境问题的解决就十分困难[①]。

（三）传统工业化模式下的生态环境治理陷阱

我们再回到哈定公地的悲剧，揭示为什么在传统工业化模式下，仅仅在微观制度设计的层面，并不足以实现可持续发展目标。从生态文明视角看所谓公地的悲剧或发展的陷阱，实际上存在三类悲剧或发展陷阱[②]。

第一类发展陷阱，是类似过度捕捞、过度放牧等公地的悲剧。奥斯特罗姆的研究显示，利益相关者通过沟通（cheap talk）形成有效的激励机制设计，可以避免过度捕捞、过度放牧，从而将产出 X 控制在一定范围，即 $X < \bar{X}$，

---

① Zhang, Y. S. and Shi, H. -L., “From Burden-sharing to Opportunity-sharing: Unlocking the Deadlock of Global Climate Change Negotiation”, *Climate Policy*, Vol. 14, No. 1, 2014, pp. 63 – 81; Zhang, Y. S., “Climate Change and Green Growth: A Perspective of Division of Labor”, *China & World Economy*, Vol. 22, No. 5, 2014.

② 张永生：《现代化悖论与生态文明现代化》，载高培勇、张翼主编《推进国家治理现代化研究》，中国社会科学出版社 2021 年版。

避免“过度捕捞”或“过度放牧”的发生，以满足可持续条件 $E = e\bar{X} < \bar{E}$。但是，避免“过度捕捞”或“过度放牧”虽然可以实现“可持续”，并使产出高于过度捕捞导致的低产量，但只是一种低水平的“可持续”，无法以此实现更高水平的“发展”目标，因为可持续捕捞或放牧的上限 $\bar{X}$ 就成为发展的上限。

第二类发展陷阱是传统工业化模式导致的生态环境破坏。比如，尽管一个湖泊可以通过有效的激励机制设计避免过度捕捞，但由于避免过度捕捞并不能带来更大的“发展”，湖泊可能不得不走上“投肥养鱼”的高污染道路。而且，即使湖泊不用化学方式养殖，但是其周围的化学农业、工业生产活动都是传统工业化模式，也同样会对湖泊造成污染。实际上，人类活动对生态环境的破坏，早已通过复杂的地球循环系统，深入到包括深海在内的无人区。如果不在更大范围转变经济发展模式，小范围内通过微观机制设计避免公地悲剧，对解决全球可持续发展而言就效果有限。

第三类发展陷阱就是，经济被锁定在传统工业化模式，难以跳跃到一个新的更有竞争力的绿色发展结构，即从（X，Y）跳到（X'，Y'）。绿色转型类似从 0 到 1 的结构跳跃。这个跳跃的过程，类似“鸡生蛋、蛋生鸡”的困境。由于风险厌恶，决策者在没有看到足够的“绿色”证据时，往往不会采取减排行动，而如果不采取减排行动，绿色证据就不会出现。这就形成一个“证据—行动”困境。打破这个困境，就需要新的理论，能够预见到在何种条件下会出现新的结果。[①]如果没有发展模式的根本转变，经济就会因为路径依赖而锁定在一个传统的结构，难以实现绿色转型的潜在好处。

因此，人类当前面临的全球不可持续危机，不只是一个公地悲剧的所谓外部性问题，而是从价值观念到发展内容、发展方式、体制机制等的发展范式转型问题。只有跳出传统工业化模式，在生态文明思维下才能建立环境与发展之间相互促进的关系。[②]

三 生态文明下的生态环境治理：一个概念性框架

习近平主席在巴黎气候大会上提出“两个共赢”，正是中国在生态文明思维下的生态环境治理以及全球环境治理思路。一是环境与发展之间的共赢；二是各国之间的共赢。前面揭示，在传统工业化模式下，很难实现可持续发展目标。接下来揭示，生态文明思维下的生态环境治理，何以实现这些共赢。

---

① Zhang, Y. S. and Shi, H. -L., “From Burden-sharing to Opportunity-sharing: Unlocking the Deadlock of Global Climate Change Negotiation”, *Climate Policy*, Vol. 14, No. 1, 2014, pp. 63 – 81.

② 张永生：《生态文明不等于绿色工业文明》，载潘家华等主编《美丽中国：新中国 70 年 70 人论生态文明建设》，中国环境出版集团 2019 年版。

（一）生态环境治理主体的作用机制

解决环境问题的根本出路是跳出传统工业文明思维，在生态文明思维下尽可能地实现经济发展同环境破坏的脱钩（decoupling）。也就是尽可能地降低高环境足迹的产品 X 的生产和消费，扩大绿色产品 Y 的生产和消费，将经济从（X，Y）转型为绿色经济（X'，Y'）。其中，$X'<X$，$Y'>Y$。

那么，如何实现这种转型？我们用一个简单的一般均衡模型，揭示政府、企业、消费者等生态环境治理主体的相互作用机制，以及它们如何在新的理念和约束条件下改变行为模式，实现绿色转型。

假定消费者消费两类产品 x 和 y，其效用函数和约束条件为：

$$\max U = x^{\alpha} y^{1-\alpha} \tag{2}$$

$$s.t.\ P_x x + P_y y = I \tag{3}$$

其中，U 为效用，α 和（$1-\alpha$）分别为 x 和 y 的偏好参数。I 为收入（即工资），P_x 和 P_y 分别为 x 和 y 的价格。求解两类产品的需求函数为：

$$x = \frac{\alpha I}{P_x},\quad y = \frac{(1-\alpha)\ I}{P_y} \tag{3}$$

为简便分析，假定企业 X 和企业 Y 只有劳动一种投入［可以理解为 X 的生产需要劳动作用于有形的物质资源，Y 的生产更多地依赖知识、文化、环境等无形资源。20 世纪 70 年代后基于迪克西特—斯蒂格利茨模型（Dixit-Stiglitz Model）

的新贸易理论、新增长理论、工业化、新经济地理模型，其生产函数大都只有劳动一种投入］，生产函数分别为：$X=A L_x$，$Y=B L_y$。其中，A 和 B 为技术参数，L_x和L_y为劳动投入。

我们在企业决策系统中增加一个新的环境约束条件，考察其对企业行为及一般均衡结果的影响。企业 X 的利润最大化目标函数为：$\pi_x = \mathrm{k} P_x X - \omega L_x$。其中，$0<\mathrm{k}<1$ 为有效产出系数，因为由于政府实施"谁污染、谁治理"政策，企业必须消耗掉其产出的（$1-\mathrm{k}$）部分治理环境污染，以使其产品排放不高于环保标准e_x（符合环保标准不意味污染为零）。企业支付治理环境成本后的净收入为 $\mathrm{k} P_x X$。ω 为工资。由于市场竞争和行业自由进入，企业 X 和企业 Y 工资均等。为简便分析，令工资 ω 为计价物（numeraire），$\omega=1$，模型中所有价格均为相对价格。绿色产品 Y 没有环境治理问题，其利润最大化目标函数为$\pi_y = P_y Y - \omega L_y$。

解出如下一般均衡：

价格：$P_x = \dfrac{1}{\mathrm{k}A}$，$P_y = \dfrac{1}{B}$　　(4.1)

人均消费：$x = \alpha \mathrm{k} A$，$y=(1-\alpha)B$　　(4.2)

劳动力配置：$L_x = \alpha \mathrm{k} M$，$L_y = (1-\alpha \mathrm{k})M$　　(4.3)

总产出 $X = \alpha A \mathrm{k} M$，$Y=(1-\alpha \mathrm{k})BM$　　(4.4)

效用：$U=(\alpha \mathrm{k} A)^{\alpha}[(1-\alpha)B]^{1-\alpha}$　　(4.5)

如何将经济从传统经济（X，Y）转型为绿色经济（X'，Y'），其中 $X'<X$，$Y'>Y$，以降低整个经济的环境强度？这就需要政府、企业、消费者等主体改变其行为。对

$X=\alpha AkM$ 和 $Y=(1-\alpha k)BM$ 进行比较静态分析，有

$$\frac{\partial X}{\partial k}>0,\ \frac{\partial Y}{\partial k}<0,\ \frac{\partial X}{\partial \alpha}>0,\ \frac{\partial Y}{\partial \alpha}<0, \tag{5}$$

由公式（5）可知，经济从传统经济（X，Y）转型为绿色经济（X'，Y'）有两条基本途径：

第一条途径是对企业施加更严格的环境约束条件，以改变绿色产品和非绿色产品的相对价格，即提高P_x，降低P_y。从$P_x=\frac{1}{kA}$，$x=\alpha kA$，$X=\alpha AkM$ 可知，在市场竞争和自由进入的条件下，X 和 Y 的相对价格会随着其环境规制成本的变化而变化。污染企业付出的环境成本（$1-k$）越大，污染产品 X 的相对价格P_x就越高，市场会自发地降低对 X 的需求，提高对 Y 的需求。X 在经济中的比重就越低，绿色产品 Y 在经济中的比重就越高。如果没有环境约束，即如果 $k=1$ 或 $1-k=0$，则非绿色产品的相对价格P_x就难以提高，绿色转型也就难以发生。

第二条途径是转变消费模式。第一条途径更多的还只是标准经济学中的环境外部成本内部化问题，仅此还不足以解决环境问题，必须从价值观念到发展模式进行系统性转变。从 $x=\alpha kA$ 和 $y=(1-\alpha)B$ 可知，当 α 下降时，对 X 的需求就下降，对绿色产品 Y 的需求上升。需要特别指出的是，对于消费者偏好改变，标准经济学同其他学科持有不同的态度。在心理学、营销学、人类学、社会学等学科中，偏好变化是一个常态，而标准经济学更多的是在偏

好给定条件下进行资源配置的分析。原因在于，偏好变动会给经济学“科学分析”带来很多困难，影响经济学的“科学化”。[①] 但是，经济学面临的很多挑战，正是来自这种假定引起的问题。如果没有偏好的演进，很多经济结构的变化甚至不可能发生。从经济史，以及行为经济学、实验经济学来看，人们的偏好并不是标准经济学假定的一成不变。相反，偏好一直是在不断演进的。[②] 大规模社会心理及消费习惯的改变，是从农业社会到工业社会转变的前提[③]。现代工业社会的高生产力，需要通过将过去“节俭的人”变成“消费动物”来创造市场需求。[④]

（二）绿色转型与生态文明

上面两个基本途径，分别对应着生态文明思想的两个

---

① Bruni L. and Sugden, R., “The Road Not Taken: How Psychology was Removed from Economics, and How it Might be Brought Back”, *The Economic Journal*, Vol. 117, No. 516, 2007, pp. 146 – 173.

② Stern, N. and Stiglitz, J. E., “The Social Cost of Carbon, Risk, Distribution, Market Failure: an Alternative Approach”, NBER Working Paper 28472, 2021, http://www.nber.org/papers/w28472; Grune-Yanoff, T. and Hansson, S. O., “Preference Change: An Introduction”, in Preference Change: Approaches from Philosophy, Economics and Psychology, Theory and Decision Library A42, 2009; Becker, G. S., *Accounting for Tastes*, Cambridge, MA: Harvard University Press, 1996.

③ Rostow, W. W., *Stages of Economic Growth: a non-communist manifesto*, Cambridge: Cambridge University Press, 1960.

④ Atkisson, A., “Life beyond Growth: Alternatives and Complements to GDP-measured Growth as a Framing Concept for Social Progress” (2012 Annual Survey Report), Tokyo: Institute for Studies in Happiness, Economy and Society, 2012.

最核心概念，即人与自然和谐共生，以及“绿水青山就是金山银山”理念。前者与不同分析视野下的约束条件有关，后者同价值理念有关[①]。

第一个是“人与自然”更宏大的视野。传统工业化模式更多地局限于“人与商品”的狭隘视野下，并不太关心人类活动对生态环境的影响。在各种经济学标准教材模型中，生态环境处于一个非常次要的角色[②]。这种一味追求物质财富生产和消费最大化的所谓人类最优行为，必然带来“人与自然”关系的破坏。“人与自然”更宏大视野在模型中对应的，是企业 X 环境治理成本（$1-k$）的加大。这种新的约束条件，会改变产品的相对价格，从而提高对绿色产品的需求，减少对非绿色产品的需求。

第二个是“绿水青山就是金山银山”和“良好的生态环境是最普惠的民生福祉”理念。这种新发展理念意味着新的偏好，以及对美好生活的重新定义。与之相对应的，是效用函数中消费者的偏好参数 α 的变化，以及在标准效用函数中考虑无形的生态环境等因素。标准的效用函数 $U=x^{\alpha}y^{1-\alpha}$ 由于没有考虑环境破坏等无形因素对福祉的负效应，消费者的真实效用并不如名义商品消费水平显示的高，即“高 GDP、低福祉”。这已为大量福祉经济

① 张永生：《为什么碳中和必须纳入生态文明建设整体布局——理论解释及其政策含义》，《中国人口·资源与环境》2021 年第 9 期。

② Smith, A., *An Inquiry into the Nature and Causes of the Wealth of Nations*, London: W. Strahan and T. Cadell, 1776.

学的研究证实。[①] 因此,一旦考虑环境破坏带来的社会福祉损失效果($1-k_s$),真实效用函数就成为 $U=k_s x^{\alpha} y^{1-\alpha}$。其中,$0<k_s\leqslant 1$。随着 X 产品偏好参数 α 的降低和环境治理力度加大,生态环境质量得以改善,效用函数中的 k_s 亦会提高,真实效用随之提高。比如,同样是消费 1000 元的商品,在生态环境良好的环境下或在环境严重污染的环境下,各自产生的效用就大不同。就正如从传统农业社会向工业社会转变的前提是社会心理和消费习惯的大规模转变一样,从不可持续的传统工业化模式转变到绿色发展,也需要社会心理、消费心理、生活方式的系统而深刻的转变。否则,仅仅依靠技术进步难以实现绿色转型。

传统工业文明和生态文明发展模式的这两个本质区别,意味着对成本、收益、福祉、最优化等概念的不同定义,从而对生态环境、社会、文化等就有不同含义。在传统工业化模式下,经济发展同生态环境、社会、文化等方面,就会是一种相互冲突关系;在生态文明绿色发展模式下,经济发展同生态环境、社会、文化等方面,就有望形成相互促进的关系。[②]

---

① Easterlin, R., "Does Economic Growth Improve the Human Lot? Some Empirical Evidence", in David, P. A. and Reder, M. W. eds., *Nations and Households in Economic Growth*, Academic Press, 1974, pp. 89 - 125.

② 张永生:《为什么碳中和必须纳入生态文明建设整体布局——理论解释及其政策含义》,《中国人口·资源与环境》2021 年第 9 期;张永生:《生态文明不等于绿色工业文明》,载潘家华等主编《美丽中国:新中国 70 年 70 人论生态文明》,中国环境出版集团 2019 年版。

四 相关问题的讨论及其政策含义

(一) 生态环境治理主体的角色转变

生态环境治理是政府、企业、消费者等主体共同行动的结果。从前面消费者和生产者决策系统约束条件的变化可以看出，经济从传统经济（X，Y）转型为绿色经济（X'，Y'），涉及偏好 α、环境规制 k、技术 A 和 B 等关键参数条件的变化。其中，最为关键的是政府的推动。

第一，发展理念和发展战略的转变。对于政府治理而言，绿色转型的关键是用新发展理念替代传统发展理念，用“人民福祉为中心”的发展目标替代长期以来 GDP 导向的发展目标。这种发展理念和发展目标的战略性具有“自我实现”(self-fulfilling) 的功能，会带来发展内容、商业模式、体制政策等的系统性转变。

第二，政府角色变化。根据斯特恩（Nick Stern）和斯蒂格利茨的研究，环境危机是典型的市场失败。[①] 建立生态文明治理体系，涉及对一些根本问题的重新思考，包括对市场职能和政府职能的重新定位。从《利维坦》中至高无

---

① Stern, N. and Stiglitz, J. E., “The Social Cost of Carbon, Risk, Distribution, Market Failure: an Alternative Approach”, NBER Working Paper 28472, 2021, http://www.nber.org/papers/w28472.

上的统治者到《契约论》中政府与公民的契约关系、到《国富论》中守夜人政府，再到现代市场经济下政府新的职能[①]，人们对政府职能的认识，也经历了实质性演变过程。党的十八届三中全会提出“更好地发挥市场的决定性作用，更好地发挥政府的作用”，以及党的十九届四中全会关于国家治理体系和治理能力现代化的决定，实质是对市场的功能和政府职能重新定义。比如，政府采取严格的环境措施会改变产品的相对价格，对绿色产品技术的扶持会促进绿色技术进步，降低绿色产品的价格。

第三，企业角色的变化。企业原先是在较少考虑外部性的条件下，实现股东利润最大化。现在则要在考虑更多利益相关者利益的条件下，实现股东利润最大化。在传统工业化模式下，企业治理更多的只是单一强调股东利益至上。在生态文明视角下，则要充分考虑经济活动的社会环境文化等后果，将主要利益相关者（以各种方式）均纳入公司治理结构，在此前提下实现股东利益最大化。企业 X 的目标函数从过去的 $\pi_x = P_x X - \omega L_x$ 转变为 $\pi_x = \mathrm{k}\, P_x X - \omega L_x$。

第四，消费者消费习惯的变化。除了相对价格的因素外，消费者偏好是经济转型的重要推动力。改变的动力来自（1）对环境污染之于自身利益真实影响的了解；

① ［英］约翰·梅纳德·凯恩斯：《就业、利息和货币通论》，陆梦龙译，商务印书馆 1999 年版。

(2) 消费者对良好生态环境好处的感受加深;(3) 教育引导。相关研究显示,"绿色知识"对于改变消费偏好和消费行为十分关键,教育应该成为重要的途径。[①] 需要特别指出,政府引导偏好转变,并不是将特定的偏好强加给消费者,而是为那些不可持续的消费行为建立负面清单,让消费者自由选择。

(二) 绿色转型对生产力、福祉和可持续的含义

需要强调的是,上面讨论的 X 和 Y 是指两种类型的产品集合,它们各自包含一系列产品,即 $X=(x_1, x_2, \cdots, x_n)$,$Y=(y_1, y_2, \cdots, y_n)$。这样,可以将 X 和 Y 相对比重的变化理解为大量非绿色的夕阳产业不断消失,新的绿色产业不断涌现的过程。这个绿色转型过程,就是一个熊彼特的"创造性毁灭"(creative destruction)过程。有研究显示,减排有可能驱动经济结构跃升到一个更有竞争力的新结构,从而减排就不再是经济发展的负担,而可以成为经济增长的动力。[②] 比如,政府严格的减排政策驱使经济结构从传统"燃油车—加油站"的结构,跃升到"电动汽

---

① Zhang, Y. S. and Chabay, I., "How 'Green Knowledge' Influences Sustainability through Behavior Change: Theory and Policy Implications", *Sustainability*, 2020, No. 12, p. 6448.

② Zhang, Y. S. and Shi, H.-L., "From Burden-sharing to Opportunity-sharing: Unlocking the Deadlock of Global Climate Change Negotiation", *Climate Policy*, Vol. 14, No. 1, 2014, pp. 63-81.

车—充电桩”更有竞争力的结构，同时后者的分工链条又不断细分，成本不断下降。目前，中国新能源、智能电动车的产业分工体系正在经历的井喷式增长，就是“创造性毁灭”的生动体现。

绿色转型并不像一些人担心的会影响经济增长，而是有可能实现更好更快的增长。绿色转型的核心要义是 GDP 内容的转变，以让发展回归到提高人民福祉这个初心。在新的绿色经济模式下，Y 类产品和服务更多地基于知识、生态环境、文化等具有非竞争性特性（nonrivalry）的无形资源，相较于高度依赖有形的物质资源投入的 X 类产品，Y 的生产具有更高的递增报酬（increasing returns），因为知识、生态环境、文化一旦形成，其边际成本很低甚至为零。而且，新的绿色经济（X'，Y'）很大程度上基于无形资源，这些资源会越用越多，不像传统经济（X，Y）依赖的有形资源会枯竭并破坏生态环境。只不过，这种基于无形资源的产品和服务，往往需要新的商业模式来实现其价值。但是，现有商业模式很大程度上又是在传统工业时代形成，要实现这种转变殊为不易。

以前面讨论的公共资源治理为例。在传统工业化思维下，湖泊或林地的功能主要是养鱼或放牧。这是传统发展经济学以物质财富生产和消费为中心的标准定义。实际上，湖泊除了养鱼，还有大量的生态文化功能。比如，生态旅游、体育休闲、文化教育等。湖泊的这种无形生态资源，具有非竞争性（nonrivalry）的特性，其价值（比如景观）可以同时满足很多人的需求。如果湖泊的这些价值得到充分开发，则湖泊生态保护就有了新的发展含义，不再需要依赖“投肥养鱼”污染环境来获得更高的收益。因此，一旦对发展进行重新定义，奥斯特罗姆的IAD框架，就会有更新的发展含义。前面讨论的几类发展陷阱就会消除。

此外，需要澄清一个似是而非的假象。传统工业化模式之所以看起来比绿色经济更有效率，一个重要原因就是长期以来其高社会成本没有被纳入经济分析和评估体系。比如，如果考虑环境污染的医疗支出$C_{medical}$，则所有消费者的预算约束就会降低，由$P_x x + P_y y = I$降低为$P_x x + P_y y = I - C_{medical}$。或者，为简便分析，我们可以在效用函数中引入一个社会成本相关的系数k_s，效用函数从$U = x^{\alpha} y^{1-\alpha}$变为$U = k_s x^{\alpha} y^{1-\alpha}$。其中，$0 < k_s \leq 1$。当对那些污染企业采取严格环境措施时，由于环境改善具有非竞争性（nonrivalry）的性质，全社会均会从中环境改善中受益，此时所有人效用函数中的k_s均会提高。因此，严格环境政策反而会提高全社会真实福祉水平。

五 结语

工业革命后建立的传统工业化模式，在大幅提高物质生产力的同时，也带来全球范围的不可持续危机。在传统工业化模式下，不仅环境与发展之间存在两难冲突，当代人和后代人之间，以及国与国之间，也存在两难关系。本文揭示，在传统工业时代形成的生态环境治理思路，更多的只能是通过技术进步和/或提高治理效率来扩大这种两难冲突的折中空间，难以从根本上解决环境与发展之间的矛盾。生态文明思维下的生态环境治理，则是通过促进发展范式的根本转变，形成环境保护与发展之间相互促进的关系，进而实现各国从环境负担分担转向机遇共享的共赢关系，以及当代人与后代人的共赢。

从传统工业文明转向生态文明，是一个发展范式和研究范式的系统性转变。一旦在这个新的范式下思考生态环境治理问题，则关于目标函数、成本、收益、福祉、最优化等概念就需要重新定义，政府、企业、消费者的行为模式都会改变，带来非常不同的生态环境后果。党的十九届四中全会提出的生态文明治理，重点强调生态环境保护、资源利用、生态保护与修复、生态环境责任制度。在生态文明思维下，这些都具有不同于传统工业时代的政策含义。同时，一旦跳出传统工业时代的思维，一些长期被奉为圭臬的理论，可能就需要重新思考。

全球经济的重构：环保化及其挑战

娜塔莉亚·皮什库洛娃*

一　全球经济的“绿色化”

近几十年来，环境问题在各种全球挑战中引发了人们的关注。世界经济论坛在2019年将环境问题评为当前最严峻的课题之一：在人类最有可能面临的5项长期风险中，环境问题占据3项；在对世界潜在影响最大的5个问题中，环境问题独揽4席。眼下最紧迫的问题包括空气、水和土壤污染，资源枯竭，纯净饮用水的匮乏，森林被乱砍滥伐及其对生物多样性的破坏。比这些问题更具挑战性也更难解决的，则要数空气污染加剧所引发的气候变化。

正是由于意识到解决环境问题刻不容缓，人们开始构

---

* 莫斯科国立国际关系学院国际与对外经济关系系教授，俄罗斯国际事务委员会专家，经济学博士。

建一种以环境为焦点的发展战略。[①] 采取这种战略的驱动力，除了环境的急速恶化之外，还有另一些因素：资源短缺、能源安全问题、经济增长中日益沉重的环境代价、舆论压力，以及“环境因素”在增强国家和企业竞争力方面的功能。如今这一战略正在全球、国家、私人部门、非政府组织和个人的各个层面推行。

其结果是，我们看到全球经济正在深度重构。在越来越多的资源保育政策、商业模式变革，以及环境领域的创新、投资和信息增长的影响下，环境在全球经济中占据着越来越重要的地位。几乎所有科学分支领域都在致力解决环境问题。绿色市场（包括可再生能源，能源保育，清洁水源，可持续林业、渔业，塑料及固体废品回收，绿色基建和可持续城市）的资本化程度已经高于许多传统产业。

专家认为这一重构不仅能改善环境，而且也将推动经济增长，促进劳动就业，提高人们的生活水平。按照国际可再生能源机构的说法，在 2019—2050 年间，“能源变革将贡献 2.5% 的国内生产总值（GDP）增长和 0.2% 的全球就业率增长”，其中 GDP 收益累计可达 99 万亿美元。[②]

然而相比于环境恶化的速度，环境倡议落实得还是太

---

① 以环境为焦点的发展战略是一个集合概念，其内容体现为可持续发展、绿色经济、循环经济等战略。

② “Global Energy Transformation：A Roadmap to 2050”，IRENA，April，2019，https：//www.irena.org/publications/2019/Apr/Global-energy-transformation-A-roadmap-to-2050－2019Edition.

慢。我们面临着一系列前所未有的挑战，必须在今后若干年中加以解决，这些挑战不仅包括转变经济结构，至少是关键产业，例如能源行业、制造业、农业和运输业的经济结构，而且要求人们转变生活方式。这就意味着目前的创新、投资和贸易必须发生根本上的变革，而变革的主要障碍集中在经济、技术、管理和心理四个方面。

经济重构耗资不菲，主要原因在于绿色科技成本高昂。联合国环境规划署指出，根据不同的测算，向绿色经济转型将耗费全球经济总量的2%—25%，甚至更多。世界经济论坛曾经明确提出，光是投资全球基础建设（主要在发展中国家）就需要5.7万亿美元。[①] 联合国经济和社会事务部的一份报告认为，在全球范围内淘汰目前的化石燃料和核能基础设施需要花费15万亿—20万亿美元。[②] 国际可再生能源机构估计到2050年，人们在无碳能源上的投资将达到110万亿美元，即全球GDP的2%。[③] 更可怕的是，投资绿色能源不太可能在短期内见到收益。

我们在谈论绿色倡议时，也应该考虑技术方面的问题。

---

① “The Ways and Means to Unlock Private Finance for Green Growth”, in *The Green Investment Report*, World Economic Forum, https://www3.weforum.org/docs/WEF_Green-Investment_Report_2013.pdf.

② “The Great Green Technological Transformation”, in *World Economic and Social Survey* 2011, UN, https://www.un.org/en/development/desa/policy/wess/wess_current/2011wess.pdf.

③ “Global Energy Transformation: A Roadmap to 2050”, IRENA, April, 2019, https://www.irena.org/publications/2019/Apr/Global-energy-transformation-A-roadmap-to-2050-2019Edition.

实际上，建设绿色经济所需的那些技术，包括风力和太阳能发电、能源储存和分配系统、碳捕捉技术、生物可降解材料等已经相当普及了。这些技术也变得越来越廉价和高效，从而加速了它们进一步的发展。例如，光伏发电和风力发电的成本自2010年起分别平均下降了73%和22%，而且这一下降趋势预计会持续下去。在美国，风力和太阳能发电的成本正在接近2—3美分/千瓦·时。在欧洲，海上风力发电在价格上已经可以与传统发电方式媲美。如果我们能把握好最新的机遇，比如把智能电网、数字系统、物联网、大数据、人工智能和其他能够显著优化能源供需及交易管理的技术结合起来，再加之新型的商业模式，我们就能彻底实现能源产业转型。从长期来看，下一代的可再生生物燃料和生物能源将服务于那些难以电力化的产业，比如航空、海运和一些特定的工业流程。①

在过去的十年中，可再生能源以前所未有的速度蓬勃发展，增长速度超过其他所有能源。根据最新的预测，可再生能源目前占一次能源供应的比例约为六分之一，到2050年可能增长到三分之二。② 在这一趋势和能源效率提升

① “Global Energy Transformation：A Roadmap to 2050”，IRENA，April，2019，https：//www.irena.org/publications/2019/Apr/Global-energy-transformation-A-roadmap-to-2050－2019Edition.

② “Global Energy Transformation：A Roadmap to 2050”，IRENA，April，2019，https：//www.irena.org/publications/2019/Apr/Global-energy-transformation-A-roadmap-to-2050－2019Edition.

的推动下，全球能源产业有望实现重构。

与此同时，随着可再生能源取代传统技术的进程不断加快，我们仍需努力提高可再生能源的效率，降低其成本（尤其是资源保育上的成本），并确保其在关键的经济产业中得到采用。我们还需要采取一些额外手段来激励人们转向使用可再生能源，比如将传统能源价格控制在一个足够高的水平。改变能源基础设施是一项复杂的工程，因此，要实现全球能源产业的重大变革还有待时日。

新科技会带来何种影响，目前还极难断定。比如，大多数的绿色科技会在生产中用到大量的塑料。我们仍要消耗石油（一种不可再生资源）并排放类二噁英物质，即便使用了绿色科技也不能避免此类排放。在制造太阳能板的时候，也会产生氟、氯、硝酸盐、二氧化碳、二氧化硫和其他有害物质。① 我们很难预测今后会发展出什么新技术，而近些年的经验表明，形势变化可能骤然到来。比如，页岩油气产量的加速增长导致能源市场剧变，降低了人们开发替代性能源的意愿。

面对严峻的环境状况，绿色技术的研发和推广不得不与时间赛跑。所有迹象都表明，我们要在二三十年内实现一场绿色科技革命。科学家呼吁人们尽快完成全球能源体

---

① G. J. M. Phylipsen, E. A. Alsema, "Environmental Life-cycle Assessment of Multicrystalline Silicon Solar Cell Modules", 1995, http://seeds4green.org/sites/default/files/10.1.1.126.292.pdf.

系重建，以避免气候灾难。然而，考虑到研发、引入和推广新科技所需的时间，这是一项极为棘手的任务。以往的技术革命都需要很长时间，历时 70 年或者更久。更重要的是，能源效率的提升还会被人口增长和消费增长所“抵消”。

然而，要积累起足够的资金和技术也并非不可能。根据各种国际组织的说法，我们并不缺少用于投资绿色能源的资金，而且经济转型所需的绝大多数技术也已经到位。所以，经济重构能否加速同样取决于另一些同等重要的因素，这主要是指，我们能否改变自己的思维方式和各个层面的政策。

环境战略和绿色政策之所以一再拖延，常常是因为领导人、企业和大众犹豫不决，缺乏意识和远见。大多数国家的绿色战略并未充分关注自然资本保护，尽管它们在政治上往往是这么宣称的。政府的政策经常自相矛盾，比如一边鼓励制造业清洁化，一边继续给化石燃料和农业提供巨额补贴，而两者都会加重环境负担。仅在 2018 年，化石燃料补贴就超过了 4000 亿美元。①

造成困难的还有其他原因，比如高度不确定的环境恶化速度。研究显示，部分地区的环境恶化速度超出人们预计，快到当地国家来不及做出反应。科学家警告称，这一

① “Energy Subsidies. Tracking the Impact of Fossil-fuel Subsidies”, International Energy Agency, https://www.iea.org/topics/energy-subsidies.

进程还可能进一步突然加速。我们还要考虑到地缘政治因素。

另一种障碍来自某种固有的矛盾:任何企业的首要目标都是逐利,但又要承担起建设绿色经济的任务。尽管绿色经济创造了新的机遇,但许多企业(包括俄罗斯的企业)仍然对产业“绿色化”抱以负面态度,认为环保措施给它们造成了额外成本。绿色投资很少有即时的回报,即便有收益,也未必很明显。

全球经济的“绿色化”是不均衡的。环境产业目前集中在若干经济较发达的国家或地区组织(如欧盟、美国和日本)以及数个增长迅速的发展中国家(如中国、印度和巴西),这主要是由这些国家的发展水平和经济结构所决定的。对依赖能源出口的国家和传统能源企业而言,环境倡议造成的影响可能是长期负面的。随着交易条件恶化,许多依赖资源出口的非洲、中东和拉丁美洲国家可能失去市场。

而且,有相当一部分发展中国家认为经济“绿色化”只能带来有限的利益,担心其将转移在发展问题和不平等问题上所投入的资源和精力。也有人担心所有自然资源以及人类生活的方方面面都会被商业化,结果是企业从中得利,却让公众承担自然资源进一步破坏的后果。例如,有一些采矿企业正是一边摧残着环境,一边拿出经济援助充当“补偿”。

发达国家可以用环境友好战略来为自己的单边贸易保护主义辩护，这可能会进一步加剧国家间的不平等。在发达国家具有相对优势的环境商品和环境服务领域，贸易自由化有加速之势，这将引起发展中国家的抵制。

全球经济的“绿色化”还面临许多其他障碍。如果我们将环境友好型增长融入政府战略，强化国家在投资和促进绿色创新中的作用，扩充国家环境政策所能使用的经济工具种类（包括对特定经济活动施予财政激励），吸引公众关注环境政策中的文化、资讯和教育内容，加强环境领域的国际互动，充分顾及那些无法从绿色经济的发展中立即获益的国家，克服各国之间的政治猜疑，我们就能攻破其中一部分障碍。

二 政府、企业能够有何作为？

尽管困难重重，环境政策仍然启动了数个领域的“绿色化”进程。气候变化只是该政策所要解决的重点问题之一，生物多样性保护和生态系统健康同样重要。

人类对环境的影响已经使生物多样性衰退到前所未有的程度，这一进程目前还在加速。生态系统服务（ecosystem services）构成了我们经济的基础，其价值据估计高达125万亿美元，然而其中约三分之二已经衰退或者遭到滥用。目前约有 100 万种动植物濒危，这在人类历史上是前所未有的。超过四成的世界人口面临着土地退化和随之而来的粮食安全问题。①

人们缔结了一系列国际协定来应对这一问题，包括《生物多样性公约》《保护迁徙野生动物物种公约》《濒危野生动植物物种国际贸易公约》等。《生物多样性公约》各缔约国于 2010 年通过了《2011—2020 年生物多样性战略计划》，其中规划的许多任务已经在世界各地取得了重要的初步进展，尤其是在识别入侵物种、扩大保护区和制定保护生物多样性的国别战略和国别计划等方面。

许多国家通过信息、教育等手段加强了生物多样性方面的活动。其成果是，在法国、墨西哥、巴西、秘鲁、中国和越南等国家，公众有着很高的环境保护意识（高达 90%）。国家公园和世界遗产的旅游活动日渐繁荣，有助于人们认识到生物多样性的价值。地方社区经过培训，能够更好地参与公园管理，从而在生物多样性保护中承担更重要的角色。许多国家已在环境敏感地区引入了农业发展规划，给予农民津贴，鼓励其采取有利于环境多样性的农作方法。同时，一些国家增加了与生物多样性相关的税收。类似“海洋管理委员会（MSC）认证”这样的市场工具也

① “Summary for Policymakers of the Global Assessment Report on Biodiversity and Ecosystem Services of the Intergovernmental Science-Policy Platform on Biodiversity and Ecosystem Services”, IPBES, 2019, https://ipbes.net/global-assessment.

越来越多地得到应用。各国政府和当地消费者通过参与性管理来实现更加可持续的渔业发展，例如为了保护资源而设定捕捞上限。

人们越来越多地利用经济工具来鼓励生产者和消费者采取对环境负责任的行为方式，这些工具包括税费、可交易许可、生态系统服务使用金、环境补贴等等。比如政府会征收直接用于流域保护的费用。可交易许可则允许企业异地购买其他企业通过恢复环境生态而获取的环境许可（证）。

越来越多的企业开始认识到，要维持利润，就需要妥善地管理生态系统。人们在对产品的需求上，也越来越倾向于那些体现出环保意识的公司。这些公司开展自愿的环保认证和环保标签项目，建立旨在获取环境利益的新商业模式，并探索参与生态环境市场的机会，从而为保护生物多样性贡献了力量。

《生物多样性与生态系统服务全球评估报告》指出，如果没有以上这些举措，我们的处境会远比现在糟糕。① 但即便如此，我们仍然需要更多有力的项目，因为我们目前所有的努力都还不足以阻止动植物加速灭绝的趋势和自然栖息地的破坏。

① "Summary for Policymakers of the Global Assessment Report on Biodiversity and Ecosystem Services of the Intergovernmental Science-Policy Platform on Biodiversity and Ecosystem Services", IPBES, 2019, https://ipbes.net/global-assessment.

三 政府和社会资本合作（PPP）：迈向环境友好型发展

经济发展方式向环境友好型转变，需要各相关方携手参与。一种具体的有效方式是在国家、私有组织和公共组织之间建立伙伴关系，这一做法已经在各个社会层面上推行了数十年。全世界现有约4000个政府和社会资本合作项目，它们以实现联合国可持续发展目标为宗旨。这种新型合作关系采用了政府政策工具和社会自发力量相结合的方式进行商业监管。[①]

政府和社会资本合作的一个典型案例是“数字影响力联盟”（Digital Impact Alliance），该项目集合了科学家、投资者和政府官员的力量，借助农业大数据来为非洲保障粮食安全。比如通过该项目，马拉维的农民可以了解有关肥料的信息，知道哪些适用于当地。[②]

这种合作形式可以在特定条件下成功，比如参与者有

---

① “Summary for Policymakers of the Global Assessment Report on Biodiversity and Ecosystem Services of the Intergovernmental Science-Policy Platform on Biodiversity and Ecosystem Services”, IPBES, 2019, https://ipbes.net/global-assessment.

② “Summary for Policymakers of the Global Assessment Report on Biodiversity and Ecosystem Services of the Intergovernmental Science-Policy Platform on Biodiversity and Ecosystem Services”, IPBES, 2019, https://ipbes.net/global-assessment.

着共同目标，并且管理有方。2011 年玛莎百货和萨默塞特郡议会的合作是一个优秀案例，双方合作加强了路边可回收垃圾（包括塑料瓶）的循环利用。玛莎百货从中得到的益处是减少了垃圾填埋和相应的成本。

四　生态系统保护的创新方案

随着越来越廉价的新技术不断涌现，我们在保护生物多样性和“绿色化”方面有了更多选择。现代的太阳能摄像头能够储存、传送海量信息，从而可以用来远距离观察野生动植物。例如在加勒比地区，人们就用无人机来协助自然环境调查。在美国，无人机被用于监测溪流和沼泽的水质。日本的农民通过“精准农业”来减少资源消耗。通过无人机、计算机和最前端传感器科技的结合，农民可以判断每平方米的土地分别需要多少水、肥料和其他物质。[①] 在渔业方面，人们给船只和港口装上移动应用程序，来记录渔获量和监测鱼群规模。

在俄罗斯，各类环境政策工具也越来越多地得到利用。数十项环境相关的法律在过去几年中得到通过，国家生态

---

① Mader A.，Ralevski A.，Fischer A.，Lim J.，“Biodiversity-A Key Source of Technological Innovation”，G20，2019，Japan，https：//t20japan. org/wp-content/uploads/2019/03/t20-japan-tf3 –3-biodiversity-source-technological-innovation. pdf.

工程也已经启动。许多公司开始采用具有高资源效益的技术，回收利用废弃物，并且启用了环境认证和生态标签。然而这些努力并未改变俄罗斯环境状况的恶化趋势，因此我们需要更多强有力的措施。比如，我们可以采用基于人工智能、大数据、物联网及其他先端技术的各种创新手段，这些技术在一些国家已经率先发展并逐渐普及。

（甄卓荣　译）

中俄美全球气候治理、低碳绿色发展中的角色、竞争与合作

徐洪峰*

工业化时期以来，全球气温上升趋势显著，2011 年以来的十年是 170 多年以来全球气温最高的十年。据联合国政府间气候变化专门委员会（IPCC）评估报告，1750 年以来，人类活动产生的温室气体排放增加已经成为全球变暖的主要原因，碳排放主要源自人类能源、交通、建筑，以及制造业活动的排放。美欧等西方发达国家是全球历史累计温室气体排放的主力，而中国、俄罗斯、印度等国则成为《京都议定书》发布以来全球碳排放的主要来源。全球气候变暖将带来物理风险和转型风险，并由实体经济传递至金融系统。为应对气候变化的诸多影响，全球应对气候变化的国际公约和行动不断演进，世界主要国家均提出了本国的“碳达峰”“碳中和”目标。

* 中国社会科学院俄罗斯东欧中亚研究所研究员。

一 气候治理的全球努力

（一）全球气温升高趋势确定且显著

气候变暖是当今国际社会关注的焦点问题之一，是世界各国尤其是世界大国需要共同面对的挑战。在过去一百多年间，全球气温的快速上升超过历史上任何一个时期。据英国气象局哈德利中心（Had）、美国国家海洋和大气管理局（NOAA）等多国和地区组织测算，全球气温的变化趋势分为三个阶段：第一阶段为1900年之前，全球气温的距平变化总体保持在0℃上下范围内波动。而进入20世纪以来，全球气温开始呈现出“热—冷—热”的波动上升态势，其中在第二阶段气温开始缓慢上升，1900—1950年的平均气温较工业化前期（1850—1900年）最高上升0.5℃左右，此后二十多年虽然有所下降但依然维持在高于基准线0.2℃左右的水平。第三阶段为1975年之后，随着全球工业化、城镇化进程加速，全球升温愈加显著，距平变化的范围达到0.5℃—1.2℃，尤其近年来，年均升温速率较之前明显增加。[①]

2011年以来的十年是地球过去170多年以来气温最高的十年，其中2020年全球年平均气温较工业化前期上涨1.2℃，虽然下半年拉尼娜现象的存在使得冬季气温有所降

① 世界气象组织，https：//public. wmo. int/en。

低，但2020年依然是有完整气候观测记录以来仅次于2016年的第二个最热的年份，其次是2019年、2015年和2017年[①]。2020年2月，南极北部测得20.75℃的高温，创下南极气温有史以来首次超过20℃的纪录。同年6月，北极出现38℃的高温，是北极有记录以来的最高温。

（二）全球气候变暖主要由人类活动产生的温室气体增加造成

导致全球气候变暖的原因多样，如太阳活动、火山喷发等自然原因，也有城镇化和工业化、海洋生态环境恶化、土壤植被破坏等人为原因。而大部分已观测到的全球升温主要由人类活动导致的温室气体浓度增加造成，其中二氧化碳是最主要的温室气体，碳排放的最大增幅来自人类能源、交通、建筑，以及制造业活动的排放。据IPCC第四次评估报告，1750年以来，人类活动的净影响已经成为全球变暖的主要原因，对气候的辐射强迫高达$+1.6W/m^2$，而太阳辐照的变化仅造成了$+0.12W/m^2$微小的辐射强迫[②]。

据NOAA统计数据，在过去80万年间，全球大气中的二氧化碳浓度在冰期和间冰期均呈现波动上升趋势，历史最高曾达300ppm。[③] 按照目前的排放水平，地球最早可能

---

① 世界气象组织，https：//public. wmo. int/en。

② IPCC《气候变化2007综合报告》主题2，第36—41页，https：//www. ipcc. ch/report/ar4/syr/。

③ 美国国家海洋和大气管理局，https：//www. noaa. gov。

在2030年达到温升1.5℃，为将温升控制在2℃以下，大气二氧化碳浓度应低于350ppm，而2018年这一数值已达407.4ppm。同样，2021年8月IPCC第六次气候评估报告认为，自1850年以来，全球地表平均温度已上升1℃左右，按照目前的升温速度，全球气温升温幅度将在20年内达到甚至超过1.5℃。[①]

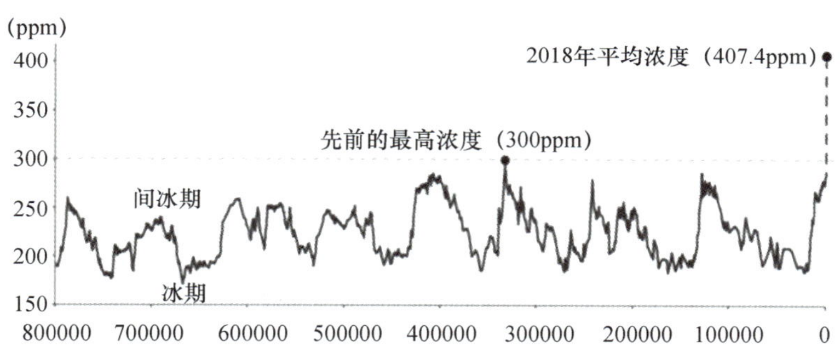

图1　过去80万年以来二氧化碳浓度在冰期与间冰期的变化

资料来源：美国国家海洋和大气管理局，https：//www. noaa. gov/。

自19世纪中叶开始，随着西方工业化和城镇化进程加快，发达国家经济出现较快增长，而进入21世纪以来，以中国、印度等国为代表的新兴国家也走上经济发展“快车道”。美欧等西方发达国家是全球历史累计温室气体排放的主力，而中国、俄罗斯、印度等国则成为《京都议定书》发布以来全球碳排放的主要来源。

① 中国气象局，http：//www. cma. gov. cn。

（三）全球升温将带来物理风险和转型风险

1. 气候变暖带来的物理风险和转型风险日益凸显

根据G20绿色金融研究小组（2017）、气候相关财务信息披露工作组（TCFD），以及央行与监管机构绿色金融合作网络（NGFS）的相关研究，由气候变化带来的风险包括物理风险与转型风险两类。

其中，物理风险源于极端或异常天气事件、生态环境恶化给微观主体和宏观经济带来的直接损失，包括暴雨、飓风、干旱、冰雹等极端天气事件等急性风险，以及海水酸化、粮食安全、海平面上升、生物多样性丧失等慢性风险。

以中国为例，2020年全国日平均最高气温超过35℃的有9.4天，比过去30年的平均值多出1.7天，而2016—2019年高温天气均持续在10天以上。2020年全国极端高温事件站次比为0.22，比平均水平高出0.1，2019年这一数值甚至达到0.38；2020年全国极端暴雨天气7408站日，较平均水平高24.1%，是1961年以来暴雨频次第二的年份，仅次于2016年。①

而在国际上，极端天气事件发生的频率和影响范围也在持续加剧。2020年2月，非洲多国出现蝗灾，威胁数以万计居民的粮食安全，而蝗灾出现的根本原因是全球变暖导致索马里外

① 中国气象局：《2020年中国气候公报》，http：//zwgk. cma. gov. cn/zfxxgk/gknr/qxbg/202104/t20210406_ 3051288. html。

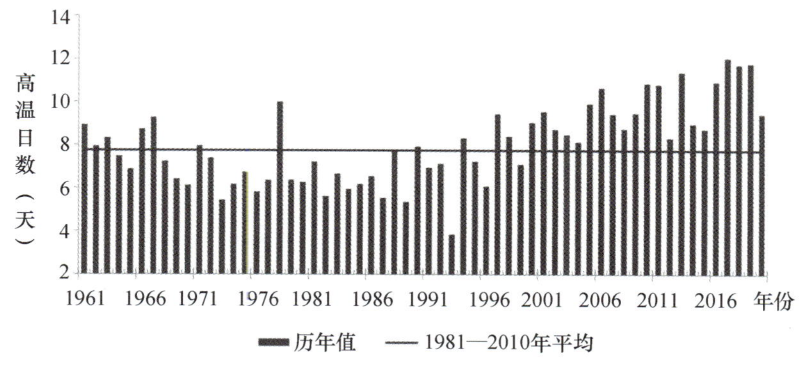

图 2　中国平均高温日数历年变化

资料来源：中国气象局：《2020 年中国气候公报》，第 6 页。

海出现强大气旋致使蝗虫大量繁殖。2020 年 7 月，日本遭受“暴力梅雨”引发泥石流，造成重大人员伤亡和经济损失；2020 年 8 月，美国遇极端高温和大风天气，引起严重山火。同期澳大利亚森林大火也造成极大的生态破坏和经济损失。

转型风险则是为应对气候变化、经济低碳转型过程中，政策法律转型、技术替代、市场的消费者偏好，以及企业声誉等发生变化带来的风险。

2. 物理风险和转型风险会影响实体经济和金融体系

全球气候变暖的物理风险和转型风险均会通过影响企业、家庭和政府的收入及资产价值，从抵押品渠道、产出渠道、流动性等宏观微观渠道，影响银行等金融机构的资产价值，造成不良贷款或投资损失。

当实体经济受物理风险的影响出现业务中断、资本报废、厂房建筑重建、商品价格上涨等现象后，会通过一系列传导机制传递至金融系统。

表1　　气候风险分类及潜在财务影响

<table>
<tr><th>类型</th><th>气候相关风险</th><th>潜在财务影响</th></tr>
<tr><td rowspan="4">物理风险</td><td>急性</td><td rowspan="4">- 生产能力下降或中断（例如，倒闭、运输困难、供应链中断）
- 劳动力管理和规划的影响（例如，健康、安全、缺勤）
- 注销和提前淘汰现有资产（例如，高风险地区的财产和资产损坏）
- 增加运营成本（例如，水力发电厂供水不足或冷却核能和化石燃料厂）
- 增加资本成本（例如，损坏设施）
- 降低销售收入
- 增加保险费和降低高风险地区财险的可行性</td></tr>
<tr><td>极端天气事件（如飓风和洪水）的严重性增加</td></tr>
<tr><td>慢性</td></tr>
<tr><td>- 降水模式和天气模式的极端变化
- 平均气温上升
- 海平面上升</td></tr>
<tr><td rowspan="4">转型风险</td><td colspan="2">政策和法律</td></tr>
<tr><td>- 增加温室气体排放的价格
- 增强排放报告义务
- 对现有产品和服务的授权和监督
- 接触风险</td><td>- 增加的运营成本（例如，合规成本）
- 由于政策变化，现有资产的核销和提前淘汰
- 损害资产
- 增加保险费
- 罚款和判决</td></tr>
<tr><td colspan="2">技术</td></tr>
<tr><td>- 用较低排放的产品和服务替代现有产品和服务
- 对新技术的失败投资
- 向低排放技术过渡的前期成本</td><td>- 现有资产的核销和提前淘汰
- 减少对产品和服务的需求
- 新技术和替代技术的前期研究与开发（R&D）支出
- 技术开发前期资本投资
- 采用/部署新实践和流程的前期成本</td></tr>
</table>

续表

类型	气候相关风险	潜在财务影响
转型风险	市场	
	- 改变客户行为 - 市场信号的不确定性 - 增加原材料成本	- 由于消费者偏好的转变，减少对商品和服务的需求 - 由于输入价格（例如能源，水）和产出要求（例如废物处理）的变化而增加了生产成本 - 能源成本突然和非预期的变化 - 改变收入组合和来源 - 资产重新定价和重新定价速度（例如，化石燃料储量、土地估值，证券估值）
	声誉	
	- 消费者偏好的转变 - 行业歧视 - 增加利益相关者关注或负面利润相关者反馈	- 减少对商品/服务的需求 - 生产能力减少或中断（例如，倒闭，规划审批延迟，供应链中断） - 影响员工的管理和规划（例如，对员工的吸引力和员工留存） - 资本可用性减少

资料来源：TCFD，2016。

与物理风险对金融体系的影响相比，转型风险的影响存在更多不确定性。在全球低碳转型背景下，碳密集行业将会面临更大的转型风险，其将通过一系列传导机制给金融系统带来转型风险。

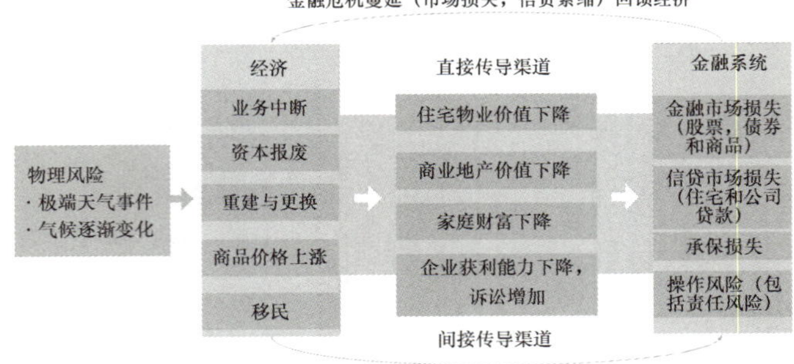

图 3　气候变化的物理风险对经济和金融体系的影响机理

资料来源：NGFS，"A Call for Action Climate Change as a Source of Financial Risk"，2019 年 4 月。

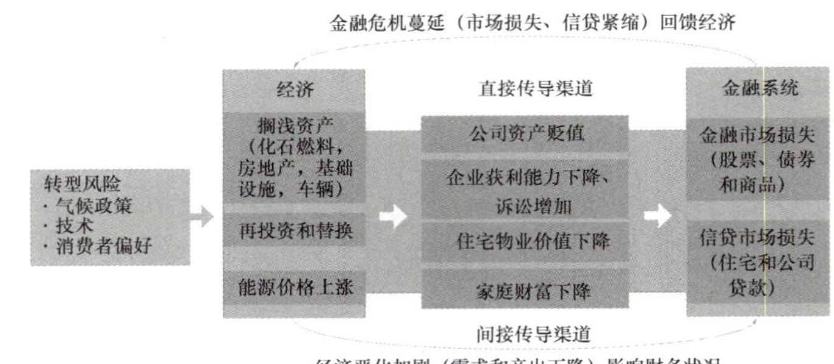

图 4　气候变化的转型风险对经济和金融体系的影响机理

资料来源：NGFS，"A Call for Action Climate Change as a Source of Financial Risk"，2019 年 4 月。

（四）应对气候变化的全球治理与各国努力

1. 全球应对气候变化的国际公约不断演进

全球层面气候治理最早源于 1992 年《联合国气候变化框架公约》，该公约提出"共同但有区别的责任""统筹兼顾”“效率”“适应性”“合作”五项原则，成为国际社会应对气候变化合作的一个基本框架。此后，1997 年推出《京都议定书》，其是人类第一部限制温室气体排放的国际法案，要求到2010 年发达国家温室气体排放要比1990 年减少5.2%，并提出 JI、CDM、ET 三种灵活履约合作机制帮助各国实现碳减排。2007 年的“巴厘路线图”要求全面、有效、持续实施《联合国气候变化框架公约》进程，同时关注气候资金机制相关议题；2009 年《哥本哈根协议》明确全球2℃升温上限，并且明确了量化和可预期的气候资金机制；2010 年“坎昆协议”提出建立绿色气候基金。

2015 年12 月《巴黎协定》以及2018 年《巴黎协定实施细则》的推出，标志着全球气候治理进入新阶段。《巴黎协定》将“2℃温控目标”升级为“1.5℃温控目标”；确立以“国家自主贡献”为主体的全球气候变化治理体系，“自下而上”设定行动目标与“自上而下”的核算、透明度、遵约规则相结合；引入“以全球盘点为核心，以5 年为周期”（2023 年开始）的新机制；资金目标“使资金流动符合温室气体排放和气候适应型发展的路径”成为与减缓和适应目标并列的应对气候变化三大目标之一。

2. 全球主要国家提出“碳达峰”“碳中和”目标

目前，全球已有54 个国家的碳排放实现达峰，2020 年，碳排放排名前十五位的国家中，美国、俄罗斯、日本、巴西、印度尼西亚、德国、加拿大、韩国、英国、法国均已实现碳达峰。2020 年 9 月，中国国家主席习近平在第七十五届联合国大会一般性辩论中提出中国“二氧化碳排放力争于 2030 年前达到峰值、努力争取 2060 年前实现碳中和”的应对气候变化目标。

碳中和目标和行动方面，全球提出碳中和目标的国家有 126 个，占全球碳排放总量的 51% 左右，欧洲大部分国家在推进碳中和进程上更为领先且积极，如冰岛已达成无碳电力和供暖，奥地利将在 2030 年实现 100% 清洁电力。欧洲多国的碳中和目标实行硬性的法律约束，如法国、德国、英国、丹麦、西班牙等均法律规定在 2050 年实现碳中和。同时《欧洲气候法》规定到 2050 年实现温室气体净零排放。与欧洲国家相比，亚洲国家多以半强制性的政策宣言为主，如韩国、日本通过政策宣言力争在 2050 年实现碳中和。而美洲则对碳中和目标响应有限，且多以半强制与自愿执行为主。

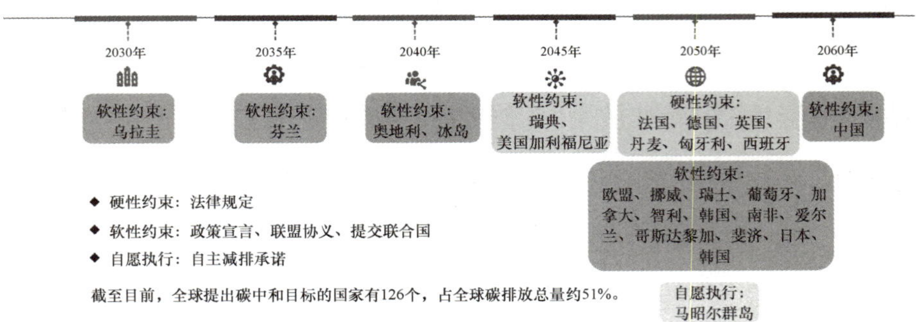

图 5 全球主要国家的碳中和目标

二　中俄美排放大国应在全球气候治理中体现大国责任担当

中国、美国、俄罗斯分别作为目前全球第一、第二、第四大碳排放国，以及联合国框架下国际气候治理的主要领导者，均提出本国应对气候变化的目标，并采取了一系列具体行动。

（一）中美俄“共同但有区别”的大国责任

美欧等发达国家在工业化、城镇化快速发展时期产生了全球历史累计碳排放的大部分，鉴于此，《联合国气候变化框架公约》对发达国家和发展中国家提出“共同但有区别的责任”原则，要求发达国家率先减排。此后，《京都议定书》遵循原则，规定发达国家要采取具体措施限制温室气体排放，而发展中国家只承担提供温室气体源与温室气体汇的国家清单义务，不承担有法律约束力的温室气体限控义务。同时要求发达国家缔约国向发展中国家提供必要的资金和技术援助，支持发展中国家减少温室气体排放。此后，《巴黎协定》进一步将气候资金目标列入三大目标之一，并提出 2020 年以后发达国家每年至少向发展中国家动员 1000 亿美元的气候资金支持，2025 年前将确定新的数额并持续增加。

1997 年《京都议定书》生效后，伴随工业化、城镇化进程放缓以及碳减排政策行动推进，美国等发达国家的碳排放成效明显，陆续实现碳达峰。而中国作为新兴的工业化和城镇化快速发展国家，2005 年开始取代美国成为全球最大的碳排放国，碳排放量自 63.2 亿吨增加至 2019 年的 116 亿吨。[①] 同时，俄罗斯成为世界第四大碳排放国。美国作为历史累计碳排放最多的国家，中国和俄罗斯作为当前的碳排放大国，均须在全球气候治理中扮演重要角色，发挥重要影响，体现“共同但有区别”的大国责任担当。

表 2　　全球主要碳排放大国的二氧化碳排放及占比（%）

国家	2019 年碳排放量（亿吨）	2005 年碳排放量（亿吨）	2019 年占全球碳排放量百分比（%）	2005—2019 年碳排放量变化（%）
中国	116	63.2	30.52	83.5
美国	51.1	59.5	13.45	-14.1
印度	26.0	12.2	6.84	113.1
俄罗斯	17.9	17.3	4.71	3.5
日本	11.5	12.8	3.03	-10.2
伊朗	7.0	4.7	1.84	48.9
德国	7.0	8.4	1.84	-16.7

① “Trends in Global CO_2 and Total Greenhouse Gas Emissions: 2020 Report”, The Hague: PBL Netherlands Environmental Assessment Agency; Ispra: Joint Research Centre, p. 66, https://www.pbl.nl/sites/default/files/downloads/pbl-2020-trends-in-global-co2-and_total-greenhouse-gas-emissions-2020-report_4331.pdf.

续表

国家	2019 年碳排放量（亿吨）	2005 年碳排放量（亿吨）	2019 年占全球碳排放量百分比（%）	2005—2019 年碳排放量变化（%）
韩国	6.5	5.2	1.71	25.0
印度尼西亚	6.3	3.6	1.66	75.0
沙特阿拉伯	6.1	3.4	1.61	79.4
加拿大	5.8	5.8	1.53	0.0

资料来源："Trends in Global CO_2 and Total Greenhouse Gas Emissions: 2020 Report", The Hague: PBL Netherlands Environmental Assessment Agency; Ispra: Joint Research Centre, p. 66, https://www.pbl.nl/sites/default/files/downloads/pbl-2020-trends-in-global-co2-and_total-greenhouse-gas-emissions-2020-report_4331.pdf。

1. 美国是历史累计碳排放大国

虽然美国近些年碳排放逐年减少，碳排放占全球的比重从 2000 年的 23% 下降到 2019 年的 13.45%，但从历史累计量看，美国仍然是全球最大的碳排放国家，在应对气候变化的全球治理中应承担主要责任[①]。据相关数据显示，19 世纪之前，全球碳排放几乎全部来自工业发达的欧洲国家，而美国于 1776 年建国之后碳排放量后来居上，在 200 多年内长期保持相对较高的增长速度，其中，在 1800 年至 1950 年前后的 150 年间，美国在全球的碳排放占比一度从 0 增加到

① "Trends in Global CO_2 and Total Greenhouse Gas Emissions: 2020 Report", The Hague: PBL Netherlands Environmental Assessment Agency; Ispra: Joint Research Centre, p. 66, https://www.pbl.nl/sites/default/files/downloads/pbl-2020-trends-in-global-co2-and_total-greenhouse-gas-emissions-2020-report_4331.pdf.

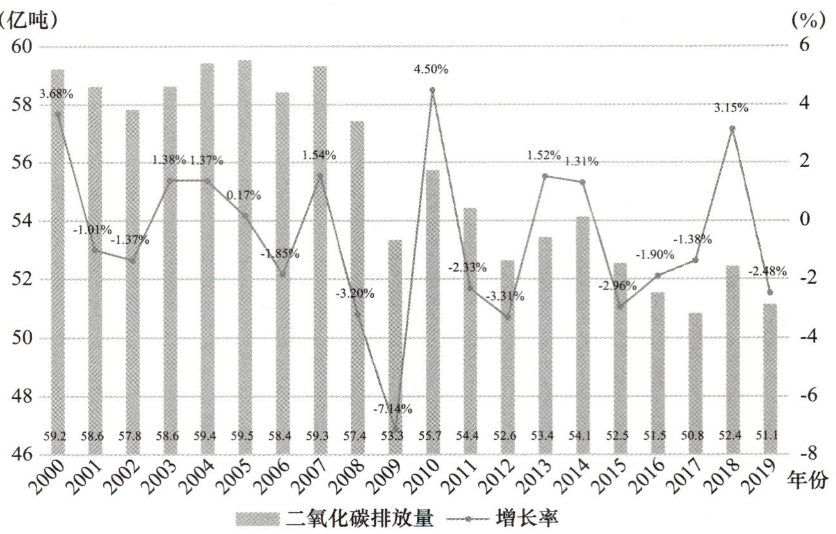

图 6 美国二氧化碳排放量及趋势（2000—2019 年）

资料来源："Trends in Global CO_2 and Total Greenhouse Gas Emissions: 2020 Report", The Hague: PBL Netherlands Environmental Assessment Agency; Ispra: Joint Research Centre, p. 66, https://www.pbl.nl/sites/default/files/downloads/pbl-2020-trends-in-global-co2-and_total-greenhouse-gas-emissions-2020-report_4331.pdf。

将近 40%[①]。此外，美国也是人均碳排放最高的国家，2019 年美国以占全球约 4.5% 的人口产生了 13.45% 的二氧化碳排放，人均二氧化碳排放量达到 15.5 吨。

2. 中国和俄罗斯是当前碳排放大国

进入 21 世纪以来，伴随中国工业化、城镇化的快速发展，在过去的 20 年间，中国碳排放量逐年增加，尤其是 2000—2010 的 10 年间，二氧化碳排放的增幅多保持在 10%

---

① Our World in Data, https://ourworldindata.org.

左右。中国二氧化碳的排放量自2000年的37.2亿吨增加至2019年的116亿吨，增加两倍之多；碳排放占比自2000年的14.47%上升至2019年的30.52%[①]。虽然中国是当前全球最大的碳排放国家，但是近年来碳排放的增长速度开始放缓，2012—2019年间，中国碳排放的年增长率基本在3%以下。

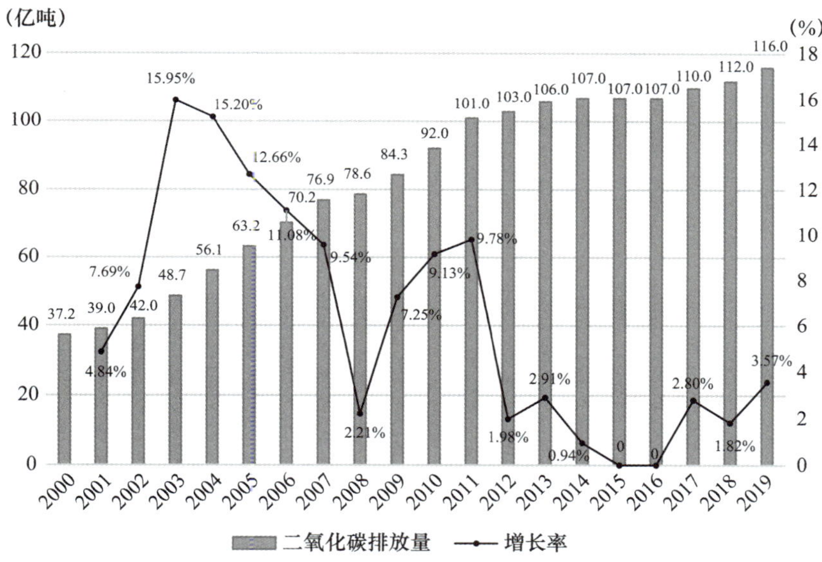

图7 中国二氧化碳排放量及趋势（2000—2019年）

资料来源："Trends in Global CO_2 and Total Greenhouse Gas Emissions: 2020 Report", The Hague: PBL Netherlands Environmental Assessment Agency; Ispra: Joint Research Centre, p. 66, https://www.pbl.nl/sites/default/files/downloads/pbl-2020-trends-in-global-co2-and_total-greenhouse-gas-emissions-2020-report_4331.pdf。

---

① "Trends in Global CO_2 and Total Greenhouse Gas Emissions: 2020 Report", The Hague: PBL Netherlands Environmental Assessment Agency; Ispra: Joint Research Centre, p. 66, https://www.pbl.nl/sites/default/files/downloads/pbl-2020-trends-in-global-co2-and_total-greenhouse-gas-emissions-2020-report_4331.pdf.

俄罗斯作为全球最大的油气生产国和输出国之一，其能源相关碳排放占到全球能源相关碳排放相当比重，是二氧化碳排放的主要来源。2000 年俄罗斯二氧化碳排放总量为 16.8 亿吨，并在 2011 年达到最高峰 18.2 亿吨，此后到 2016 年之间俄罗斯的碳排放量总体呈下降趋势，但 2017 年开始又有所增加，并于 2018 年增加至 18.1 亿吨，仅次于 2011 年的最高水平。2009 年印度二氧化碳排放量超越俄罗斯，在此之前俄罗斯一直为全球第三大碳排放国。2019 年俄罗斯二氧化碳排放量为 17.9 亿吨，约占全球碳排放总量的 4.71%，位列中国、美国、印度之后[①]。

（二）中俄美各自应对气候变化的政策与行动

中国、美国、俄罗斯分别作为目前全球第一、第二、第四大碳排放国，以及联合国框架下国际气候治理的主要领导者，均提出了本国应对气候变化的目标，并采取了一系列具体行动。

1. 中国应对气候变化的政策与行动

一直以来中国政府始终高度重视气候变化，针对各阶段经济社会发展需要和应对气候变化的大国责任担当，陆续出台一系列政策规划。“十一五”时期，2007

---

① “Trends in Global CO_2 and Total Greenhouse Gas Emissions: 2020 Report”, The Hague: PBL Netherlands Environmental Assessment Agency; Ispra: Joint Research Centre, p. 66, https://www.pbl.nl/sites/default/files/downloads/pbl-2020-trends-in-global-co2-and_total-greenhouse-gas-emissions-2020-report_4331.pdf.

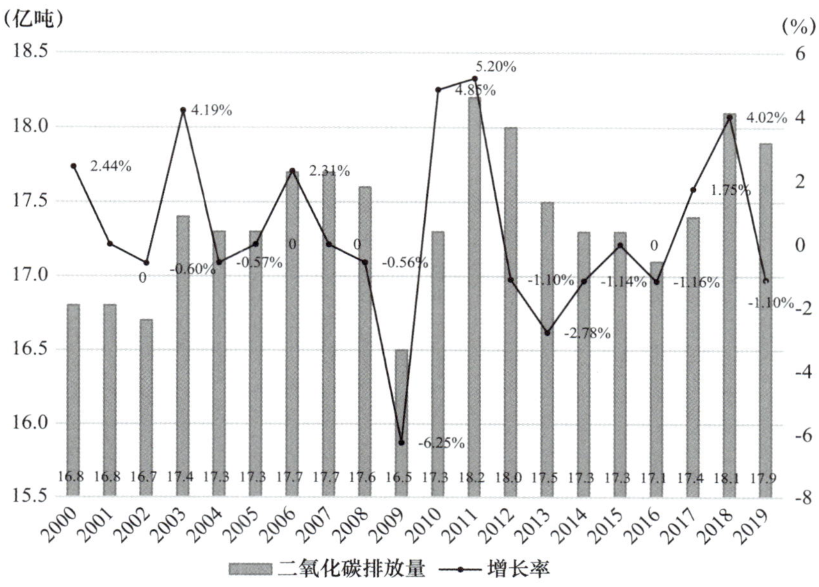

图 8　俄罗斯二氧化碳排放量及趋势（2000—2019 年）

资料来源："Trends in Global CO_2 and Total Greenhouse Gas Emissions: 2020 Report", The Hague: PBL Netherlands Environmental Assessment Agency; Ispra: Joint Research Centre, p. 66, https://www.pbl.nl/sites/default/files/downloads/pbl-2020-trends-in-global-co2-and _ total-greenhouse-gas-emissions-2020-report_4331.pdf。

年中国发布《中国应对气候变化国家方案》，将"2010 年单位 GDP 能源强度比 2005 年下降 20%"作为政策目标减缓二氧化碳排放[①]；"十二五"时期又相继发布多项政策文件，2011 年公布《中国应对气候变化的政策与行动（2011）》白皮书，规定"到 2015 年将单位 GDP 能源消耗

① 《中国应对气候变化国家方案》，中华人民共和国中央人民政府网，http://www.gov.cn/gzdt/2007－06/04/content_635590.htm。

降低16%，单位GDP二氧化碳排放降低17%”[①]；此后，2014年9月国务院印发《国家应对气候变化规划（2014—2020年)》，明确提出中国应对气候变化的时间表和路线图：到2020年使单位GDP二氧化碳排放比2005年下降40%—45%，同时森林面积和蓄积量增加至4000万公顷和13亿立方米[②]。“十三五”时期，政策力度进一步提升，低碳目标进一步强化，计划2020年比2015年单位GDP能耗降低15%，单位GDP二氧化碳排放降低18%，非化石能源占一次能源消耗比重达15%[③]。

自2020年9月起，中国国家主席习近平在多个国际会议上明确中国碳达峰、碳中和目标：二氧化碳排放力争于2030年前达到峰值，努力争取2060年前实现碳中和。为实现这一目标，到2030年，中国单位GDP二氧化碳排放将比2005年下降65%以上，非化石能源占一次能源消费比重将达到25%左右，风电、太阳能发电总装机容量将达到12亿千瓦以上。[④]“十四五”时期，单位GDP能耗和二氧化碳排放将分别降低13.5%和18%；可再生能源的发电装机占中

---

① 《中国应对气候变化的政策与行动（2011)》，中华人民共和国国务院新闻办公室，http://www.scio.gov.cn/tt/Document/1052047/1052047_7.htm。

② 国家发展改革委：《国家应对气候变化规划（2014－2020年)》，2014年9月，第5页。

③ 《中华人民共和国国民经济和社会发展第十三个五年规划纲要》第三章，中华人民共和国中央人民政府网，http://www.gov.cn/xinwen/2016－03/17/content_5054992.htm。

④ 《继往开来，开启全球应对气候变化新征程》，中国电力网，http://www.chinapower.com.cn/xw/zyxw/20201222/38955.html。

国电力总装机的比重将超过50%，可再生能源在全社会用电量增量中的比重将达到三分之二左右，可再生能源在一次能源消费增量中的比重将超过50%。[①] 此外，中国政府编制的《国家适应气候变化战略2035》也于2022年2月18日审议通过，并且自2021年2月1日起开始施行《碳排放权交易管理办法（试行）》。

2021年10月24日，《中共中央　国务院关于完整准确全面贯彻新发展理念做好碳达峰碳中和工作的意见》发布，中国政府提出未来三个阶段的低碳目标：首先，到2025年，初步形成绿色低碳循环发展的经济体系，单位GDP能耗比2020年下降13.5%、单位GDP二氧化碳排放比2020年下降18%、非化石能源消费比重达到20%左右，同时森林覆盖率达到24.1%，森林蓄积量达到180亿立方米，为实现碳达峰、碳中和奠定坚实基础；其次，到2030年，经济社会发展全面绿色转型取得显著成效，单位GDP能耗大幅下降，单位GDP二氧化碳排放比2005年下降65%以上，非化石能源消费比重达到25%左右，风电、太阳能发电总装机容量达到12亿千瓦以上，森林覆盖率达到25%左右且蓄积量达到190亿立方米，二氧化碳排放量达到峰值并实现稳中有降；最后，到2060年，全面建立绿色低碳循环发

---

① 《中华人民共和国国民经济和社会发展第十四个五年规划和2035年远景目标纲要》第三章，中华人民共和国中央人民政府网，http://www.gov.cn/xinwen/2021-03/13/content_5592681.htm。

展的经济体系和清洁低碳安全高效的能源体系，能源利用效率达到国际先进水平，非化石能源消费比重达到80%以上，实现碳中和目标。[①]

2. 俄罗斯应对气候变化的政策与行动

苏联解体后，俄罗斯的碳排放远低于建国初期的水平且增速较慢，但作为油气生产和输出大国，在全球减排的背景下，较长一段时期内俄罗斯都在权衡气候变化对自身的影响。首先，应对气候变暖的能源低碳转型将会严重影响俄罗斯的油气生产和出口；其次，俄罗斯丰富的森林资源可以吸收大量的二氧化碳，产生可观的碳减排，林业碳汇存在较大潜力；此外，由于俄罗斯地处高纬度地区，全球气候变暖对其总体生态影响并不显著，甚至随着气候变暖，俄罗斯一些极寒冻土地区反而变得适宜居住开发，并且在一定程度上有利于北极地区海道开拓和更多利用，因此，俄罗斯政府总体对于气候变化问题关注相对较少，近些年鲜有实质行动。

但随着气候危机的不断严峻，俄罗斯逐渐认识到气候变暖对本国经济社会和政治外交的潜在影响，对于气候问题的关注逐渐提升，态度渐趋积极。

2009年俄联邦总统梅德韦杰夫和联邦政府制定《俄罗斯

---

① 《中共中央 国务院关于完整准确全面贯彻新发展理念做好碳达峰碳中和工作的意见》，中华人民共和国中央人民政府网，http：//www. gov. cn/xinwen/2021 - 10/25/content_5644687. htm。

联邦气候学说》，该学说表明了俄罗斯应对气候变化的立场，并提出了治理目标与措施。随后，为执行《俄罗斯联邦气候学说》的碳减排政策，2013年普京签署总统令，要求确保到2020年将本国温室气体排放减少到不超过1990年水平的75%。2015年巴黎气候大会上，俄罗斯进一步提高减排标准，提出计划在2030年实现比1990年二氧化碳减排30%的目标，而此前俄罗斯国内各行业的减排目标多为25%。此外，俄罗斯政府还承诺，到2025年GDP单位能耗降低25%，电力消耗减少12%。近年来，俄罗斯在全球气候治理中不断彰显大国地位，2020年11月，俄罗斯总统普京签署总统令，确保到2030年俄罗斯温室气体排放减少至1990年水平的70%，同时制定了《俄罗斯到2050年前实现温室气体低排放的社会经济发展战略》，该发展战略作为俄罗斯当前应对气候变化的主要指导政策，要求在2050年前，温室气体净排放量在2019年排放水平上降低60%，同时比1990年的这一排放水平降低80%，并在2060年前全面实现碳中和[①]。

3. 美国应对气候变化的政策与行动

美国政府较早即开始关注气候问题，但多次出现政策倒退。早在克林顿政府时期，美国即宣布国家减排目标，要在2000年将温室气体逐渐减排至1990年的水平[②]。但小

---

① 《俄罗斯发布2050年前低碳发展战略》，新华网，http：//www.xinhuanet.com/energy/20211103/f607e3e5de974e9bbe5fd6129a4b7abd/c.html。

② Remarks on Earth Day，https：//www.govinfo.gov/content/pkg/WCPD-1993-04-26/pdf/WCPD-1993-04-26-Pg630.pdf.

布什上任后，开始对气候变化持消极态度，并于2001年退出《京都议定书》。2009年奥巴马入主白宫后主张加强应对气候变化，2013年奥巴马政府推出《总统气候行动计划》，是当时美国国内最为全面的应对气候变化的行动方案。在国际上，美国积极参与全球气候治理，对发展中国家提供气候资金援助，同时率先批准并促进《巴黎协定》的达成。而奥巴马卸任后，特朗普政府上台又延续小布什政府的路线，怀疑气候变化的真实性和科学性，最终于2020年6月退出《巴黎协定》。

与特朗普应对气候变化的消极态度不同，拜登政府上台执政以来，以“美国优先”为根本目的，重启对全球气候变化问题的关注，并采取了一系列旨在强化对气候问题主导权的具体措施。

首先，将应对气候变化列为施政优先政策。拜登任副总统期间即为《巴黎协定》主要倡导者，一直对特朗普退出《巴黎协定》持批评态度。2020年7月竞选期间，拜登团队即公布一项总额高达2万亿美元的气候计划，用以加强美国清洁能源基础设施建设，减少对化石燃料依赖，力争在2035年前实现无碳发电。2021年1月就任总统伊始，拜登即签署行政命令，宣布美国重返《巴黎协定》，并取消美国与加拿大合作的“拱心石XL”石油管道建设项目。后续还签署一系列涉及气候变化问题的行政命令，包括加大对清洁能源投资，推动联邦、州各级政府车辆零排放，计划暂停发放在美国联邦土地和水域的石油和天然气租赁许可，逐步停止对化石能源的联邦补贴等。2021 年 3 月，拜登政府发布美国经济复苏计划，其中大量涉及气候变化相关内容。上述举措表明，拜登政府已将应对气候危机置于美国外交政策与国家安全的中心位置。

其次，组建专门工作机构与核心工作团队。2021 年 1 月，拜登签署一份关于美国应对气候危机的总统行政指令，确定联邦政府将应对气候危机放在优先位置，并设置了联邦行政部门之间合作应对气候危机的协调机制。新成立美国气候特别工作组，由美国环保署前任署长吉娜·麦卡锡担任主席，协调各行政部门的气候危机应对工作。同时，为推动其气候政策落实，拜登任命约翰·克里为气候变化事务总统特使，希望借助其丰富的外交谈判和斡旋的经验帮助美国重塑在气候治理国际舞台上的领导者地位；任命迈克尔·里根为环保署署长，旨在用其在环境质量改善方面所积累的政府、商业和非政府组织从业经验应对气候变化挑战；任命詹妮弗·格兰霍尔姆为能源部部长，通过其对新能源发展的坚定支持，推动美国能源系统低碳转型；任命皮特·布蒂吉格为交通部部长，利用其在城市管理中的创新做法，解决美国国内占碳排放份额最大的交通部门的低碳发展。此外，2021 年 3 月发布的美国经济复苏计划中，提出要新设气候国家实验室，500 亿美元注资国家科学基金。

最后，积极开展“气候外交”。国内高度重视气候变化问题的同时，拜登政府在国际积极推进“气候外交”，2021年3月23日，中国与欧盟、加拿大共同举办第五届气候行动部长级会议，美国总统气候变化事务特使克里参加，美国重返气候事务谈判桌。2021年4月，克里参加中东和北非气候对话。2021年3月，中美雷克安奇会谈宣布成立中美应对气候变化联合工作小组。拜登参加欧盟峰会期间均谈及应对气候变化问题，既是从政治上拉拢盟友的手段，也是加强美国气候主导权的需要。2021年4月全球气候峰会，美国、中国、俄罗斯等多国领导人以及欧盟委员会主席和欧洲理事会主席参加，峰会期间，美国宣布其2030年温室气体减排目标，并将其设为美国在《巴黎协定》规定下的“国家自主减排贡献”。为重获全球气候变化问题领导权，拜登政府上台后“气候外交”持续加码。

三 中俄美在全球气候治理、低碳绿色发展领域的合作

中俄美三国是联合国安理会常任理事国，在应对气候变化的全球治理中拥有较强的话语权与领导力，是联合国框架下国际社会应对气候变化行动的主要领导者和参与者。

其一，随着美国重返《巴黎协定》，联合国框架下国际应对气候变化议程将实质重启，中美俄均是全球碳排放大

国，三个国家碳排放之和占到全球碳排放总量三分之一以上，中俄美三国应对气候变化的态度和行动在一定程度上决定了国际应对气候变化努力的成败。由于《联合国应对气候变化框架公约》对于不同国家应对气候变化的责任认定、贡献要求均有明显区别，而上述区别会直接影响各国碳减排的经济代价，以及需要为此做出的国际贡献，因此，中美俄等相关大国均希望在相关规则制定中享有重要话语权，成为国际气候治理的重要领导者，以便为本国争取最大利益，避免本国利益受损。

其二，应对气候变化不仅仅是简单解决气候环境问题，更是关系未来国际新经济格局、未来国际政治格局深刻转变的长期全局性竞争。应对气候变化的实现路径，最终必须落实到具体的碳减排重点领域：能源向清洁能源转型；交通向绿色交通转型；建筑向低碳绿色建筑转型；工业向绿色制造转型；生活向绿色消费低碳生活转变等，由此将在各领域催生新的低碳绿色技术、低碳绿色产品和服务、低碳绿色供应链、低碳绿色贸易，以及为上述提供投融资支持的绿色金融，未来全球将由传统经济向新的低碳绿色经济整体转型。

与传统经济相比，低碳绿色经济各国起步差异相对较小，在传统经济领域落后的国家有机会在新一轮的低碳绿色经济中实现弯道超车。随着新一轮低碳经济对不同国家经济竞争力、国家经济实力的重新洗牌，会进一步传导至以经济实力为基础的地缘政治影响力，进而重塑国际政治格局。以俄罗斯为例，在全球应对气候变化的努力中，首先是要减少化石燃料生产和消费，其将严重影响俄罗斯等油气出口大国的油气出口收入和财政收入，进而影响俄罗斯经济实力和综合国力，并且直接影响“油气政治”在地缘政治中的影响力，受上述因素双重影响，未来俄罗斯的国际地位和国际影响力有可能进一步下降，从而对国际政治格局产生深刻影响。

其三，短期看，新冠肺炎疫情将会增加全球经济由传统经济向低碳绿色经济转型的迫切性和速度，并且加快全球经济格局和政治格局重新洗牌。受新冠肺炎疫情影响，传统发达国家经济遭受重创，2020 年经济均负增长，中国是全球主要经济体中唯一实现经济正增长的国家，中国与美欧等发达国家经济差距进一步缩小，国际经济格局的重新洗牌加快。此外，在新冠肺炎疫情冲击前后，中国经济已在各个领域向低碳绿色转型，中国经济快速稳定发展在一定程度上由低碳绿色技术、低碳绿色产品和服务、低碳绿色生产、低碳绿色消费等驱动，中国在光伏风电等清洁能源、电动汽车高速铁路等绿色交通、光伏一体化建筑、节能建筑、绿色建筑等低碳经济领域，已具备国际竞争力。作为充分受益传统经济的发达国家美国，与目前充分受益低碳经济的发展中大国中国，未来在抢占全球新经济增长点的低碳绿色经济领域，合作与竞争并存。

全球气候治理既是中俄美三个国家求同存异、竞争博弈的过程，同时更是通过合作推动全球实现 1.5℃ 温控目标，以及推动全球后疫情时代经济绿色复苏、长期低碳可持续发展的机会。中俄美三个大国可以求同存异，充分挖掘合作共赢点，在全球气候治理和经济低碳绿色转型进程中发挥大国引领作用，体现大国责任担当。具体来说，中俄美三个碳排放大国可以通过合作推动全球气候治理、推动能源低碳绿色转型，以及推动绿色金融为气候治理和经济低碳转型提供资金支持三个主要方面加强合作。

（一）推动全球气候治理

应对气候变化方面，中俄两国有着广泛合作。早在 20 世纪，两国就在气象监测、气象卫星等技术与服务领域展开系列合作，1993 年两国签署《中俄气象科技合作备忘录》，在国家层面成立中俄发展与气候变化联络组并且每年举行一次会议，为后来两国气候深层次合作提供了条件。

近年来，随着两国对气候环境问题的日益重视以及双边关系的提升，两国气候合作层次更加深入，逐渐从政策走向实施。2017 年 9 月，中俄海洋与气候联合研究中心在俄罗斯符拉迪沃斯托克成立，该研究中心旨在在海洋领域建立两国新的合作平台与合作机制，通过两国科学家的共同研究增强两国应对气候风险的能力。[①] 随后，在 2019 年

① 《中俄海洋与气候联合研究中心成立》，中国日报网，http://cn.chinadaily.com.cn/2017-09/28/content_32599007.htm。

中俄两国建交70周年纪念大会上，两国签署《中华人民共和国和俄罗斯联邦关于发展新时代全面战略协作伙伴关系的联合声明》（以下简称“《声明》”），《声明》明确两国将加强合作共同应对气候变化、生物多样性等全球性环境问题。[①] 此后，2021年6月签订的《中华人民共和国和俄罗斯联邦关于〈中俄睦邻友好合作条约〉签署20周年的联合声明》中再次涉及气候变化相关议题，提出两国将进一步推动在生态环境各领域合作，同时在联合国、金砖国家和上海合作组织等框架内扩大应对气候变化交流与合作[②]。

在与美国的气候合作层面，中美、俄美多以联合国框架下的多边合作为主。2016年巴黎气候大会上，中美两国于同日率先批准《巴黎协定》，为推动各国签署《巴黎协定》做出表率，展示了两国应对气候变化的一致态度。随后，2021年3月，中美雷克安奇会谈宣布成立中美应对气候变化联合工作小组；4月22日，拜登总统发起领导人气候峰会，并邀请中国、俄罗斯等主要碳排放国家的领导人。会议上，习近平主席和普京总统先后发表讲话，中国表示愿与美方一起努力为推动全球气候治理做出应有的贡献，

---

① 《中华人民共和国和俄罗斯联邦关于发展新时代全面战略协作伙伴关系的联合声明》，中华人民共和国中央人民政府网，http：//www.gov.cn/xinwen/2019－06/06/content_5397865.htm。

② 《中华人民共和国和俄罗斯联邦关于〈中俄睦邻友好合作条约〉签署20周年的联合声明》，中华人民共和国中央人民政府网，http：//www.gov.cn/xinwen/2021－06/28/content_5621323.htm。

俄方表示愿意践行国际倡议，同时积极参与低碳技术的研发。

中美俄作为全球气候治理格局中的核心国家，在开展国际合作的同时也存在竞争。2021年4月13日，美国情报共同体公布2021年《美国情报系统年度威胁评估》报告，其中将中国、俄罗斯列在威胁名单之中，认为在气候变化等多个领域中国是美国“势均力敌的竞争对手”，中国和俄罗斯在多方面的合作对美国构成了威胁。[①] 目前美国和欧盟等发达国家多次反对“共同但有区别的责任”原则，提出中国应与发达国家承担相同的碳减排责任。而在此问题上，中俄两国有相似立场：与美国等已完成工业化进程的碳排放大国相比，中国仍处在城镇化工业化较快发展、碳排放总量受经济增长驱动上升阶段，因此中国将碳排放强度作为“十四五”时期应对气候变化的关键指标，符合中国具体国情。此外对于俄罗斯来讲，作为油气生产和出口大国，能源相关碳排放占到俄罗斯碳排放总量的相当比例，从本国能源资源禀赋和产业结构角度，俄罗斯同样有根据本国具体国情进行减排的诉求。因此，在争取国际气候治理的话语权和规则制定权方面，中美、俄美之间合作与博弈并存。

---

① 2021 Annual Threat Assessment of the U. S. Intelligence Community, pdf, April 9, 2021.

（二）推进能源低碳绿色转型

2014 年至今，在应对气候变化及美国页岩油气产量大幅增加背景下，全球能源格局发生重大质变。

一是全球油气市场开始长期进入潜在供给大于潜在需求的买方市场。自 20 世纪 70 年代中东三次石油战争之后的 40 余年间，全球油气市场长期供不应求。虽然 2021 年下半年以来，受“OPEC +”减产行动、全球疫苗接种带来经济复苏的预期、下半年中国和欧洲等多地出现“能源荒”，以及当前俄乌局势等影响，国际油价震荡走高，但由于几方面原因，自 2014 年开始国际油气市场开始转变，总体成为供给过剩的买方市场，且长期内该趋势较难改变：第一，美国页岩油气产量在过去十余年大量增加，目前全球原油产量增量的 50% 以上来源于美国页岩油气；第二，应对气候变化背景下，清洁能源对化石能源加速替代，使得全球油气需求显著减少；第三，技术进步背景下，能效不断提升进一步减少了包括油气在内的能源需求。

二是应对气候变化推动全球能源低碳转型加速发展。由于能源相关碳排放占到全球碳排放总量的 60% 以上，因此，加快能源低碳转型成为全球应对气候变化的首要行动，全球绝大多数国家制定了本国的清洁能源发展目标，据中国石油经济技术研究院《2060 年世界与中国能源展望》预测，到 2060 年，全球非化石能源占比将达 74.3%，非水可再生能源占一次能源比重达58.6%[①]，未来可再生能源将替代化石能源，逐渐成为经济社会发展的主导能源。

全球能源格局上述两大根本性质变化影响深远，将重塑全球能源政治，并且直接影响中美俄三个能源大国的相关能源利益和地位：

一方面，传统油气领域，中国作为全球最大油气进口国之一，随着全球油气市场长期进入买方市场，中国有可能由之前油气谈判桌前的弱势买方，逐步转变为强势买方；俄罗斯作为全球最大油气输出国之一，将来考虑更多的是如何维护稳定可靠的油气购买大国，以保障本国油气出口，俄罗斯有可能由之前油气谈判桌前的强势卖方，逐步转变为弱势卖方；而美国随着本国页岩油气产量的大量增加，将由之前全球最大油气进口国之一，转变为全球最大油气生产国之一，甚至在不久的未来可能成为全球最大油气出口国之一，需要为本国新增的大量页岩油气寻找进口大国。国际油气市场长期进入供给过剩的买方市场有可能使中国成为美俄两国油气生产大国的重点争取对象。

另一方面，清洁能源领域，经过之前十余年持续发展，中国已经成为全球最大的光伏和风电研发、生产、销售、发电应用大国，在新能源发展的多个细分领域位居全球第一。中国发电应用市场的快速发展摆脱了光伏风能等可再生能源

---

① 《2060年世界与中国能源展望（2021年版）》，中国石油经济技术研究院，http：//seatone. net. cn/uploads/tan/372. pdf。

制造业对于美欧市场的严重依赖，并且成功实现了可再生能源出口市场的结构调整，目前中国光伏风电等新能源产品在亚太、非洲市场占据明显优势；而美国由于特朗普政府时期应对气候变化和能源低碳转型政策的倒退，其新能源的先发优势在诸多领域已被中国赶上并超越；俄罗斯由于本国油气资源丰富，油气出口依赖型经济结构转型缓慢，能源低碳转型少有实际行动，导致其新能源产业发展基本尚未起步。在新能源技术研发、产品制造、发电应用等领域，中国在一定程度上具有对俄罗斯和美国输出的相对优势地位。

推进能源低碳转型，大力发展清洁能源代替传统化石能源是各国应对气候变化行动的必经之路。在此方面，中俄两国存在显著的互补性，近年来两国在核电、风电、水电、光伏领域的合作稳步上升。水电合作方面，两国大型水电企业签署多项协议，开发俄罗斯远东及西伯利亚地区的水电资源；风电领域，2017 年中俄两国合作建成俄罗斯国内第一个大规模的风力发电场——乌里扬诺夫斯克风电场；光伏合作方面，虽然俄罗斯光伏发电起步较晚，但中国逐渐参与俄罗斯光伏电站建设，如位于俄罗斯西南部萨马拉州的 75 兆瓦光伏电站；核电领域，2021 年 5 月，中俄两国领导人共同出席田湾核电站和徐大堡核电站项目的开工仪式，该项目是两国目前最大的核能合作项目，核电站建成投产后年发电量将达 376 亿千瓦时，每年减少二氧化碳排放 3068 万吨。[①]

与中俄两国在清洁能源领域不断提质增效的合作相比，中美、俄美在清洁能源领域的合作存在不确定性，美国的气候政策和能源转型政策易随执政党的更迭而变化。奥巴马政府时期，美国政府将清洁能源议题纳入中美战略与经济对话高层机制，随后两国相继建立中美可再生能源伙伴关系、中美清洁能源研究中心等一系列合作机制和平台，但在特朗普执政时期，中美两国清洁能源合作进入冰期。此后，拜登政府重返《巴黎协定》，与中国政府共同发布《中美应对气候危机联合声明》并建立了多个对话机制，中美两国清洁能源合作随之重启。

（三）推动绿色金融为气候治理和经济低碳转型提供资金支持

全球气候治理和经济低碳绿色转型离不开资金的支持，2009 年哥本哈根联合国气候变化大会期间，发达国家承诺到 2020 年每年为发展中国家提供 1000 亿美元的资金支持其应对气候变化行动。《巴黎协定》提出，2020 年后发达国家向发展中国家每年至少动员 1000 亿美元的资金支持，2025 年前将确定新的数额，并持续增加，1000 亿美元成为发达国家向发展中国家提供气候资金支持的下限。

---

① 《习近平同俄罗斯总统普京共同见证中俄核能合作项目开工仪式》，《建设机械技术与管理》2021 年第 3 期。

但据《联合国气候变化框架公约》（UNFCCC）数据，发达国家对发展中国家的公共气候资金支持距“1000 亿美元”的出资目标存在较大差距，即使计入私营部门资金，仍不能达到1000 亿美元。据世界银行 2010 年的研究数据，2010—2015 年发展中国家适应资金的年需求量为 700 亿—1000 亿美元。联合国环境规划署（UNEP）则预测，到2030 年发展中国家气候变化适应资金的年需求量将达 1400亿—3000 亿美元；到 2050 年适应资金的年需求量将增至2800 亿—5000 亿美元。[①] 全球绿色发展署（GGGI）估计，2016—2030 年，全球气候融资缺口将达 2.5 万亿—4.8 万亿美元。[②]

面对全球气候治理和经济低碳转型的资金需求，国际层面开始将发展绿色金融作为提供投融资支持的重要途径。2016 年 G20 杭州峰会期间，发展绿色金融倡议写入《二十国集团领导人杭州峰会公报》和《二十国集团促进增长的气候和能源汉堡行动计划》，G20 绿色金融研究小组成立，由中国人民银行和英格兰银行共同作为联席主席，此后，绿色金融研究小组每年提出不同的绿色金融发展倡议，2021 年，G20 意大利峰会恢复可持续金融研究小组，由中国人民银行和美国财政部共同作为联合主席，中美两国开

① 《联合国环境署：发展中国家应对气候变化资金缺口远超预期》，中国新闻网，2016 年 5 月 16 日，http：//www. xinhuanet. com/world/2016 －05/16/c_128984983. htm。

② 洪睿晨：《新冠疫情背景下发展气候投融资应对公共卫生事件的必要性和建议》，中央财经大学绿色金融国际研究院网，http：//iigf. cufe. edu. cn/info/1012/1376. htm。

始在全球绿色金融领域共同扮演引领角色。中美双边层面，奥巴马政府时期，中美两国政府开始推进绿色金融相关合作，并于2016年成立中美绿色基金。而随着拜登上台之后“绿色新政”的实施，中美两国绿色金融合作将可能得到进一步推进。

中俄两国绿色金融领域合作虽然起步较晚，但取得了一定成效。随着俄罗斯政府对气候和环保问题的愈加重视，其对发展绿色金融存在诉求。而中国在全球绿色金融发展方面处于引领地位，截至2020年年末，中国绿色信贷存量规模全球第一，绿色债券存量全球第二，因此近年来俄罗斯不断借鉴中国绿色金融发展经验，积极推动两国绿色金融合作。2020年9月21日，俄罗斯对外经济银行举办中俄银行暨金融机构大型会议，中俄两国32家银行及其他金融机构参加，会议期间两国机构重点讨论绿色金融议题，俄罗斯对外经济银行表示要借鉴中国经验，积极构建俄罗斯本国的绿色金融体系。[①] 地方层面，黑龙江政府发布《黑龙江省绿色金融工作实施方案》，提出要积极开展对俄绿色金融合作，利用黑龙江自贸区建设和哈尔滨新区特色金融中心建设的政策优势，将哈尔滨新区打造为中俄绿色金融交流合作示范区。[②]

---

① 中国国际贸易促进委员会驻俄罗斯代表处（CCPIT），http：//www. ccpit. org/Contents/Channel_3974/2020/0924/1294449/content_1294449. htm。

② 《黑龙江省绿色金融工作实施方案》，黑龙江省人民政府网，https：//zwgk. hlj. gov. cn/zwgk/publicInfo/detail？id = 449784。

四 结语

碳中和、碳达峰目标的提出和承诺体现了中国作为负责任大国的国际担当，但如上所述，国际应对气候变化的行动将导致中美俄三个世界大国经济实力、地缘政治影响力的变化，引起国际经济格局的重新洗牌和国际政治格局的深刻调整，针对此，中国可以在不同领域分别采取应对措施。

（一）气候治理领域

目前美欧等发达国家提出中国应与发达国家一样承担强制减排责任，针对此，中俄两国有相似的立场诉求：与美国等已完成工业化进程的碳排放大国相比，中国作为最大发展中国家，仍处在城镇化工业化较快发展、碳排放总量受经济增长驱动上升阶段，因此中国将碳排放强度、能源强度作为“十四五”时期应对气候变化的关键指标，既符合中国具体国情，同时也体现了中国承担“共同但有区别”责任的国际担当；对于俄罗斯来讲，同样存在特殊国情，作为油气生产和出口大国，能源相关碳排放占到俄罗斯碳排放总量的相当比例，从本国能源资源禀赋和产业结构角度，俄罗斯同样有根据本国具体国情进行减排的诉求。

基于上述情况，中国可以与俄罗斯一起，充分争取国际应对气候变化的话语权和规则制定权。

（二）能源领域

一方面，传统化石能源领域：

第一，美国和俄罗斯均存在向中国大量出口油气的需求，在此情况下，中国可以改变之前长期主要自俄罗斯和中东等传统油气输出大国进口油气的政策，多元化油气进口，酌情自美国进口液化天然气等油气产品和制品，以便取得更优惠的油气进口价格和其他进口条件。

第二，利用中国油气进口大国的优势地位，通过油气进口，可以要求美国停止对中国的贸易制裁和技术封锁，可以要求参与对方油气上游勘探开发；可以推动中国油气设备、装备、技术、服务进入对方市场；要求使用人民币作为油气进口计价结算货币，逐步实现“石油人民币”；可以要求对方国家对中国开放下游油气精炼产品市场，进入对方油气产品终端消费市场；可以要求油气进口贸易在中国的上海原油交易期货交易所进行，扩大中国在国际油气领域的话语权和影响力等。

第三，当美国成为全球最大油气生产国甚至最大油气出口国之一后，之前长期的 OPEC 和“OPEC +”机制将面临严峻考验，任何没有美国参与的全球原油限产保价行动均不太可能取得明显效果，新兴油气生产输出大国美国与传统油气生产输出大国俄罗斯将在油气出口方面面临直接的竞争和利益冲突，在此背景下，作为全球最大油气进口国之一的中国，具有更多在美俄之间进行平衡的筹码。

第四，在油气供不应求的卖方市场时期，俄罗斯、沙特等国将油气出口作为地缘政治武器，实现更多地缘政治利益，而在油气买方市场时期，中国同样可以将油气进口作为地缘政治武器，例如，将自美国进口液化天然气与要求美国停止干涉中国台湾、中国香港、中国新疆问题，停止干涉南海问题，停止在新冠肺炎疫情等问题上对中国的污名化和联合排斥等与美国打包谈判。同样，可以将继续自俄罗斯进口油气与寻求俄罗斯对于“一带一路”倡议与欧亚经济联盟的对接支持，寻求俄罗斯欢迎中国参与东西伯利亚开发，寻求俄罗斯与中国联合抵制美国霸权等与俄罗斯打包协商。

另一方面，清洁能源领域：

首先，中美之间，清洁能源技术方面，中美各有优势，同时存在竞争和互补。目前中国光伏发电及风电总体技术水平已超越具有先发优势的美国，但在储能、电动汽车制造、氢能、碳捕捉储存技术方面，美国仍然具备一定技术优势。清洁能源产品制造方面，中国已经成为全球光伏产品和风电产品第一制造大国。清洁能源产品贸易方面，在满足国内清洁能源发电应用的情况下，中国已经成为全球光伏和风电产品出口大国，在此领域与美国存在竞争。

根据上述不同情况，可以采取不同措施，技术方面与美国加强合作，弥补某些细分领域的技术短板；产品制造方面，可以考虑在美国投资建厂，以规避美国对华贸易壁垒；产品出口贸易方面，可以凭借中国清洁能源产品低成本低价格、先进技术、良好服务优势，与美国在全球市场进行竞争，尤其重视开拓和保持中国具有地缘优势的东南亚、东亚、欧亚大陆市场，以及与中国具有良好外交关系和经济合作传统的非洲市场。

其次，中俄之间，俄罗斯政府总体对于气候变化问题关注相对较少，再加上本国油气资源丰富，因此，尽管俄罗斯政府已经推动经济结构调整多年，但实际油气依赖型经济结构并未实质转变，其直接后果即是在本轮清洁能源作为新经济形态和新经济引擎的全球趋势中，俄罗斯并未搭上首班车，清洁能源技术研发、产品制造、出口贸易、对外投资远落后于中美两国。因此，在清洁能源发展各领域，俄罗斯对处于全球引领地位的中美两国均有需求，在此情况下，可以充分利用中国与俄罗斯的良好战略协作和外交关系，推动中国清洁能源技术、产品、服务、投资进入俄罗斯，将自俄罗斯进口油气与向俄罗斯输出清洁能源打包协商，将中俄清洁能源合作作为中俄战略协作伙伴关系、“一带一路”倡议与欧亚经济联盟对接的重要实质合作内容之一。

（三）地缘政治和国际政治领域

随着应对气候变化背景下清洁能源发展对俄罗斯油气产业及油气输出的严重影响，俄罗斯在欧亚地区、欧洲地区，以及中东地区的地缘政治影响力将下降，美国有可能乘俄罗斯国力进一步衰弱之机通过欧盟东扩和北约东扩进一步降低俄罗斯在独联体地区的地缘影响力，由此，俄罗斯对于中国的地缘政治和国际政治借重将增加；随着中国“一带一路”倡议的推进，以及中亚、中东油气输出国对中国油气进口需求的增加，中国在欧亚地区地缘政治影响力将上升，美国可能会进一步联合盟友在国际政治领域遏制中国，针对上述情况，可以加强中俄在地缘政治和国际政治领域的相互倚重和借力，共同应对美国遏制。例如，可以在中国主导的“一带一路”倡议与俄罗斯主导的欧亚经济联盟对接中，考虑召开欧亚国家应对气候变化领导人定期峰会，设立欧亚国家应对气候变化委员会及秘书处等常设机构，提出欧亚国家应对气候变化、低碳绿色转型的具体目标和行动路线图，通过联合欧亚国家，增强中俄两国在全球应对气候变化、低碳绿色发展行动进程的领导力，并为“一带一路”倡议与欧亚经济联盟对接注入实质合作内容。

展望全球经济治理的“欧亚时代”

李中海*

一个新的时代，全球事务的新时代正在来临，葡萄牙前欧洲事务部部长布鲁诺·玛萨艾斯（Bruno Masaes）将这个时代称为“欧亚时代”。这是他在欧亚大陆进行为期 6 个月的旅行后得出的结论。与世界其他大陆相比，欧亚大陆更多充满着民族国家兴衰起伏的故事。冷战结束后尤其是进入 21 世纪以来，随着中国经济的崛起和俄罗斯的振兴，欧亚大陆呈现出繁荣发展的新景象。正如玛萨艾斯所说，这是一种全新的情况，在同一片空间践行不同的政治理念，就像全球化时代与旧时代不同的综合观点或宗教观点融合在一起一样。令观察人士感到意外的不是欧亚超级大陆作为一个日益一体化的空间从冷战中崛起，而是作为许多不同且相互冲突的政治理念的舞台而崛起，更为重要的是，其崛起并非基于西方模式。[①]

---

* 中国社会科学院俄罗斯东欧中亚研究所研究员。

① ［葡］布鲁诺·玛萨艾斯：《欧亚大陆的黎明——探寻世界新秩序》，刘晓果译，社会科学文献出版社 2020 年版，第 14 页。

当今世界正在形成多地区的国际关系体系，在地区内部则正在形成重叠的地区主义、地区间和跨地区的国际组织，这些形形色色的地区主义组织对国际格局将产生怎样的影响？这是需要研究的大问题。在第四次工业革命方兴未艾之际，欧亚大陆在通向崛起的道路上还有许多障碍和挑战，这些障碍和挑战不仅存在于政治领域，也广泛存在于经济、社会和文化等领域。从全球范围看，欧亚地区经济发展的起点低、发展不平衡的问题仍然非常突出，这一地区的多数国家处于欠发达状态；一些国家经济基础薄弱，市场容量小，不通过广泛的地区合作就难以走出困境。从这个意义上说，完善区域经济治理结构，优化区域经济治理模式，可能是扩大和深化地区经济合作、应对新工业革命挑战的有效途径。加强对这一地区的区域经济及其治理问题的研究可为区域经济合作提供智力支持。

一 区域经济治理：多元概念、多维理论的发展

区域治理是当代全球治理体系的重要组成部分。冷战结束后的区域经济治理和全球经济治理是在经济地区化和全球化同步发展背景下形成的经济治理实践和理念，对促进战后世界经济发展起过重要作用。但是进入 21 世纪尤其

是2008年国际金融危机爆发后，许多国家对冷战后所形成的全球治理结构、模式和相关规则产生了质疑。在美国单边主义思想的兴起造成国际贸易争端加剧背景下，这一问题变得更加突出，全球经济治理走到了一个十字路口，是继续在多边主义下进行双边多边协调还是走向系统性对抗，世界迫切需要一个答案。在世界经济持续失衡、金融机构脆弱性增强和新冠肺炎疫情冲击下，世界经济发生新危机的风险增大，需要对全球治理结构进行改革，为世界经济增强活力和韧性。但当前大国利益和立场可能难以协调，因此有必要加强区域经济合作，通过完善区域经济治理格局，为国内经济增长和持续发展创造条件。

过去20年，学术界对区域经济治理是全球经济治理的阻碍还是促进因素存在争议，同时也对经济的地区化是全球化的绊脚石还是垫脚石存在不同看法。对此问题我们存而不论。一个明显的事实是，全球经济治理格局虽然遭到人们的诟病，但战后建立起来的治理体系仍然是全球经济稳定的基石，新兴市场经济国家的诉求并不是将其推倒重建，而是主张对其进行改革，更多反映广大发展中国家和欠发达国家的发展愿望和现实利益。同时，地区经济合作的迅猛发展为民族国家经济提供了新的动力。过去20年，区域贸易协定的数量有了明显增长。据世贸组织发布的数据，1948—1994年间，不同国家签订的区域贸易协定有124项，到2014年12月31日，全世界生效的地区性贸易安排已增加到 377 项，占全球贸易的一半以上，其中有 18 项关税同盟，218 项自由贸易协议。[①] 到 2020 年，全世界区域贸易协定数量已达到 568 项，其中地区性货物贸易协议 350 项，自由贸易协议增加到 312 项。[②] 同时，新的地区组织和合作机制也不断涌现。最为突出的是新兴市场国家对区域合作的繁荣发展做出了巨大贡献，比如在 G20 框架下的合作以及欧亚经济联盟、金砖国家合作机制和《区域全面经济伙伴关系协定》（RCEP）等。因此，对地区合作的进展、存在的问题及发展路径需要进行全面分析和理论思考，并进行新的理论构建。对这一问题，世界各国学术界正在进行研究和探讨。正如瑞士哥德堡大学教授比约恩·赫特纳（B. Hettne）所说，不对地区问题进行全面的理论建构，就无法理解当代地区化进程的本质。

对地区经济合作和治理问题的研究与“地区”这一概念及其相关理论密切相关。在西方语境下，大多用“地区主义”（Regionalism）、“地区间主义”（Interregionalism）和“跨地区主义”（Transregionalism）来描述与地区合作和治理相关的经济现象，其研究路径则是一个涉及诸多问题和概念及维度的复杂问题。地区治理理论经历了早期地区主义（Early Regionalism）、旧地区主义（Old Regionalism）、

① Дэвид Лэйн, Евразийская региональная интеграция как ответ неолиберальному проекту глобализации, Мир России, 2015, № 2.

② Figures on Regional Trade Agreements notified to the GATT/WTO and in force, http: //rtais. wto. org/UI/publicsummarytable. aspx.

新地区主义（New Regionalism）和比较地区主义（Comparative Regionalism）四个阶段。对这一问题，俄罗斯学者叶弗列莫娃（К. А. Ефремова）进行过全面的概括和分析。[①] 她认为，地区主义是基于国家间关系的跨国合作，遵循制度化建设逻辑，合作形式包括从部长级的定期磋商到建立超国家的机构，并谋求制定共同政策。地区主义可以是封闭的，也可以是开放的。前者旨在应对全球化带来的问题和挑战，后者则旨在系统性融入全球进程。地区间合作是指两个或多个地区的国家之间签订制度性协定，它们可以单独行动，也可以作为地区组织或非政治地区集团的一部分，其逻辑基于进入新的地区来扩大经济合作的地理范围，比较典型的是跨大西洋贸易与投资伙伴协议（TTIP）。跨地区主义则主要基于政治因素，即拥有共同价值观的国家联合起来更有效地参与全球治理，主要合作模式是定期举行最高级会议，但会议所作决议不具有约束力，主要目的在于寻求共识、协调立场并在全球政治、贸易和金融改革等重大问题的谈判中形成统一战线。在实践中，上述这些进程并不互相排斥，而是平行同步发展的。

21 世纪的地区合作（包括地区间合作和跨地区合作）呈现出多元发展、多维推进的态势，很难说哪一种合作形式更为有效，各国是否和如何参与地区合作，基本上是一

① Ксения Александровна Ефремова, От регионализма к трансрегионализм: теоретическое осмысление новой реальности, Сравнительная политика, 2017 Т. 8 № 2.

种利益权衡的结果。安德鲁·赫里尔对地区主义复杂逻辑的强调对考察地区主义也很有帮助。他说，地区主义是一个复杂和动态的过程，其组成部分不是铁板一块，而是一系列不断互动且常常相互竞争的逻辑：经济和技术变迁以及社会一体化的逻辑；权力政治竞争的逻辑；安全（国家间安全和社会安全）的逻辑；以及身份和共同体的逻辑。从地区经济治理角度看，国家间合作的逻辑仍占据主流。国家间合作，即政府间合作，是指由民族国家政府牵头，在多个领域进行更紧密的国家间合作，建构一系列政府间协议或者一个泛地区的制度网络。这样的制度性安排往往服务于多种目的，或者作为应对外部挑战的手段，在国际制度谈判中协调立场，或者促进共同价值或解决共同问题，保障人们获得福利，使本国获得利益。一般来说，国家主导的一体化是政府间合作的目标之一。冷战结束以来，在欧盟实现一体化的刺激下，一体化建设成为许多国家对外经济合作的目标。人们普遍认为，国家制定特定政策减少或扫除贸易和投资限制，实现商品、服务、资本和人口的相互往来，可最大限度地促进国家经济发展，扩充市场容量，谋求更大的经济福利和繁荣。区域治理理论的发展为我们研究欧亚地区的区域治理提供了思路和方法。

二 欧亚地区经济治理的特点

冷战结束后，地区主义与全球化同步迅猛发展，在全世界尤其是欧亚大陆形成了许多地区性国际组织，地区贸易协定的数量也明显增多，出现了所谓“重叠地区主义”现象。在60多个地区性国际组织中都存在成员国相互重复问题。从当前来看，这种成员国重叠现象并未影响国家间和地区组织间的合作，反而有利于地区合作的有益补充和相互协作。在上海合作组织成员国、观察员国和对话伙伴国所在的广大地区，影响力较大的组织有上海合作组织、欧亚经济联盟、集体安全条约组织等，与域外国家之间建立有金砖五国机制，同时中国提出的“一带一路”倡议和俄罗斯提出的“大欧亚伙伴关系”也在同步发展之中。回顾上述组织、机制和倡议的发展历程可以看出，欧亚大陆地区治理具有四个突出特点：一是国家领导人积极推动，对地区经济治理的发展起到了引领作用；二是主权国家政府是欧亚地区经济治理的主要力量；三是制度化的一体化是地区治理的努力方向；四是中俄两国在欧亚地区治理中发挥着主导作用。与欧洲、北美和东南亚相比，欧亚地区经济治理格局、模式尚处在初步形成阶段，并未建立起稳定的治理结构和治理模式。

第一，国家领导人积极推动地区经济合作，引领地区治理结构的发展。习近平主席一直非常重视欧亚地区性国际组织的发展，以元首外交方式持续推动这些机制的发展壮大。首先，明确提出全球经济治理的重点。习近平主席在 2016 年 9 月 G20 工商峰会开幕式的主旨演讲中指出，全球经济治理特别要抓住以下重点：一是共同构建公正高效的全球金融治理格局，维护世界经济稳定大局；二是共同构建开放透明的全球贸易和投资治理格局，巩固多边贸易体制，释放全球经贸投资合作潜力；三是共同构建绿色低碳的全球能源治理格局，推动全球绿色发展合作；四是共同构建包容联动的全球发展治理格局，以落实《联合国 2030 年可持续发展议程》为目标，共同增进全人类福祉。在金砖国家、上合组织历次峰会上，欧亚地区领导人都提出了促进地区经济发展与合作的主张。普京总统在谈到如何利用金砖国家现有合作机制实现欧亚经济联盟与丝绸之路经济带对接的倡议时，批评一些国家试图建立封闭的、不透明的联盟（如跨太平洋伙伴关系或跨大西洋贸易和投资伙伴关系），强调金砖国家伙伴致力于建立以世贸组织原则为依据的、非歧视性的、开放的经济空间。俄方提出的"欧亚经济联盟建设与丝绸之路经济带建设对接"的思想，可成为由欧亚经济联盟、上合组织和东盟国家参与的"大欧亚伙伴关系"的基础。在国家领导人的直接推动下，欧亚地区建立起了多项地区经济治理机制，使地区治理成为地区国家的重要议题。

第二，主权国家政府是欧亚地区经济治理的主要力量。与西方国家的非政府组织和跨国公司广泛参与地区治理不同的是，在欧亚地区治理中，主权国家政府承担着不可替代的决策者、组织者和推动者角色。这与欧亚国家的历史传统和文化有直接关系，也与这一地区的政治与资本的力量对比直接相关。实际上，即便在西方新自由主义全盛时期，国家在经济生活中也发挥着重要作用。美国地理学家索尔·科恩在其著作中提出，高速行进中的世界经济全球化以及通信网络向跨越全球的信息系统的转变，并不会消除国家界限和身份标志。全球化不会导致地理的终结，也不会形成一个地理上的"平面"世界，相反，它一般会带来一个复杂得多的地缘政治体系。[①] 罗伯特·吉尔平在写作《全球政治经济学》的时候也认为，民族国家依然是国内经济事务和国际经济事务中的主要角色。吉尔平指出，全球化对一个国家经济的益处是巨大的，进出口贸易和对外投资提高了一国经济的效率，并使该国能够进入世界市场，获得极为有助于其经济迅速发展的资金和技术。但他同时也警告说，在一个国家做好足够准备之前，不应当向世界开放它的经济。20 世纪 90 年代，东亚和东南亚许多国家在建立起能保障本国金融系统稳定的法规条例和机构之前，

---

① ［美］索尔·科恩：《地缘政治学——国际关系的地理学》，平春松译，上海社会科学院出版社 2011 年版，第 9 页。

就降低了外国资本流入的壁垒。这些失策使金融投机毫无顾忌，其他违规活动也乘虚而入，造成了1997年的亚洲金融危机。[①] 因此，过度强调经济自由化和全球化未必是有效且中肯的建议，国家在限制资本无序竞争中发挥的作用，可有效规避市场风险。同时，欧亚国家同样重视企业的作用。中国在发展对外产能合作所提出的合作机制，强调指出要建立“政府推动、企业主导、商业运作”的合作机制，这种机制可有效发挥政府、资本和社会的作用，平衡各方利益，建立公正高效的地区治理模式。

第三，多边经济合作聚焦于项目合作，但制度性一体化仍然是地区经济治理的努力方向。欧亚地区地域辽阔、资源丰富、发展潜力巨大，但是这一地区不少国家的基础设施较为落后，国家之间发展极不平衡，一些国家资金不足，且存在很大的就业压力，因此，区域内国际组织都格外重视基础设施投资和大项目合作。中国提出的“一带一路”建设和产能合作的主张正是对这种诉求做出的直接回应，中国主张上合组织应成为地区发展的推动力量，建议各国共同努力，建设铁路、公路、航空、电信、电网、能源管道互联互通工程。首先，在区域各国的共同努力下，中国—中亚天然气管道项目、中哈石油管道项目、中俄石油和天然气管道项目先后建成并投入运营，中巴经济走廊、

---

① ［美］罗伯特·吉尔平：《全球政治经济学：解读国际经济秩序》，杨宇光、杨炯译，上海人民出版社2006年版，中文版前言，第2—3页。

中蒙俄经济走廊、中国—中亚—西亚经济走廊建设提上议程并已取得积极进展。其次，为满足地区重大项目合作对建设资金的需要，近年来亚洲基础设施投资银行和金砖国家新开发银行先后建成。亚洲基础设施投资银行是政府间性质的亚洲区域多边开发机构，重点支持基础设施建设，其宗旨就是促进亚洲区域的建设互联互通化和经济一体化的进程，并且加强中国及其他亚洲国家和地区的合作。金砖国家新开发银行的建立是为了金砖国家及其他新兴经济体和发展中国家的基础设施建设和可持续发展项目动员资源，作为现有多边和区域金融机构的补充，促进全球增长与发展。同时，欧亚国家仍致力于实现经济一体化，并在制度建设方面做出了努力，最突出的是通过建立合作机制，促进贸易和投资的便利化，力争实现政策沟通、设施联通、贸易畅通、资金融通、民心相通。

第四，中俄两国在地区经济治理中发挥主导作用。任何一个地区的区域经济治理都需要一个或两个起主导作用的国家。经济和政治一体化需要一个有兴趣、有能力来促进区域性协定的强大领袖，比如欧盟中的德国、北美自由贸易区中的美国、亚太经合组织中的日本和南美共同市场中的巴西。与欧洲相比，欧亚地区的突出特点是各国经济体量不对称。这里有中国这样的世界第二大经济体，也有塔吉克斯坦、吉尔吉斯斯坦这样的欠发达国家。这一地区的国际组织的成员同样情况各异。比如，上合组织 8 个成员人口总数虽占全球40%，GDP总量却占全球20%，且中俄两国所占的比重较大。这种客观情况要求中俄两国在地区经济治理结构中发挥主导作用，为地区各国发展提供更多公共产品，同时提出地区发展的长期远景并为此付出努力。

总的来看，欧亚地区的区域治理与欧洲和北美地区的区域治理存在许多差异。这是地区自然地理条件、历史、文化和经济发展阶段所决定的。在地区主义理论发展的大部分时间，地区问题的研究总是瞄准欧盟，以欧盟作为参照系来评价其他地区的区域治理的成败得失。随着“比较地区主义”的兴起，西方学术界也认识到这种评价方式有失公允，开始更加客观地评价其他地区的经济发展成就和发展模式。

三 欧亚地区经济治理模式的选择

地区经济治理是一个复杂的综合性问题，仅从一个或几个侧面很难客观准确把握地区发展进程。正如美国地理学家约翰·阿格纽所说，地区这一概念既反映世界的客观差异，也反映关于这些差异的观念，试图以地区问题的某一特性来理解整个地区将会适得其反。[1] 从整个欧亚大陆经

① Agnew, J., “Regions on the Mind Does Not Equal Regions of the Mind”, *Progress in Human Geography*, 1999, Vol. 23, No. 1, p. 93.

济图景看，大陆西端和东端是由发达国家组成的地区，大陆中间部分，即后苏联空间则分布着经济发展程度较低的许多国家，世界银行为此曾绘制一幅欧亚大陆经济体量图，并将其描述为两端粗、中间细的哑铃形状，将其称为“欧亚哑铃”，意味着欧亚大陆北部和中部是一个广阔且经济上无关紧要的地区，位于欧盟和东亚这两个经济权力中心之间。由此可见，欧亚地区各国面临着繁重的经济发展任务，这一地区也面临着建设有效区域经济治理结构的任务。为迎接21世纪挑战，赶上第四次工业革命的潮头，地区国家不仅要解决好国内发展问题，还要增强地区合作，以开放的地区主义，应对全球化带来的外部挑战。但地区经济合作制度不是凭空产生的，要继承和延续战后全球经济治理的成果，同时根据欧亚地区经济实际，对地区经济合作制度有所创新。

需要指出的是，正如现代经济学主要是在西欧和美国培育出来的，尽管它渴望具有普遍性，但却带有这些地区特有的制度和问题的印记①，关于全球经济治理的理念同样来自西方，如果按照西方理念来理解和设计全球治理结构、模式和制度框架，必然带有鲜明的西方特色。这种全球经济合作观念可能对非西方世界构成歧视，不符合广大发展中国家和欠发达国家的利益。好在随着比较地区主义理论

---

① ［美］劳埃德·G. 雷诺兹：《经济学的三个世界》，朱泱等译，商务印书馆2013年版，第1页。

的兴起，对地区经济发展和治理问题有了新的理论依据，过去的欧洲中心主义观念正在得到克服。我们可以根据欧亚地区实际，提出新的治理思路和建议。

首先，欧亚地区经济治理应以经济发展为导向。冷战结束以来，世界范围内形成了若干相对稳定的地区架构。其中，欧盟的建立为不同国家形成地区治理框架提供了经验。此后，东南亚国家和美洲国家相继建立起了地区组织，成为全球治理结构的组成部分。后苏联空间也建立起了集体安全条约组织和欧亚经济联盟等地区组织，使苏联解体后的地区离心倾向得到一定程度的抑制。这些地区性组织也成为国际政治经济舞台上较为活跃的力量。但是应该看到的是，欧亚地区的地区治理水平仍然相对较低。欧亚地区各国经济体量极不均衡，有领土大国俄罗斯，人口大国中国和印度，其他中小型经济体资源较为单一，市场容量有限，依靠自身资源禀赋恐怕难以实现经济快速发展。按照沃勒斯坦的世界体系理论，这一地区的绝大多数国家属于资本主义的边缘地区，是资本主义世界的能源原材料产地和产品的销售市场。一个不可忽视的问题是，多数国家的人均国内生产总值和生活水平较低，大多数国家为欠发达国家，都面临着发展经济的难题。因此，这一地区要解决经济增长和经济发展的双重任务。世界其他地区的经济合作大多是以资本盈利为导向的，在政府主导下的欧亚地区经济治理应处理好资本逐利与经济发展之间的关系，重在解决影响地区经济发展的基础性问题，为各国经济增长和结构改革创造良好的外部经济条件。需要优先发展基础设施建设，扩大市场容量，构建符合地区资源条件的产业链，实现优势互补，促进共同发展。

其次，要秉持开放的地区主义原则。开放的地区主义是世界范围内推进区域合作的一种理想追求以及完善全球多边谈判机制的重要参照。从世界经济发展的长期历史来看，开放是经济发展的重要推动力之一。开放的地区主义是在经济一体化过程中形成的有别于传统地区主义的区域经济合作形式，它具有开放性、非歧视性等特点，是一种崭新的地区主义。地区主义的开放性具有以下基本内涵：一是强调自愿合作，不拘泥于形式或制度。这种开放性与欧盟等传统地区主义组织有明显不同，并不强制要求成员国让渡主权或组建超国家机构，而是最大限度地寻求共识，不断地寻求非正式化、非制度化的合作方式。二是倡导多样包容，追求内外开放的互动。这一原则承认各国文化传统、社会制度、价值观念和发展模式的差异性，倡导因地制宜，探索符合地区特色和成员国传统的区域合作之路。上海合作组织提出的“互信、互利、平等、协商、尊重多样文明、谋求共同发展”的“上海精神”正是这一原则的集中体现。三是把握重点和基础，坚持宽领域、深层次发展。地区合作的目的不在于形式，而在于内容。任何地区合作都是为了解决本国、本地区的具体问题，因此开放的地区主义倡导通过互利合作而达成理性安排，将区域合作的重点聚焦于经济领域的合作，推动地区经济合作更好发展。[①]

与开放的地区主义直接对立的是封闭的保护主义，从世界经济发展史来看，一些国家和地区在一定时期通过采取合理措施保护本国市场和幼稚工业，出现过重商主义的理论与实践，也产生过李斯特保护主义思想，在传统工业化时期这种政策有一定的合理性。但是时移世易，随着全球化的迅猛发展，交通和通信技术的革命，世界各国之间的时空距离被压缩，独占特殊资源的能力明显下降，实现资源的全球配置已经没有障碍，因此建立具有排他性、封闭性及歧视非成员国的地区组织以及建立势力范围的思想已经落伍。封闭未必带来有效的保护，有序开放和积极合作是市场容量较小的经济体突破发展困境的有效途径。同时应该认识到，欧亚地区的区域经济合作组织并不是相互排斥的，而是相互补充的。

最后，采取灵活的地区经济治理方式。当前世界正在发生深刻变化，其基础是科技领域的不断创新和发展。科技革命带动工业革命并向社会生活各领域传导，将导致“全世界进入颠覆性变革的新阶段”。第四次工业革命的来临，要求全球各领域均需采取更灵活的治理方式。克劳斯·施瓦布就此指出，第四次工业革命的特点之一，也许

---

① 秦治来:《准确理解地区主义的“开放性”——以东亚地区合作为例》,《世界经济与政治》2008 年第 12 期。

是整个21世纪的特点之一，就是变革增速之快，令许多国家机构难以适从。突飞猛进的技术变革对决策者和政府都带来了格外严峻的挑战。这就要求领导者重新思考“我们在治理什么，为什么这样治理”。[①]世界经济论坛白皮书《灵活治理：重构第四次工业革命中的决策制度》提出，技术发展的速度和技术呈现的若干特征，使得之前的决策周期和机制捉襟见肘，这些特征包括传播速度快，跨越管辖、监管和学科边界，以及在融入和表现人类价值观与偏见时越发明显的政治性。[②]

对地区经济治理来说，同样需要有针对性地采取灵活的治理方式。

首先对区域经济一体化及其实现程度应抱有符合现实条件的期待，对此不宜存在过高期待。按照约瑟夫·奈的新功能主义理论，不同国家要实现一体化，需要满足4个条件：各单位的对称和经济平等；竞争价值观具有互补性；存在多元主义；成员国具有适应和反应能力。[③]他进而提出了一体化进程的三个感知认识条件：一是对利益分配公平性的感性认识，所有国家的人民越是感到分配公平合理，

---

① ［德］克劳斯·施瓦布：《第四次工业革命——行动路线图：打造创新型社会》，中信出版集团股份有限公司2018年版，第281页。

② ［德］克劳斯·施瓦布：《第四次工业革命——行动路线图：打造创新型社会》，中信出版集团股份有限公司2018年版，第287页。

③ ［美］詹姆斯·多尔蒂、小罗伯特·普法尔茨格拉夫：《争论中的国际关系理论》，阎学通、陈寒溪等译，世界知识出版社2003年版，第556页。

推进一体化的条件越有利。二是对外部相关问题的认识，即决策者对与本国相关的外部问题的感性认识，这些问题包括对出口的依赖、大国带来的威胁以及在变化的国际体系里本国地位的丧失等。三是看得见的或可转嫁的低代价，即在多大限度上使人感觉到进行一体化，尤其是初始阶段，是不需要付出代价的。[①] 从欧亚地区现实来看，这一地区暂时并不具备上述条件。更为重要的是，文化的多样性和价值观差异虽然不是地区国家扩大合作的障碍，但却是实现一体化的重要影响因素。俄罗斯学者维诺库罗夫（Евгений Винокуров）也指出，将俄语空间以外的成员纳入后苏联空间经济合作体系，导致其运行复杂化，文化壁垒的存在不容忽视。

其次，区域国际经济合作方式应更加灵活多样，不必拘泥于建立和完善地区性国际组织这一条路径。如上所述，冷战结束以来尤其是进入 21 世纪以来，不同国家之间签订区域贸易协定（RTA）已成为跨国跨地区经济合作的主要方式。区域贸易协定是两个或多个政府之间为所有签署国定义贸易规则的条约。区域贸易协定的例子包括《北美自由贸易协定》（NAFTA）、欧洲联盟（EU）和亚太经合组织（APEC）。进入 21 世纪以来，区域贸易协定数量在增加，其性质也在不断变化。1990 年生效的贸易协定有 50

① ［美］詹姆斯·多尔蒂、小罗伯特·普法尔茨格拉夫：《争论中的国际关系理论》，阎学通、陈寒溪等译，世界知识出版社 2003 年版，第 556—557 页。

项，2017 年超过 280 项，2021 年已经增加到 350 项。这些协定已超越了关税问题，涵盖影响商品和服务贸易和投资的诸多政府政策，包括竞争政策、政府采购规则和知识产权等法规。涉及关税及其他边境措施的区域贸易协定属于“浅层”协定；涉及更多政府政策的协定属于“深层”协定。深层贸易协定是区域一体化的重要制度框架，这些协定降低了贸易成本，并确定了许多涉及经济运行的规则。如果这些协定及规定的设计合理有效，它们将起到改善各国之间的政策的作用，从而增加贸易和投资，促进经济增长和民众福利。

世界银行通过研究发现，深层区域贸易协定明显优于浅层贸易协定。其一，深层协定比浅层协定更能促进贸易、投资和全球价值链的参与。世界银行估算的数字是，平均而言，深层贸易协定将使货物贸易增长 35% 以上，服务贸易增长 15% 以上，全球价值链一体化增长 10% 以上。其二，深层协定涉及的公共产品问题可使所有贸易伙伴受益，并通过扩大贸易和改善政策环境产生积极的福利效果。但这些协定的设计需要平衡不同成员国之间以及成员国与非成员国之间的利益。其三，区域贸易协定可能影响未来数年的贸易和经济关系。目前较为活跃的区域贸易协定包括：《全面与进步跨太平洋伙伴关系协定》（CPTPP）、欧盟—南方共同市场贸易协定、东南亚国家联盟及其主要贸易伙伴之间的《区域全面经济伙伴关系协定》（RCEP）以及非洲大陆自由贸易区（CFTA）。需要指出，英国脱欧、美国退出 TPP 等虽然不是一种聚合的行动，但作为一种分化的行动，同样将对地区和全球经济产生深远影响。

最后，本文以老子的一段话作为结语：道常无为而无不为。侯王若能守之，万物将自化。化而欲作，吾将镇之以无名之朴，镇之以无名之朴，夫将不欲。不欲以静，天下将自定。①

① “道”永远是顺其自然而无所作为的，却又没有什么事情不是它所作为的。侯王如果能按照“道”的原则为政治民，万事万物就会自我化育、自生自灭而得以充分发展。自生自长而产生贪欲时，我就要用“道”来镇住它。用“道”的真朴来镇服它，就不会产生贪欲之心了，万事万物没有贪欲之心了，天下便自然而然达到稳定、安宁。

后疫情时代的国际制裁

伊万·季莫费耶夫*

新冠肺炎疫情是全人类的共同威胁，面对这一挑战，世界各国迎来一个加强团结的契机。实现团结的重要一步，便是削减各类国际制裁和经济限制。

联合国秘书长安东尼奥·古特雷斯①、联合国人权事务高级专员米歇尔·巴切莱特②、联合国粮食权问题特别报告员希拉尔·埃尔弗③和联合国单边强制措施对人权负面影响

---

* 俄罗斯国际事务委员会项目主管，俄罗斯国际事务委员会委员，政治学博士。

① "Funding the Fight Against COVID – 19 in the Worlds' Poorest Countries", UN Department of Global Communications, March 25, 2020, https://www.un.org/en/un-coronavirus-communications-team/funding-fight-against-covid-19-world% E2% 80% 99s-poorest-countries.

② "Ease Sanctions Against Countries Fighting COVID – 19: UN Human Rights Chief", UN News, March 24, 2020, https://news.un.org/en/story/2020/03/1060092.

③ "Economic Sanctions Should Be Lifted to Prevent Hunger Crises in Countries Hit by COVID – 19: UN Rights Expert", UN News, March 31, 2020, https://news.un.org/en/story/2020/03/1060742.

问题特别报告员阿莱娜·杜汉[①]都对削减制裁做出了倡议。许多政治领袖也提出类似建议，例如俄罗斯总统普京曾在2020年G20峰会上就提议各国减轻制裁。[②] 欧盟当局则宣称，国际制裁需要为人道主义留出余地。[③] 拜登也在竞选美国总统时谈及这一点。[④] 美国政府不久便公布了一份制裁豁免名单，涉及伊朗、叙利亚、古巴、朝鲜、委内瑞拉和俄罗斯[⑤]，其中不少国家在疫情之前就是美国制裁名单上的常客。美国与瑞士合作开启了一条面向伊朗的救济供应渠道，目前已开始运转。[⑥] 2019年由英国、法国和德国创立的贸易

---

① "UN Rights Expert Urges Governments to Save Lives by Lifting All Economic Sanctions Amid Covid－19 Pandemic", UN Human Rights Office of the High Commissioner, April 3, 2020, https://www.ohchr.org/EN/NewsEvents/Pages/DisplayNews.aspx? NewsID = 25769&LangID = E.

② G20 Summit, The President is taking part in the Extraordinary Virtual G20 Leader's Summit//President of Russia, March 26, 2020, http://en.kremlin.ru/events/president/news/63070.

③ "Declaration by the High Representative Josep Borrell on Behalf of the EU on the UN Secretary General's Appeal for an Immediate Global Ceasefire", European Council, April 3, 2020, https://www.consilium.europa.eu/en/press/press-releases/2020/04/03/declaration-by-the-high-representative-josep-borrell-on-behalf-of-the-eu-on-the-un-secretary-general-s-appeal-for-an-immediate-global-ceasefire/.

④ "Statement from Vice-President Joe Biden on Sanctions Relief during COVID 19", April 2, 2020, https://medium.com/@JoeBiden/statement-from-vice-president-joe-biden-on-sanctions-relief-during-covid-19-f7c2447416f0.

⑤ "Fact Sheet: Provision of Humanitarian Assistance and Trade to Combat COVID－19", U.S. Department of Treasury, https://www.treasury.gov/resource-center/sanctions/Programs/Documents/covid19_fact-sheet_20200416.pdf.

⑥ "United States and Switzerland Finalize the Swiss Humanitarian Trade Agreements", U.S. Department of the Treasury, February 27, 2020, https://home.treasury.gov/news/press-releases/sm919.

互换支持工具 INSTEX——人们期待已久的与伊朗开展人道主义贸易的机制——终于实现了第一次运作。[①] 英国也对叙利亚石油禁运做出了人道主义豁免。[②]

然而仅凭声明和豁免，恐怕不足以真正扭转各国的制裁政策和现实中的限制措施。即便在疫情最严重的时候，也没有任何一条制裁决议、决定和法律被宣布废除，得到豁免的只是个别地区。[③] 救济渠道面向受制裁国家的“人民”，而不是该国的“威权主义政权”。可是，一国的政府无疑也属于“政权”，而政府负有抗击疫情和应对相关挑战的重大职责，对“政权”加以制裁，意味着政府将失去许多重要资源的供应。比如，石油禁运在理论上是为了打击某国“政权”，但实际结果却是削弱了该国政府抗击疫情的能力。到头来，打击“政权”等同于打击“人民”。我们还应注意到，被制裁国（例如俄罗斯、古巴和中国）在抗击疫情方面给予制裁发起国的帮助，并没有换来制裁的解除。

换言之，新冠肺炎疫情几乎没有改变国际制裁的现状。制裁仍是一种用于实现外交目标的胁迫和施压工具。等到

---

① “INSTEX Successfully Concludes First Transaction”, U. K. Foreign and Commonwealth Office, March 31, 2020, https://www.gov.uk/government/news/instex-successfully-concludes-first-transaction.

② “Trade Sanctions on Syria”, U. K. Department of International Trade and Export Control Joint Unit, December 31, 2020, https://www.gov.uk/guidance/sanctions-on-syria#crude-oil-and-petroleum-products.

③ Blanc, J. “Coercion in the Time of the Coronavirus”, Carnegie Endowment for International Peace, April 8, 2020, https://carnegieendowment.org/2020/04/08/coercion-in-time-of-coronavirus-pub-81495.

疫情平息之后，一切都将回归常态，人道主义声明和豁免也会更加罕见。

如今，有不少著作论及新冠肺炎疫情将如何改变世界和国际关系，一种流行的论调是："我们再也不会回到从前那个世界了。"但不幸的是，这丝毫不适用于国际制裁。在一些领域，制裁反而有可能进一步强化，至少在中美之间就存在这种危险。因此我们不能只关注当下，而是需要以客观公正的视角，对国际社会若干核心成员在制裁问题上的长期动向作一番考察。

在过去的二十年中，经济制裁已经成为一项关键的外交政策工具。只有联合国安理会做出的经济制裁才是唯一合法的。[①] 然而许多发达国家却经常单方面做出经济制裁，以在国际竞争中实现自己的目标。在所有国家中，美国使

---

① Ex.，Jazairi，I. "Report of the Special Rapporteur on the Negative Impact of Unilateral Coercive Measures on the Enjoyment of Human Rights"，United Nations General Assembly Human Rights Council Thirty Session，2015.《联合国宪章》第一百〇三条规定："联合国会员国在本宪章下之义务与其依任何其他国际协定所负之义务有冲突时，其在本宪章下之义务应居优先。"据此，联合国安理会做出的制裁应该优先于成员国承担的国际义务。要注意，根据《联合国宪章》第五十三条，联合国可以利用区域办法或区域机关来开展"职权内之执行行动"，而且"如无安全理事会之授权，不得依区域办法或由区域机关采取任何执行行动"。也就是说，根据第五十三条的主旨，地区性组织无权在未经联合国安理会授权的情况下自行发起制裁，而且"关于为维持国际和平及安全起见，依区域办法或由区域机关所已采取或正在考虑之行动，不论何时应向安全理事会充分报告之（《联合国宪章》第五十四条）"。关于此问题，详见 Kiku D. V.，"Sovremennye Mezhdunarodnye Mekhanizmy Sanktsionnogo Vozdeistviya"，in I. N. Timofeev，V. A. Morozov，Yu. S. Timofeeva eds.，Politika sanktsii，tseli，strategii，instrumenty：khrestomatiya，Russian International Affairs Council（RIAC），Moscow，NP RSMD，2000，p. 75，https：//russiancouncil. ru/upload/iblock/692/sanctions_policy_2020. pdf。

用单边制裁最为频繁。对欧盟而言，制裁也已成为最重要的外交政策工具之一。中国和俄罗斯虽然反对单边制裁，但它们也必须对第三方国家发动的制裁做出反应。庞大的经济潜力使中国能在执行政策时占据主动。对国际商贸而言，限制性措施（restrictive measures），尤其是次级制裁和违反现行限制制度所招致的罚款，已经成为一项主要的政治风险。

与此同时，世界各国在何谓制裁、制裁在外交政策工具体系中占何种地位等问题上观点迥异。不同国家发动和抵御制裁的能力也极不相同。国家和国际组织对制裁的理解未必一致，有时甚至相反。这种断裂导致了一系列冲突和矛盾。联合国安理会决议虽然具有很高的合法性，却缺乏足够的执行工具。被制裁国经常向制裁国发起反制措施，但它们的企业却尽量顺从别国加于自己国家的制裁措施。发起大量制裁的国家本身也可能成为限制性措施的打击对象，有时发起打击的正是自己的盟友。对于企业而言也是一样，身在制裁发起国并不代表排除了“因违反制裁而（以罚款或其他形式）受到制裁”的风险。

国际制裁清晰反映出当前国际关系体系的失衡，或者借用瓦尔代俱乐部（Valdai Club）一篇报告中的比喻：人们生活在一个“摇摇欲坠”的世界。[①] 国际合法性受到侵

① Barabanov O., Bordachev T., Lissovolik Y., Luk'yanov F., Sushentsov A., Timofeev I., “Living in a Crumbling World Annual Report”, Valdai International Discussion Club, October 15, 2018, https://valdaiclub.com/a/reports/living-in-a-crumbling-world/.

蚀，国际规则仅适用于特定情境。

现代世界正处在一个十字路口。制裁不再由国际规则和程序决定，而是回归到国家自我主义的逻辑，成为国家增进自身利益的工具；而另一方面，制裁尚未发展为国家间的强硬对抗，各国互相制裁以至“重伤”全球经济的状况尚未出现，虽然这在今后并非不可能。用于施加经济限制的全球治理工具不断失效，单边制裁越来越频繁，这一过程的背景是庞大经济体（主要是美国和中国）之间的相互制裁不断升级。如此持续下去，最好的结果将是促进国际金融体系转型，由美元主导转变为数个经济增长中心共同驱动，最坏的结果则是制裁升级为更强硬的对抗。制裁往往伴随着武力的使用，这在历史上不乏其例。

本文将从联合国、美国、欧盟、中国和俄罗斯的视角来审视国际制裁，这些国家和组织在制裁实力和经验方面有所差异。到目前为止，它们发起的制裁尚未造成国际局势的重大紧张，但给具体的企业、行业和国家带来了相当大的风险。本文讨论的关键问题是：上述核心国际行为体在制裁上采用何种战略、使用何种方法、掌握何种能力，以及会将制裁战升级到何种地步？

一 联合国的限制性措施

在如今所有国际组织中，只有联合国具有足够的权威、合法性和能力来代表国际社会行使制裁。严格来说，联合国文件中并无“制裁”（sanctions）这一概念，人们通常谈论的其实是用于制止侵略行为、解决和平与安全问题的“限制性措施”。《联合国宪章》第七章第41条提到了适用这类措施的情形，措施内容包括“经济关系、铁路、海运、航空、邮、电、无线电及其他交通工具之局部或全部停止，以及外交关系之断绝”。这类措施的决定权在于联合国安理会，而决定一旦做出，联合国所有成员必须遵守。在政界和媒体的语汇中，“制裁”和“限制性措施”往往是同义词。目前联合国设有14个制裁制度（sanctions regimes），每个制裁制度由一个制裁委员会负责协调，大多数制裁委员会在工作中会得到专家组和联合国秘书处的协助。

就其功能而言，联合国制裁旨在达成三个目标：迫使目标国改变政策；防止可能发生的侵略和其他行为；告知目标国其行径不为国际社会所容。[①] 联合国发起的制裁几乎全部与安全议题相关，包括军事冲突、内战、种族灭绝、大规模杀伤性武器的扩散、恐怖主义等内容。同个别国家的单边制裁相比，联合国制裁的政治化色彩更弱，它所针对的问题往往是真切且严峻的。单边制裁常常是某个国家根据自己的猜测和对某些行为的解读而做出的，这在联合

---

① Ex., Giumelli, F., “The Purposes of Targeted Sanctions”, in T. Beirsteker, S. Eckert and M. Tourihno eds., *Targeted Sanctions, The Impacts and Effectiveness of United Nations Action*, New York: Cambridge University Press, 2016, pp. 38–59.

国安理会决策机制下几乎不可能出现。

然而，联合国制裁机制也有许多缺陷。如果安理会成员之间存在重大分歧，决议将难以推进。同时，对于一份决议，态度过于软弱或者过于强硬均会招致部分成员国的反对。另外，联合国的人手和财力也不足以实施大规模的制裁。算上委员会成员、专家团和秘书处人员，单个制裁项目包含的人手最多不过数十人。这个数量对于筹备决议和监督决策过程而言并不算少，但用来全面监督制裁的执行情况则捉襟见肘。执行制裁是联合国成员国的义务，但具体如何执行、执行的效果如何，则取决于成员国的政治意愿和手中的资源。鉴于以上原因，哪怕是最完善的决议也可能在某个国家的执行层面上受阻。大国有时甚至会无视安理会决议，例如在伊朗核协议上，美国前总统特朗普就对安理会 2231 号决议视而不见，在其他安理会成员的反对声中单方面重启了对伊制裁。

换言之，虽然联合国仍是最重要的超国家制裁发起者，但大国通常难以利用联合国机制来实现自己的政治目标，而是需要一些更有效率和效力的手段来追求国家利益。联合国对“国家利己主义”加以限制，但是在当今世界，国家利己主义仍是一种重要的外交政策动机。单边制裁因而在现实政治中依然广泛存在，个别国家或国家联盟会绕过联合国安理会决议，自行发起制裁。

单边制裁的工具多种多样，例如进出口限制、技术合作禁令和金融限制。在用来向他国施压的所有机制中，金融制裁目前最为重要。限制某个受制裁国家、组织或个人开展对外银行交易，可能令该国与外界联系密切的各经济部门遭受沉重打击。实际上，失去相应的金融机制，意味着交易将会无法进行或者严重受阻。此外，针对性制裁（targeted sanctions）在冷战之后开始变得普遍[①]，被制裁的不再是整个国家，而是某些个人、组织或者经济部门。尽管在理论上，针对性制裁会减少被制裁国的总体损失，但由于它对被制裁国最关键的经济部门造成打击，其实际影响有时不亚于全面封锁。

制裁和贸易摩擦是不同的概念。前者由一国政府发起，旨在解决政治问题；后者则是为了提高本国生产商的竞争优势，通常由企业游说，并使用一套不同于制裁的工具，如关税措施。然而在如今的一些案例中，制裁发起国也会利用制裁来谋取市场优势，美国对“北溪-2”项目的制裁就是一例。在中美关系中，制裁和贸易摩擦的界线也开始模糊。不过即使在这些案例中，政治动机仍然是主要的，不能将它们完全归结为经济问题。

国家联盟可以绕过联合国安理会自行发起单边制裁，例如美国经常拉拢其盟友参与制裁。从联合国的角度看，这种“国际化”无助于增加单边制裁的合法性。一些国家

---

① Ex., Drezner, D., “Targeted Sanctions in a World of Global Finance”, *International Interactions*, 2015, No. 41, pp. 755-764.

会试图通过联合国来寻求自身单边制裁的“国际化”[①]，但反过来，联合国要影响这些国家却很困难。联合国试图说服各国在疫情期间撤回或减少单边制裁，然而收效平平。即便在严峻的全球挑战之下，国际制裁背后的政治动机仍然发挥着作用。

二　美国与制裁：意识形态、美元和法律框架

对美国而言，制裁是一项重要的外交政策工具。在2017年12月底发布的《美国国家安全战略》报告中，制裁被定义为一种在国际竞争中打压和限制对手潜力的手段。在过去100年间，美国在施加单边制裁方面积累了丰富的经验，美国使用单边制裁的次数超过其他所有国家和国际组织的总和[②]，大多数制裁项目已经存在了数十年。不仅美国的对手遭到制裁打击，连美国的盟友也有被牵连的风险。就实施制裁的范围和程度而言，任何国家都无法与美国比肩。美国的制裁有如下几个特点。

---

① Ex., Brzoska, M., "International Sanctions Before and Beyond UN Sanctions", *International Affairs*, 91 (6), 2015, pp. 1339 – 1349.

② Ex., Hufbauer, G., Shott, J., Elliott, K., Oegg, B., *Economic Sanctions Reconsidered* (Third Edition), Washington D. C. Peterson Institute for International Economics, 2009.

第一，美国的制裁具有工具性和意识形态性。所谓工具性是指，美国的制裁总是旨在实现某个具体的对外政策目标，比如逼迫某个国家改变政治路线，比如切断某国获取关键资源或技术的途径，不一而足。比起使用武力，制裁是一种更低投入和低风险的施压方式。但制裁无疑也能造成相当大的破坏[①]，必要时可以和武力并行使用。

几个世纪以来，许多国家都发起过制裁，但美国运用制裁的方式却别具一格。尽管美国也看重制裁的实效，希望通过制裁实现胁迫和威慑，但它的制裁却是建立在一种法则性（或曰意识形态性）的背景之上。许多制裁项目以民主、人权等概念作为合法性依据。因此，美国除了纯粹的对外政策目标之外，还有一些重要的意识形态目标，例如为实现民主而改变目标国政治体制，支持奉行民主的反对派，以及保护人权等。

美国自居为“自由世界”的领袖，它的制裁政策也服务于这一安排。在美国对外政策中，推进民主是一项优先任务，而制裁是推进民主的工具之一。无论人们是否接受这一逻辑，有一点确凿无疑，即美国的政策目标不只有实用主义的一面，意识形态也在美国决策中发挥着独立作用。尽管意识形态常常植根于实用目标，但它有时也表现出相当的独立性，特别是体现在美国国会的制裁决策中。这就意味着，即便一国与

---

① Ex., Hatipoglu, E. and Peksen, D., “Economic Sanctions and Banking Crises in Target Economies”, *Defense and Peace Economics*, 29 (2), 2018, pp. 171 - 189.

美国就某一具体问题达成了外交妥协，其结果也可能因为美国的意识形态原则而遭到变更（甚至破坏）。

第二，美国的制裁具有全球性。美国凭借其在全球金融体系中的领导权，能对远在境外的目标实施制裁。对世界各地的企业而言，使用美元进行国际交易意味着大量商机；许多第三国也使用美元进行国际支付，这些交易通过美国银行的代理账户进行。这样一来，美国监管机构便得以掌握这些支付信息，如果其中涉及被制裁的国家、个人和组织，则可以对它们施加金融限制。

美国对“国家管辖权”（national jurisdiction）的理解十分宽松，认为管辖范围不仅限于美国境内。比如，触角遍及全球的美国金融体系也被认为是管辖对象。对那些违反美国制裁制度的外国个人或公司，美国会施以禁令或罚款。当今世界，仅有美国开展着这种超国境制裁。虽然在理论上，外国公司可以依靠其本国的法律来抵御美国监管，但实际上这意味着要付出重大代价：该公司将失去美国市场，更严重的是，将被逐出国际支付体系。

如今任何国家的大银行在执行国际交易时如果遇到制裁问题，都会遵守美国的相关法律。换言之，美国凭借自己在全球经济中的地位，使得自己发起的限制性措施不仅作用于美国公民，而且作用于第三国的国民。①

---

① Ex., Restrepo Amariles, D. and Winkler, M., “U. S. Economic Sanctions and the Corporate Compliance of Foreign Banks”, *International Lawyer*, 51 (3), 2018, pp. 497 – 535.

第三，美国拥有庞大、有序、专业的制裁机器。这架机器由美国财政部、商务部和国务院等数个部门联合运作。[①] 由于时常牵扯到违反制裁所引起的刑事诉讼，这些部门也与美国国家情报机构和司法部保持着密切联系。在制裁政策的实施规模、人员数量质量、财政和后勤支持方面，美国都远胜其他国家和国际组织。美国拥有一套关于实施制裁的法律框架，其制裁过程完全公开，现行的制裁手段和操作方式均有明确的国内法依据，这一点是美国式制裁尤其与众不同之处。美国国会在制裁中发挥着积极、独立的功能，对行政机关的举措时而做出相应或轻微或重大的调整。此外，美国司法机关常年处理关于制裁各个方面的诉讼，积累了大量实务经验。而在学术研究和大量智库的支持下，美国似乎也拥有着最强大的形势分析能力。

不少研究报告都讨论了制裁的效果。一种常见的观点认为，很多限制性措施并不能实现让被制裁国或其政权改变政治路线的目标，因而是无效的，而且制裁会造成一些截然相反的结果：被制裁的政权可能变得更加稳固，“黑骑士”（black knights），即出于政治原因或从中渔利的目的而向当事国提供帮助的大国，可能在明里暗里资助被制裁国。

但事实还有另一面。即便存在“黑骑士”，制裁还是会

---

① “Report to the Committee on Foreign Affairs，House of Representatives：Economic Sanctions Treasury and State Have Received Increased Resources for Sanctions Implementation but Face Hiring Challenges”，United States Government Accountability Office，March，2020，https：//www. gao. gov/assets/710/705265. pdf.

对目标国造成某种形式的实际伤害，这种伤害是日积月累的。在遇到不利的经济环境时，伤害则可能倍增。被制裁的国家或许能抵抗美国数年，但国际企业并非如此，在面对美国政府的罚款和其他手段时，企业和银行往往竭力避免再次违规，降低自己的制裁风险。一种矛盾的现象是，即便是那些隶属被制裁国的大企业，也往往选择顺从美国的制裁制度，尤其当这些公司拥有国际项目或者涉足美国市场的时候。①

换言之，美国在使用制裁的频率和效果方面仍然是世界第一。美国的制裁霸权能否延续，将会取决于国际上其他重要势力的政策，其中就包括欧盟、中国和俄罗斯。

三 欧盟的制裁：外交与军事的替代品

对欧盟而言，制裁几乎是最理想的对外政策工具。欧盟如今已经足够成熟，可以开始推进更加统一有为的对外政策。到了眼下这个发展阶段，欧盟不能再仅仅依靠软实力来吸引他国融入或者亲善欧盟。欧盟的外交政策工具箱中需要一套有效的政策执行机制，否则布鲁塞尔的决策就

---

① Ex.，Ivan Timofeev，“Why are Secondary Sanctions Effective? The Experience of Coercive Measures by US Authorities against US and Foreign Businesses”，*International Trends*，No. 3（17），2020，pp. 21 –35.

会被其他国家视为一纸建议，只能用来发表一些无关痛痒的公道话。然而，欧盟尚未掌握像主权国家那样建立专属军队和使用其他硬实力工具的能力。关于创建“欧洲军”的讨论已经持续了数十年，但目前北约仍是欧洲—大西洋安全的中流砥柱，欧盟则扮演着副手的角色。此外，欧盟成员中存在数个军事强国，它们也不太可能愿意让渡本国安全方面的主权。

在如今欧盟有能力实行积极的对外政策，但又尚未成为重要的军事力量的背景下，制裁成为一项重要的对外政策工具。具体原因有以下数条。

第一，欧盟拥有强大和多元的经济。这种经济权力为制裁提供了基础。制裁发起者在全球经济中的体量和角色越重要，其贸易和金融制裁对目标国造成的损害也就越大。

第二，比起动用武力，制裁的成本更低，民主社会的政治家们为此遭受的麻烦也更少。武装冲突的成本是肉眼可见的，不光有流血牺牲和金钱损失，还会引起道德争议。而发起制裁给本国造成的损失则更为隐蔽，公众舆论对此也不敏感。

第三，制裁在集体政治决策中更容易得到批准，尤其是对目标国施以最小经济打击以示警诫的制裁。

第四，制裁方便用来协调欧美双方的政策。欧盟和美国的制裁手段或有不同，但双方共同发起的制裁却对欧洲—大西洋团结具有重要的象征意义。

第五，制裁在国家内政中发挥重要作用。当政府遭遇外交失败，又缺少可用的军事力量，那么就可以用制裁来显示自己“有所作为”。

欧盟目前对三十多个国家和部门施加了制裁。布鲁塞尔能够很出色地做到一边追随联合国的制裁决议，一边独立发动制裁，例如因克里米亚问题和顿巴斯问题制裁俄罗斯。但欧盟目前面临着两个问题。

第一个问题是如何执行制裁。欧盟各成员国政府负责执行欧盟的制裁，但它们的执行速度和效率却不尽相同，而且各国都有自己的利益盘算。欧盟政府目前还没有一套能与美国比肩的制裁机构，在影响力、人员配置和财政力量方面均有不足。同样，由于欧元的国际地位尚不能与美元相比，欧盟也不具备美国那样的全球金融情报能力和交易追踪工具。换言之，欧盟目前还未能将自己的经济实力转化为政治机遇。欧盟缺少单一政府机制，缺少执行制裁的统一工具，也缺少美国那样的全球经济地位和金融信息资源。

第二个问题是面对第三国（主要是美国）发起的超国境制裁，欧盟常常束手无策。美国频繁运用超国境手段迫使外国及其公民遵守美国的制裁制度。尽管美国和欧盟发起的制裁在许多领域互相重合，但情况并非总是如此。对伊朗的制裁就是典型一例。2018 年，美国单方面退出了《联合全面行动计划》（即伊朗核协议），结果令许多在《联合全面行动计划》达成后重返伊朗的欧洲企业遭到美国的次级制裁。尽管布鲁塞尔为保护欧洲企业而重启了1996年的《阻断法案》，但大批欧洲企业慑于美国监管机构的重磅罚金，最终选择撤离伊朗。

欧洲企业的忧虑不无依据。根据俄罗斯国际事务委员会的研究，在截至2020年6月的十年间，美国财政部曾对业务涉及制裁区域的43家欧盟企业做出罚款，其中最常见的理由是与伊朗进行交易。尽管这个数字与美国财政部在此期间处罚的企业总数（215家）和其中美国企业的数量（142家）相比并不突出，但是在56.57亿美元的罚没总额中，欧盟企业罚款却占到46.77亿美元，占比82.39%，如果算上瑞士企业，这个占比将达到94%。也就是说，在56.57亿美元的罚没总额中有53.21亿美元来自欧洲。与之相对，来自142家美国企业或个人的罚款仅为1.8235亿美元，即总额的3.26%。[①] 罚款的不对称程度令人震惊。之所以发生这种状况，一方面，主要是欧洲企业的一些特点所致，如银行架构复杂，遭受制裁打击的交易量巨大等；另一方面，这也受到欧洲企业对次级制裁威胁反应迟钝的影响。

美国监管部门的严厉手段已经对欧洲公司，尤其是银行，产生了一定影响，它们对美国的法规变得十分敏感，

---

① Timofeev I., "'European Paradox': US Sanctions Policy towards EU Businesses", *Contemporary Europe*, No. 2, 2020.

尽量避免涉足可能引发制裁的交易。而且欧盟法院也站在银行一边，这在美国制裁对象鲍里斯·罗登伯格发起的诉讼案中就有清晰的反映。罗登伯格以芬兰公民的身份向赫尔辛基地方法院起诉四家欧洲银行，质疑它们为规避制裁风险而拒绝向他提供交易服务的做法，而法院最终支持了银行的做法。[①] 这一事件令人对欧盟的主权产生怀疑，因为欧洲企业最终不得不遵守美国的制裁法令，欧盟的保护承诺无法令它们放心。请注意，这里的讨论不适用于伊朗的问题，因为罗登伯格案涉及的制裁是美国和欧盟并行发起的。

欧盟的制裁政策遇到了运作上和主权上的双重困难，欧盟领导层已经认识到这一状况。欧盟委员会主席乌尔苏拉·冯德莱恩在致时任欧洲金融稳定、金融服务和资本市场联合问题专员瓦尔迪斯·东布罗夫斯基斯的一封信中写道："为保障我们的经济主权，我希望您就如何确保欧洲有效抵御第三国超国境制裁的问题提出方案。我希望您确保欧盟发起的制裁能得到有效执行，尤其是在欧盟的整个金融系统中得到贯彻。"欧盟委员会主席将许多有关使用和抵御制裁的重要权限委托给了欧盟金融机关，而之前负责处理相关问题的单位（FPI. 5）则隶属欧盟外交政策实施署（Service for Foreign Policy Instruments）。布鲁塞尔很可能会

---

① Timofeev I.，"'European Paradox'：US Sanctions Policy towards EU Businesses"，*Contemporary Europe*，No. 2，2020.

将所有制裁执行工具集中到自己手上，但要保护欧洲企业免受美国侵害，仍将是一个难题。另一个难题则是如何将欧洲的经济实力转化为制裁效力——这至少要等到欧元在全球金融中占据更显赫的地位时才有可能。

四 中国："不可名状"的制裁

中国对于制裁政策转变至关重要，其在制裁问题上有如下动向：

第一，中国在国际竞争中变得越发活跃。北京逐渐提升经济和技术实力，令华盛顿忧心忡忡。美国企图通过对中国施压来限制其发展，施压手段之一便是制裁。

第二，中国具有可观的经济潜力，有能力广泛地发起制裁。中国可以用制裁来反击他国制裁，也可以通过制裁来实现特定政策目标。

第三，中国经济对于全球经济的影响力正在上升。中美之间仍然存在强烈的经贸依赖，因此中美之间一旦开启制裁大战，全世界都会遭受波及。

中国长期以来就是西方制裁的对象。自从 1949 年中华人民共和国成立以来，就受到了西方的严厉制裁。20 世纪 60 年代末由于中苏分歧的缘故，美国逐渐放松了对中国的制裁，而在 1989 年政治风波后，又出现了新一轮制裁。在

20 世纪 90 年代，制裁措施再度软化，最后只保留了武器和部分军民两用设备的禁运。不过，美国相关部门并未设立专门针对中国的制裁项目，而相比之下，针对俄罗斯的制裁项目却至少有三个。美国制裁监管机构名单上的中国公民和企业数量也处在低位。[①]

然而，中国遇到的麻烦正在增多。最先受到压力的是中国的电信企业，这些企业由于向伊朗运送含有美国部件的产品而遭到美国的次级制裁。中兴即为一例，结果是中兴向美国支付了巨额罚款，未来的业务也受到限制。华为事件则掀起了更大的波澜。最初，华为也被指控向伊朗出口，整起案件本可以罚款了事，但特朗普政府却动用了更强硬的手段——美国商务部将华为列入黑名单。尽管执法机关很快发出了一份通用许可证（general license），允许美国公司继续与华为展开交易，但华为方面表示这并没有改变公司被不公正对待的事实。因为美国随时可以撤销这份许可，或者干脆不予延期。更严重的是，美国公诉机关对华为及其高管发起了诉讼，不仅控告他们蓄谋规避对伊朗和朝鲜的制裁，还指控他们从事商业间谍活动[②]（针对中国

---

① Timofeev I.，“Asia Under Fire of US Sanctions”，Valdai International Discussion Club，November 18，2019，https：//valdaiclub. com/a/reports/asia-under-fire-of-us-sanctions/.

② “Chinese Telecommunications Conglomerate Huawei and Subsidiaries Charged in Racketeering Conspiracy and Conspiracy to Steal Trade Secrets”，U. S. Department of Justice，February 13，2020，https：//www. justice. gov/opa/pr/chinese-telecommunications-conglomerate-huawei-and-subsidiaries-charged-racketeering.

的此类指控和说法已经在美国的舆论界、新闻书刊和司法审判中存在了很长一段时间）。

中美通信领域争端升温的速度相当之快。2015 年 4 月 1 日，美国总统第一次借由紧急状态取得了对中国动用制裁的授权（第 13694 号行政法令）[①]，理由是据称有中国黑客盗窃了美国公民的个人数据。然而当时的奥巴马政府选择低调处理此事。特朗普采取的立场则更具攻击性，他在第 13873 号行政法令[②]中宣布了紧急状态，声称存在通信方面的威胁。尽管这一文件并未明确提及中国，但却直接针对华为公司。同时，华盛顿也通过外交竭力劝说自己的盟友切断与华为和其他中国信息技术公司的业务联系。美国国会在《国防授权法案》中禁止政府向华为采购设备（在 2018 年和 2019 年分别对国防部门和民政部门做出禁令）。另外一些公司也受到影响，比如美国外国投资委员会禁止数家中国企业及其关联企业收购美国企业。其中，特朗普曾在外国投资委员会的建议下亲自叫停了美国半导体厂商高通的收购案。2019 年，美国对中国生产的无人机出台了一系列禁令，目前美国政府正在草拟一份相关的行政法令。[③]

---

① Executive Order 13694 of April 1, 2015, https://www.treasury.gov/resource-center/sanctions/Programs/Documents/cyber_eo.pdf.

② Executive Order 13873 of May 15, 2019, https://www.federalregister.gov/documents/2019/05/17/2019 – 10538/securing-the-information-and-communications-technology-and-services-supply-chain.

③ Whittaker, Z., "U. S. is Preparing to Ban Foreign-Made Drones form Government Use", TC, March 12, 2020, https://techcrunch.com/2020/03/11/us-order-foreign-drones/.

同时，中国在人权领域受到的压力也在增长，例如在2020年，美国对中国香港进行的所谓制裁。[①] 尽管人们可以认为这些制裁只是做做样子，但它们不无在未来升级的可能。另外，《美国敌对国家制裁法案》针对性地禁止中国的一些组织和个人与俄罗斯开展国防合作，中国是第一个遭受此类“待遇”的国家。[②] 在中美激烈的经贸摩擦中，美国政府也动用了此类措施。

新冠肺炎疫情大大强化了美国的反华情绪，美国政府和政客公开指责中国传播病毒，要求就新冠肺炎问题制裁中国的法案也被提交到国会。[③] 美国针对中国的诉讼不断增多，其中密苏里州发起的诉讼最受人瞩目，可能引发其他州的效仿。新冠肺炎疫情使本就复杂的中美关系雪上加霜。[④]

所有这一切，都迫使中国修正自己的制裁政策。中国长期以来都相当谨慎且有选择性地运用单边制裁。和

---

① Public Law 116－76, November 27, 2019, Authenticated U. S. Government Information, November 27, 2019, https：//www. congress. gov/116/plaws/publ76/PLAW-116publ76. pdf.

② CAATSA-Russia Related Designations, U. S. Department of Treasury, October 23, 2020, https：//home. treasury. gov/policy-issues/financial-sanctions/recent-actions/20201023.

③ “For Example, A Bill to Require Imposition of Sanctions with Respect to Censorship and Related Activities Against Citizens of the People’s Republic of China”, U. S. Congress, https：//www. cruz. senate. gov/files/documents/Letters/ROS20262. pdf.

④ “The State of Missouri v. The People’s Republic of China et al. ”, U. S District Court for the Eastern District of Missouri Southeastern Division, April 21, 2020, https：//www. courtlistener. com/recap/gov. uscourts. moed. 179929/gov. uscourts. moed. 179929. 1. 0_1. pdf? fbclid = IwAR1QXlx-9okdZDq_T-tbnzQtnAG_WkYSIPXGYbQEoU0rRcLx6vi-up8mKQ-do.

俄罗斯一样，中国认可联合国安理会在制裁行动上的优先权。但作为有着众多外交目标的大国，中国不可能不使用制裁。

如果与美国的摩擦急剧升级，中国有能力做出更强的反击。例如，北京可以限制稀土金属出口，或者以手中的大笔美国国债作为筹码。然而这两种做法都会令中国国内市场和国际市场同时受到打击。中国很有可能会在近几年对制裁政策做出微调，其调整将以政治形势、追踪国内外经济活动的技术能力以及中国自身的国际经济地位为依据。

美国的国际金融体系霸主地位是中国面临的最大挑战。除非中国另起炉灶，或者建立一套次级系统，否则美国金融制裁的威胁就会一直存在。然而新建一套体系需要大量的资源、政治动力和时间。到某个时间节点，中美彼此遭受的损失或许会让双方的竞争降温，不至于走向更加极端的制裁战。

五　俄罗斯："地狱级制裁"和潜在的反向制裁

在国际制裁政治中，俄罗斯扮演了特殊的角色。一方面，俄罗斯在2014年后遭到美国、欧盟和其他一些国家相当严厉的制裁；另一方面，俄罗斯自己的制裁手段和使用制裁的经验却相当有限。俄罗斯的经济潜力无法与中国相比，它必须精准调节自己的政策，将有限的资源运用到极致，以自身的强大来与别国抗衡。

俄罗斯几乎在整个20世纪都处于外国制裁之下。自苏维埃政权建立以来，其就开始受到贸易和技术封锁。整个过程经历了高低起伏：当制裁发起国急需市场（大萧条期间）和盟友（例如第二次世界大战期间）时，制裁就被放松；而冷战刚一开始，西方就重新开始用制裁来对付俄罗斯。苏联对制裁的反应是一贯的，即发展一套自己的工业、技术、劳动力和现代经济。从许多方面来看，苏联确实克服了挑战，其中就包括与西方进行有限合作这一方式。至少，苏联的崩溃并非发生在封锁时期，而是发生在经济开放和制裁解除之后。苏联虽然也曾对他国发动制裁，但在频率上远不及美国。[①] 苏联实际上更倾向于扮演“黑骑士”的角色，即愿意给受到西方制裁的国家提供支持。

当俄罗斯在2014年乌克兰危机后受到制裁时，国际环境已经和冷战时期截然不同。俄罗斯如今与国际经济和金融体系保持着深度融合。尽管在一些战略产业上，实现独立自主是可行甚至有益的，但要仅靠国内资源来大规模满

---

① Ex., Hufbauer, G., Shott, J., Elliott, K., Oegg, B., *Economic Sanctions Reconsidered* (Third Edition), Washington D.C.: Peterson Institute for International Economics, 2009.

足产业需求，显然是不切实际的。然而，国际斗争不断加剧，令各国不得不寻求产业自主。美国和中国已经在一些关键产业（主要是信息科技和通信业）实施了国内生产优先的策略，尽量避免对对方产生依赖。俄罗斯看来也必须走这条路，一方面，俄罗斯要尽力发挥有限的资源优势；另一方面，俄罗斯要游走于中美两个大国之间，或者与其中一方结盟。这是一个长期的任务，但俄罗斯必须未雨绸缪，至少要在与国家安全息息相关的战略产业方面做好准备。

然而有些讽刺的是，积极融入国际分工和全球化，反而能帮助俄罗斯减轻制裁的影响。人们仍然在激烈争论制裁究竟给俄罗斯经济造成了多大损失。制裁作为一个独立因素究竟对俄罗斯的经济增长和停滞有何影响，这是很难评估的。[①] 无疑，制裁确实造成了一些损害，或者增强了其他负面因素的影响，比如 2014 年和 2020 年的油价波动。然而我们也要考虑另一个事实，即（截至本文写作之时）俄罗斯的核心能源或金融企业并未受到过制裁封锁。确实，这些企业被施加了一系列关于某些技术细节和贷款方面的产业限制，这加大了俄罗斯企业的运营难度，尤其是这些企业的声誉因此受损。然而俄罗斯的上述产业并未受到封锁制裁，它们继续与外国合作伙伴开展进出口业务。

如前文所述，针对俄罗斯企业的大规模封锁制裁只发

---

① Ivan Timofeev, "Sanctions on Russia: Escalation Trends and Counter Policies", Russian International Affairs Council, 2018.

生过一次。2018年4月6日，在美国国会的压力和有关俄罗斯涉嫌干涉美国2016年大选的传闻影响下，许多俄罗斯大企业（包括Rusal、En+、EuroSibenergo等）和一批名列美国早前公布的“克里姆林宫名单”上的俄罗斯商人遭到了制裁。[①] 然而这次制裁显然准备不足，因为被封锁的企业中有许多已经深度融入全球经济，成为具有体系性地位的国际企业。不久，一些企业被解除了制裁（以所有权重构为条件）[②]，另外一些则被颁发了允许它们开展国际活动的通用许可证——尽管许可证随时可能被撤销。

换言之，除非有极其重要的理由，美国未来不太可能再次对俄罗斯发动“地狱级制裁”。就这一点而言，融入全球经济给俄罗斯和中国带来了益处。但从长期来看，经济依赖并不能免除中俄两国遭受制裁的风险，未来的制裁可能是渐进和长期的。因此，中俄两国无论如何都需要适应这种趋势。

国际政治的新形势必然会让俄罗斯开始考虑将制裁用作外交手段。很长一段时间以来，莫斯科都不愿主动发起制裁，它采取的模式和中国类似，坚持联合国安理会在使用制裁方面拥有最高权限。俄罗斯曾动用过间接制裁，包括

---

① “Ukraine/Russia-related Designations and Identification Update”, U. S. Treasury, 2018, https://www.treasury.gov/resource-center/sanctions/OFAC-Enforcement/Pages/20180406.aspx.

② “OFAC Delists En +, Rusal, and EuroSibEnergo”, U. S. Treasury, 2019, https://home.treasury.gov/news/press-releases/sm592.

设立市场限制（例如在2008年俄罗斯与格鲁吉亚冲突后对格鲁吉亚的产品做出限制）和严格执行卫生标准。俄罗斯在2014年后实施的反向制裁是有分寸的，遵循了对他国的制裁做出对等回击的原则，采取的措施基本就是限制对方进入俄罗斯市场（比如众所周知的食品禁运）。由于经济实力不如美国和欧盟，俄罗斯的反击手段较为有限。不过，在有限的若干领域，俄罗斯的制裁仍然是有分量的——对后苏联空间中的特定国家（主要是乌克兰）而言，情况也是如此。

莫斯科认为过度采取反制手段将有损本国的经济发展和人们生活质量提升，因而并非上策。事实上，俄罗斯于2018年7月4日通过的联邦法律（No. 127-FZ）[①] 将制裁发起权交予总统和行政机关，从而给了他们根据形势做出裁量的自由。俄罗斯当局也没有急于修订刑法，将遵守西方制裁列入刑事罪名。[②] 不过俄罗斯政府已经采取一系列措施来应对可能发生的金融封锁，例如开发了MIR国家卡支付系统，建立了俄罗斯央行的金融信息传输系统，并且丰富了国家现金储备币种。

严格来说，俄罗斯尚不具有一套完备的制裁机制。直到2014年，制裁的主要依据还是2006年12月30日发布的

① Federal law of June 4, 2018 No. 127-FZ, Rossiyskaya Gazeta, June 6, 2018, https://rg.ru/2018/06/06/kontrsankcii-dok.html.

② Draft law No. 464757-7, 2018, State Duma of the Russian Federation, http://asozd2c.duma.gov.ru/main.nsf/ (Spravka)? OpenAgent&RN=464757-7.

《关于特殊经济措施和强迫措施的联邦法律》(NO. 281-FZ)。[①] 新的环境下，俄罗斯需要发展新的机制。值得注意的是，俄罗斯财政部已经建立了一个外部限制控制部门(External Restrictions Control Department)，并已在限制性措施的系统化方面做出大量努力。

俄罗斯建立完备制裁机制的努力才刚刚开始，尚有许多步骤必须完成。最重要的工作之一是让俄罗斯联邦议会的上下两院完善有关制裁的立法实践。国家杜马和联邦委员会为此需要部署大量培训工作。

在行政方面，财政部的成功经验应该推广到其他部门，这些部门至少要设置某些负责处理制裁事务的基本单位。外交部、经济发展部和工业与贸易部都应该设置类似的司局级或部门级（directorates or departments）小组。

俄罗斯需要加强执法行动，并在行政法和刑法层面上强化制裁遵守机制。执法者需要在有效执行现行标准和维持良好投资氛围之间找到平衡。法律工具不能沦为执法者随意裁决的依据；但如果没有法律工具，制裁制度的效力也会缩水。

俄罗斯的制裁方针仍未确定。应该在什么时候使用制裁？针对谁使用？如何与盟友及伙伴协调制裁行动？这一方针可以在未来的《俄罗斯联邦对外政策构想》中加以

① Federal law of December 30, 2006 No. 281-FZ, Garant Database, http://base.garant.ru/12151317/.

阐明。

最后，俄罗斯需要开展大量的培训和研究，否则将无法充分提供俄罗斯外交政策制定中急需的大量专职人才。

六　结语

制裁政策戏剧性地反映着这个“摇摇欲坠”的现代世界的新动向。国家利己主义，即在外界压力面前追求自身利益和生存，成为一种重要的行为标准。以联合国为基础的国际治理工具正在走向衰败，一种“国家模式”的制裁政策逐步形成。

但要说世界已经不可挽回地走向了“无政府状态”或者“一切人反对一切人的战争”，那也为时尚早。即便是最强大的制裁发起国，也希望通过联合国安理会使自己的制裁合法化。至少可以说，它们试图将自身行动和安理会这个全球治理核心机构的决定相结合。

在如今这个相互依赖和全球化高度发展的世界，一旦制裁战急剧升级，无论制裁发起国还是被制裁国都会承受严重的后果。不管是中美两个经济巨人之间的冲突升级，还是对俄罗斯这个全球经济中相对次要的角色发起严厉制裁，造成的代价都将是巨大的。

如今我们看到一些战略领域中出现了经济“安全化”

的苗头，一些国家试图实现独立自主，想要从全球化中抽身。问题在于，自主化之路能够走多远？大国准备将竞争升级到什么地步？在追逐政治目标和声望时，国家对于经济损失还能保有多少敏感性？制裁政策只是全球变迁的一个方面。在历史上，政治意志曾多次压倒经济理性。回首这些极端时刻，无一不伴随着人类沉重的损失。

（甄卓荣 译）

头戴“新冠”的世界：前路更合作还是更孤立？

娜塔莉亚·罗马什金娜*

一 被忽视的信息

2020 年新冠肺炎疫情给全球带来了前所未有的冲击，这清晰地展示出国际和国家层面的治理和管控机制、卫生保健体系和经济情况在应对疫情上的不健全、不完善。

21 世纪初，各界对此已反复发出警告。国际领先的生物学和医学期刊，如《自然》《自然医学》《细胞》《美国国家科学院院刊（PNAS）》《公共科学图书馆：病原体（PLOS Pathogens）》等，一直在刊发文章，指出危险的新型病毒很可能通过动物（人畜共患传染病），主要是蝙蝠感染人类。近期，这些文章被以不同方式解读，并进一步服务

* 俄罗斯科学院普里马科夫世界经济与国际关系研究所国际安全中心信息安全研究室主任，俄罗斯联邦军事科学院通讯院士，教授，俄罗斯国际事务委员会专家，政治学博士。

于政治目的或阴谋论。因此，病毒存在跨物种传播给人类的风险，并可能引发类似重症急性呼吸综合征（SARS）的流行病。据此，科学家们认为应当继续监控 SARSr-CoVs 的进化，并评估感染此类疾病的风险。人们需要制定战略来预防未来疾病的大暴发。① 病毒持续不断从自然宿主交叉感染人类和其他动物，这很大程度上是受现代农业实践和城镇化在内的人类活动影响。因此，正如《致病性冠状病毒的起源与进化》一文的作者们所述，防范病毒性人畜共患病的最有效方式是在自然宿主和人类社会之间维持屏障，并牢记“同一个健康”理念（让人类和动物都实现最优生活质量的一种实践方式）。② 回顾 2007 年，另一群科学家曾警告称：“众所周知，冠状病毒会进行基因重组，该特征可能导致新的基因型出现和病毒暴发。”③ 然而，国际和国内社会对此缺乏关注，也没有采取相应防范措施。

在全球化进程中，新病毒通过动物跨界传播给人类的可能性持续上升。而在全球化放缓背景下，这一上升趋势在未来若干年仍将继续，但速度可能减慢。随着国家间经

① Hu B.，Zeng L.-P.，Yang X.-L.，Ge X.-Y.，Zhang W.，Li B.，et al.，“Discovery of a Rich Gene Pool of Bat SARS-related Coronaviruses Provides New Insights into the Origin of SARS Coronavirus”，PLoS Pathog，https：//doi. org/10. 1371/journal. ppat. 1006698.

② Cui，J.，Li，F. & Shi，Z. L.，“Origin and Evolution of Pathogenic Coronaviruses”，*Nature Reviews Microbiology*，https：//doi. org/10. 1038/s41579 －018 －0118 －9.

③ Vincent C. C. Cheng，Susanna K. P. Lau，Patrick C. Y. Woo，and Kwok Yung Yuen，“Severe Acute Respiratory Syndrome Coronavirus as an Agent of Emerging and Reemerging Infection”，*Clinical Microbiology Reviews*，January 18，2020，https：//doi. org/10. 1128/CMR. 00023 －07.

济、政治和文化联系越发紧密，危险加剧有目共睹。而促使新型人畜共患病出现和跨界传播的另一个重要条件是，人们对异国旅游兴趣越发浓厚。这主要指前往不寻常和遥远之地进行的“生态旅游”会让人类更近距离地接触野生动植物，而此类旅游与亚洲和非洲的关系最密切。近年可观察到的另一危险趋势是，人们对奇异宠物的需求增加，这刺激了市场供货增加，并使最低卫生规范遭到无视。科学家已证明，把野生动物作为宠物饲养在不合适的环境中，会导致动物体内病毒数量增多。

上述种种现象产生了广泛深刻的社会、心理、经济和政治影响。这凸显出采取新方法扩展生物和医药领域的国际科学合作势在必行。目前，这种合作还主要在世卫组织的框架内展开。但在科学落后的国家和人畜共患病新感染出现的高风险地区，形势十分棘手。

考虑到病毒威胁在全球蔓延，有必要设计出针对危险病毒的特别国际法律框架。这一套包含各种原则、规范、规则和决策流程的法律框架有助于减少将病毒恶意政治化的风险，抵御利用不稳定的国际环境谋求经济利益的危机。新冠肺炎疫情已经证实，全球所有国家正无一例外地面临威胁，这一现实构成了上述制度的根基。这一制度对参与方有吸引力的另一个原因在于，从长远看，合作相比单边行动的收益更大。

二 新冠肺炎疫情下的全球信息安全威胁

由于新冠肺炎疫情，人们逐渐注意到一些需要立即采取行动对其做出应对的信息安全威胁。尽管我们每一天都被大量信息轰炸，全球信息安全却未受到应有的关注。人们缺乏生物学、病毒学、医学等领域中基本卫生和科学研究的相关数据和知识。因此，在疫情暴发期间，这在政府机构和民众中引发混乱，成为社会、心理、经济和政治影响恶化的根源。

因此，疫情驱使人们努力填补关于人类卫生及其他重要领域的知识漏洞。国际和国家层面的组织需要加紧普及科学，弥补大众的认知匮乏。一种解决方案是，开发一种全新政策，让世界各地不同国家的科研信息公开可查，并思考在危机中如何运用这些信息。过去，这一问题主要在国家层面被动地解决。现在，需要快速启动信息公开进程，运用所有可能的工具，包括存储、分析和传输数据的现代化方法，来加速动员和运用科学发现的成果。据此，在新的国际制度框架内创建一个特殊的国际数据收集系统不失为一种有益尝试，该系统将存储在独特的联合国虚拟档案库中。国际制度理论指出，为了获得各种好处，主要是预防紧急情况，各国有动机提交上述信息。然而，这项努力成败的关键取决于所收集信息的数量和质量，以及研究人员的专业素养。如果将先进、客观的定量分析方法与大量、切题的数据相结合运用，这一计划就能取得丰硕成果。

疫情背景下，信息安全面临的另一个挑战是，与处理结构化的数值数据相比，分析文本信息的方法是低效的。因此，各方提供的数据类型与结构，应当统一而且经过仔细斟酌。此外，分析过程理应排除政治考虑，但这难以实现。据此，获得客观结果的唯一途径是，运用一种达到全新水平的高效能分析方法。尤其是通过运用人工智能，将非结构化的文本信息纳入分析之中。从非结构化的文本中提取有用信息的能力，可能是未来联合国制度中的一大关键挑战。

科学分析是另一个可用于文本分析的工具，它能将数据与信息进行关联和比较。这些信息可能来自国际和国家层面的会议讨论，以及各研究所和研究机构举办活动中的交流内容。这将使人们关注到那些可能不会出现在联合国官方的表述中，但却真正值得关注并且具有紧迫性的议题。目前，人工智能技术，特别是机器学习可以用来给这类议题提供解决方案。上述技术获取信息的方式是将非结构化的源文本转化为格式上便于机器理解的一组结构化数据。有代表性的方法包括句法分析、语言分析、文本分类、聚类分析、概念（实体）提取、实体关系建模、主题索引、内容分析、词频分布分析、文本标注等。分析结果应使用数据挖掘技术进行解读。这些信息与通信技术（ICT）目前广泛应用于商业、科学、政府、安全和情报系统。

国际机构、政府、关键经济部门，以及教育、科学、文化乃至宗教组织都在加速数字化转型，这引发了对新 ICT 威胁的全方位讨论。对国际组织、政府和商业结构、医疗设施、线上教育服务的网络攻击数量，在疫情期间呈指数增长。一个新的术语——“网络流行病”（cyber pandemic）应运而生。[①] 这个词指的是，在新冠肺炎疫情期间通过互联网实施黑客攻击、网络犯罪、恐怖主义活动，干涉国家内部事务及国家公民的个人生活，以及对他人恶意洗脑等行为。

尽管上述威胁在疫情前早已存在，但出于政治和犯罪目的而恶意利用 ICT 的情况在疫情期间剧增，进一步加剧所有其他信息安全问题。由于工业生产能力、信息技术和物联网是密不可分的，所以各国的竞争力指数与信息通信技术发展指数紧密相关。因此，越来越多的全球信息安全威胁会导致全球“数字空间”中国家间对抗加剧。

由于恶意利用 ICT 的成本相对较低，已有更多国家能接触到现代化的网络攻击手段，这开启了破坏全球稳定之门。按这一走向，在政治越发对立和疫情期间国际合作受

---

① “Virus Cyber Pandemic：Acceleration or Oblivion?”，Valdai Club，April 7，2020，https：//valdaiclub. com/events/posts/articles/virus-cyber-pandemic-acceleration-or-oblivion/? sphrase_ id = 791839.

限的背景下，孤立倾向的增长似乎无法避免。

国家关键基础设施遭到 ICT 攻击的可能性上升，这一情况表明，疫情前就已存在的挑战正变得更加危险。国家关键基础设施，即在一个国家的运转中发挥中枢作用的系统和工具，其发生故障或毁坏会对国家安全造成威胁。即使这些设施不与互联网直连，黑客也能侵入用于远程监控安全通信线路的自动进程控制系统（APCS）设备，方法是攻击 APCS 运行所在的其他设施。将网络与外部系统隔离的做法，在 10—15 年前被认为是有效的安全措施，现在却成了成本高昂且难以实施的举措。因此，关键基础设施遭到大规模复杂攻击的威胁比以往更容易实现，而且这种风险在持续快速增长。例如，在 2020 年的前六个月中，针对俄罗斯关键信息基础设施的网络攻击企图超过了十亿次。[①] 考虑到 ICT 环境的独有特征、辨明攻击来源的挑战、信息空间国际规范的缺失，以及国际通信与合作的局限性，任何对关键基础设施的严重网络攻击都可能产生全球影响。因此，新技术能引发国家间的军事冲突，而国家间网络战和信息战的破坏力不亚于传统战争。据此，通过进一步发展 ICT 环境中的行为原则和规范来确保国际信息安全的重要性并未下降，俄罗斯已在联合国倡议此事超过 20 年。

---

① 2020 年，俄罗斯外交部记录了超过 10 亿次针对数字目标的网络攻击，参见 TASS，June 29，2020，https：//tass. ru/politika/8838577。

新涌现的威胁突出了生物安全、信息安全和国际安全的相互联系，这就解释了为什么联合国，尤其是联合国安全理事会，需要进一步努力推动国际合作。

三　应对之策有哪些?

以上分析和当代全球其他新趋势让我们得出以下结论。

第一，在生物安全和全球安全方面，以及在防范未来的疫情及其后果上，需要加强国际合作。新型病毒还揭示出世界卫生组织改革的必要性。然而考虑到新冠肺炎疫情造成的局面，在很大程度上可以被视为人类史上空前且独一无二的状况，那么仅改革世卫组织可能还是不够的。为了减少生物安全威胁，有必要开展新的合作形式：

（1）成立监控和分析科学信息的国际中心，以预报最新的、潜在的人畜共患病感染，并通知相关政府机构和决策者。

（2）对开发疫苗提供国内和国际支持，以应对在外来动物中发现的具有潜在危险性的病毒新毒株，甚至在其跨界传播给人类前就加以防范（目标是加速疫苗开发，或在新流行病出现时升级疫苗，就像流感疫苗一样）；以及为开发抗病毒药物提供支持。

（3）成立教育公众和帮助其树立安全意识的国际中心。

（4）对外来动物（包括但不限于蝙蝠）开展国际监控，以评估新的危险病毒链（包括冠状病毒）出现的风险。

（5）旨在取缔非法外来动物交易的更多国际举措。

（6）旨在确保对其他国家的贸易和食品服务地点实施卫生管控的更多国际举措。

这些举措既可以在双边层面实施，也可在现存的或专门设立的国际组织层面实施。然而，鉴于威胁的全球影响力，考虑创立针对危险病毒的特别国际法律制度，即一套原则、规范、规则和决策流程是合乎逻辑的。因此，为了在国家间保障和进一步发展全球经济、政治和社会文化合作，就需要确立多种原则和规范来提供安全。在有外来动植物群的国家，发生人畜共患病感染的风险尤其高。当这些国家的自身资源能带来经济利益时，例如开展生态旅游，它们会更愿意遵守某些规则和条例。俄罗斯在参与国际法律制度创立和运转的过程中积累了丰富的经验，因此可以采取一种积极主动的姿态。

第二，创立一个联合国特别框架，将全球范围内的专家聚集起来，研究新冠肺炎疫情对卫生保健、经济和政治的可能影响，从而消除最显著短板，并发现新的潜在后果。这项工作会推动制定一份时间表（“路线图”）和一套全局战略，它们旨在确保全球安全，指明抵御这些威胁和风险所需的资源量。从防范和保护，到危机管理再到补救措施，这套战略的各个组成部分都需要仔细思考。

第三，鉴于医疗保健和生物安全标准存在不同路径，各方最好对必要和充分的行动措施达成共识，以防新一轮冠状肺炎疫情和人类社会中出现新的人畜共患病感染。这需要制定一套标准和规程，引导与人畜共患病感染相关的全球隔离措施的宣布与取消规范化。公布各国凝聚而成的共识，既是确保全球安全的重要一环，也是在国际层面建立信任的关键因素。为了实现上述愿景，对相关地区内不同国家的立法进行科学比较分析，可以成为努力的起点。

第四，扩大 G20 在人畜共患传染病防治领域的合作。

第五，分析现有的国际规范文件是否涵盖生物和全球安全领域的新威胁，从而针对人畜共患病感染做好危机前的防范、危机中的管控和危机后的恢复。

第六，拓展教育和研究机构在相关领域的国际合作。通过展示此类合作的成果，让政府机构参与其中，以便运用当代生物技术的前沿进展，启动旨在确保生物、经济、信息和全球安全的项目。

第七，制定国际举措以管控自然发生和故意使用病原体而引发的传染性人畜共患病。首先可以研究并协调国际标准与流程，以便在疾病出现时迅速通知。此外，卫生组织之间的合作需要扩展，以便交流知识和经验，并开发可能预示疫情症状和诊断的监测方法。这些措施是新型国际体系的基石，这一体系能运用最新的科技，使人畜共患病感染的监测和诊断标准化。

第八，在新的联合国框架内，对信息安全议题达成共识，以防范人畜共患病疫情。这项工作应该努力克服广大群众难以接触科学信息的难题，这在新冠肺炎疫情中得到了明确证明。这项工作还应推动国际和国家机构努力普及科学。工作的首要目标应该是，防范在危机时期对 ICT 的有害利用所产生的全球社会、经济和政治威胁。在此背景下，联合国新框架至关重要的任务应当是，开发国际社会的信息共享系统。

上述步骤可以作为新型国际法律制度的基础，这一制度旨在应对危险的病毒，特别是人畜共患病感染，包括一整套原则、规范、规则和决策流程。这些步骤也有助于建立一个更可持续的全球安全体系，2020 年发生的前所未有的事件已证明了这一体系的必要性。

（马思远　译）

中国社会科学院中俄思想库交流机制项目
“新时代全球治理：理念与路径”课题组

组　　长：谢伏瞻

副 组 长：孙壮志

策　　划：金　哲　李振利　薛福岐

统　　稿：王晨星　苏　畅　郭晓琼

编　　校：李中海　李丹琳　张昊琦　高晓慧　张红侠

　　　　　徐向梅　农雪梅　胡　冰

项目助理：代诗慧　徐樱露　吴德堃　高　辛